中华优秀传统文化教育

主　编◎肖　明　蔡　青　彭佩林

副主编◎白中阳　刘小庆　潘伟峰　杨　静

中国言实出版社

图书在版编目（CIP）数据

中华优秀传统文化教育 / 肖明, 蔡青, 彭佩林主编
. -- 北京：中国言实出版社, 2024.7
ISBN 978-7-5171-4812-8

Ⅰ.①中… Ⅱ.①肖… ②蔡… ③彭… Ⅲ.①中华文
化－基本知识 Ⅳ.①K203

中国国家版本馆CIP数据核字（2024）第085854号

中华优秀传统文化教育

责任编辑：邱　耿
责任校对：郭江妮

出版发行 中国言实出版社
　　　　　地　　址：北京市朝阳区北苑路180号加利大厦5号楼105室
　　　　　邮　　编：100101
　　　　　编辑部：北京市海淀区花园路6号院B座6层
　　　　　邮　　编：100088
　　　　　电　　话：010-64924853（总编室）　010-64924716（发行部）
　　　　　网　　址：www.zgyscbs.cn　　电子邮箱：zgyscbs@263.net

经　　销 新华书店
印　　刷 三河市悦鑫印务有限公司
版　　次 2024年7月第1版　　2024年7月第1次印刷
规　　格 880 mm×1230 mm　　1/16　　16印张
字　　数 350千字

定　　价 49.80元
书　　号 ISBN 978-7-5171-4812-8

　　《中华优秀传统文化教育》对中华民族数千年来积淀与传承的优秀文化成果作了系统归纳与整体阐述。较好地体现了"中华优秀传统文化"应当涵盖的内容和知识体系，内涵充实，信息面广。

　　党的二十大报告指出："中华优秀传统文化源远流长、博大精深，是中华文明的智慧结晶，其中蕴含的天下为公、民为邦本、为政以德、革故鼎新、任人唯贤、天人合一、自强不息、厚德载物、讲信修睦、亲仁善邻等，是中国人民在长期生产生活中积累的宇宙观、天下观、社会观、道德观的重要体现，同科学社会主义价值观主张具有高度契合性。"这一重要论述既全面概括了中华优秀传统文化在世界观、人生观、价值观等方面的核心洞见，也明确肯定了中华优秀传统文化与马克思主义科学理论在价值观维度上的高度契合性，从而为我们在新征程上赓续传承中华优秀传统文化，推进文化自信自强，提供了价值观和方法论维度上的重要遵循。

　　不忘本来才能开辟未来，善于继承才能更好创新。传承中华优秀传统文化，必须处理好守正与创新之间的辩证关系。只有坚持古为今用、推陈出新，谨守发展方向之"正"，才能不迷失方向、不犯方向性错误；只有紧跟时代步伐、切近人民需求，造就转化与发展之"新"，才能真正把握时代、引领时代。在守正创新中赓续传承中华优秀传统文化，有助于展示中华民族的独特精神标识，更好构筑中国精神、中国价值、中国力量，为推进文化自信自强、铸就社会主义文化新辉煌，提供坚定的历史自信与文化自信。

　　本书从中国传统思想开始介绍传统文化教育渊源；从古代文学、书法绘画、传统乐器、古代乐舞、传统曲艺和戏曲、中医药学、传统节日、传统礼仪、传统服饰、传统饮食、传统建筑等方面介绍了中华优秀传统文化的精粹；在此基础上提出全球化背景下中华优秀传统文化的传承与发展。本书内容丰富，阐述生动，通俗易懂。本书既可作为大学生学习中华传统文化的教材，也可作为大众了解中华优秀传统文化的阅读书目。

　　在编写本教材的过程中，编者参阅了许多学者的有关著作和著述并从中受到了不少启发，在此表示衷心的感谢！

　　本书由肖明，蔡青，彭佩林担任主编，由由中阳、刘小庆、潘伟峰、杨静担任副主编。

　　由于水平有限，加上时间仓促，书中如有错误和不妥之处，敬请广大读者和专家给予批评、指正。

编　者

第一章　中国传统思想

学习目标

1. 了解中国古代思想的发展脉络，熟悉诸子百家的代表人物及其思想，掌握诸子百家思想的现实意义和价值。

2. 了解中华民族传统美德，掌握继承和弘扬中华传统美德在涵养人的道德品质，处理人际关系、人与社会的关系中所发挥的作用。

3. 通过学习得到智慧的熏陶，并能够运用中国古代思想分析解释现实生活中的现象和问题。

思政目标

引导广大青年学生在学思践悟中汲取力量，努力成长为新时代的奋斗者。培养有理想、敢担当、能吃苦、肯奋斗的新时代新青年。

情景导入

据报道，在哈佛大学当下最受本科生欢迎的前三门通识类课中有一门"中国文化课"，那就是"哈佛中国哲学概论"。在能同时容纳千名学生就座的教学现场，哈佛大学历史学家迈克尔·普鸣教授为美国学生们讲解生活在2500年前的东方先哲的思想，学生们要认真阅读经过翻译的中国古代经典著作，如《论语》《道德经》《孟子》等，并积极地将所学的知识运用到日常生活中去。中国的国学经典在哈佛大学获得如此广泛的受众，足以体现中国传统哲学的魅力。

中国在先秦时期就出现了孔子、老子、庄子、孟子、荀子等哲学家，他们关于人如何改善自身、如何改善社会的思想，对后世有着重要而又深远的影响。然而，这些古典思想对当代的年轻人来说是否仍然具有启迪意义呢？哈佛大学历史学家迈克尔·普鸣教授认为，中国古典哲学思想不仅对于当代中国具有重要意义，而且对于当代美国乃至当代世界同样具有启发性，"中国古典哲学思想是那么卓越不凡……它会改变你的生活"。

第一节 中国古代思想概述

中国是世界上少数几个文明古国之一，有文字可考的历史将近四千年。中国传统思想源远流长，有三千多年的发展历史，虽然历经朝代更迭却始终一脉相承，她记录了伟大的中华民族在漫长的岁月里认识世界、改变世界的艰难而又曲折的历程，集中了中华民族的智慧，沉淀于中华民族文化的深层，成为中华民族的民族自信心、凝聚力和智慧洞察力的精神源泉。

本节分先秦、两汉、魏晋、隋唐、宋明、清代六个时期，来梳理在历史演变中不断丰富和发展的中国传统思想文化，通过对不同历史时期最有代表性的思想学术流派、思潮和思想家及其主要观点的介绍，系统地阐述了中国不同历史时期学术与思想的渊源、发展和基本精神，勾勒出中国传统思想文化的发展脉络图，清晰呈现了中国传统思想文化的核心

中国古代思想概述

价值、基本特征特色及其对中国传统文化的深刻影响。

一、先秦文化

先秦是中国传统文化由原始文化发展到国家形态文化的时期，先秦文化既是中国早期文化的集中呈现，又为后世文化奠基，是中国古代文化的第一个高峰和文化元基因，对后世文化影响巨大。之后2000多年来的中国传统文化，从根本上讲是对先秦文化的延展与回应。因此，先秦文化的出现，标志着中国传统文化的形成。

（一）夏代文化

1. 中国国家形态的形成

夏代是中国有文献记载的第一个朝代，存在于公元前21世纪至公元前16世纪，都城在阳城（今河南登封）、安邑（今山西夏县）等地。

夏代的出现，标志着中国古代原始部落社会结束、中国国家形态形成，中国至此由原始社会的无序状态进入国家行政管理的有序时代。

2. 文化成就

由于夏代历史久远，也没有成熟的文字，流传下来的文化遗迹较为罕见。20世纪50年代河南偃师市二里头村发现的二里头文化遗址是夏文化的重大发现，文化遗址中包含城址、宫殿建筑、村落、墓葬群，出土了大批陶器、石器、早期青铜器、玉器、象牙雕刻器和漆器等，是研究夏代经济和文化的珍贵资料（图1-1）。

图1-1　二里头文化遗址出土的文物

（1）天文历法。

夏代的天文历法文化较为发达。天干、地支的概念已经出现，相传如今仍在使用的农历（民间又叫"夏历""阴历"）就来源于夏代。其实真正的夏历早已失传，今天所用的农历其实是汉代出现的"汉历"，但人们仍然沿用了"夏历"之名。

周代《大戴礼记》中的《夏小正》，是中国现存最早的农事历书。虽然成书在周代晚期，但经历代学者考证，内存夏代资料，也有人认为它就是夏代的历法。

（2）青铜器的冶炼与使用。

夏代已出现青铜器的冶炼与使用，诸多历史文献对此均有描述。如《墨子·耕柱》："昔日夏后开（启）使蜚廉折金于山川，而陶铸之于昆吾……九鼎既成，迁于三国。"《史记·封禅书》："禹收九牧之金，铸九鼎。"《越绝书》："禹穴之时，以铜为兵。"二里头文化遗址出土的青铜小刀和青铜锥证实了夏代已有青铜冶炼和使用的事实。

（3）官的出现。

夏代是中国国家形态的开始。国家的形成，必然带来国家机构的建立，进而产生行政者——官。因此，中国的官制度文化，可以追溯到夏代。根据《礼记·明堂位》"夏后氏官百，天子有三公、九卿、二十七大夫、八十一元士"的记载，由此可见，夏代的官制已比较完善。

3. 对夏代文化的认识

（1）国家形态的形成为中华民族的生存发展提供了客观基础。

（2）官的出现，使中国自此进入行政管理的时代。

（二）商代文化

1. 商代文化是中国传统文化重要的里程碑

商代建于公元前16世纪，至公元前11世纪灭亡，最早建都亳（今河南商丘），以后多次迁都。盘庚时将都城由奄（今山东曲阜）迁至殷（河南安阳），所以又叫作"殷商"。商代文化是中国传统文化重要的里程碑，取得了辉煌的成就。

2. 重要文化现象

（1）青铜器制造水平的登峰造极。

青铜的冶炼与制造技术在商代已经炉火纯青。尽管中国不是世界上最早冶炼、制造青铜器的国家，但商代的青铜冶炼技术与制造水平堪称当时世界第一。后母戊青铜方鼎就是商代青铜器的代表之作，其精美程度无与伦比。

（2）成熟文字的出现。

19世纪末20世纪初，在河南安阳小屯村陆续发现了10万余片甲骨文，学者们整理出古文字图形4000余个，可识别的文字2500多个。这些文字是古人用刀刻在龟甲或兽骨上的意义符号，所以叫作"甲骨文"。甲骨文是商人对占卜情况进行记载的文字符号，其内容包括政治、军事、文化、社会习俗等，涉及天文、历法、医药等。汉字是世界上唯一还在广泛使用的表意性文字，产生于古人对自然和事象特征的模仿，其特征是用象征性的书写符号来指代一个特定的事象，被称为"象形"。因此，它是表意的，不是直接或单纯表示语音的。这是汉字与英语等表音文字最大的区别。汉字的表意性特点使其具有丰富的人文内涵和审美意趣。造字需要想象和表现，认字和写字也需要想象，写字还需要高度的表现技巧和审美内涵。但"象形"的造字方法不利于文字的类型化、精细化发展。鉴于此，古人又在"象形"的基础上创造出指事、形声、会意、假借、转注等造字方法，使汉字的发展跳出单纯的"模仿"局限而具有无限可能。古人将以上六种造字方法合称为"汉字六书"。甲骨文已具备"六书"的特点，展现了中国文字的独特魅力，是迄今为止我们可以看到的中国最早的成熟文字（图1-2）。

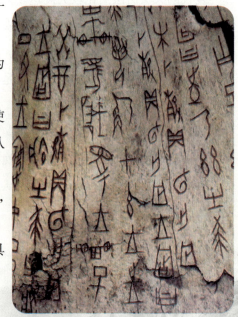

图1-2 甲骨文

3. 儒的出现

商代是祭祀盛行的时代，上自国家大事，下至民间婚丧嫁娶，人们都要通过祭祀的方法来占卜天地、预测吉凶，"国之大事，在祀与戎"（《左传·成公十三年》）。那些从事祭祀活动、掌握了祭祀专业知识与技能的人，被人们称作"儒"或"术士"，也就是我们今天所说的知识分子。这样，知识分子群体在商代兴起。

4. 商代文化的重要意义

（1）中国文化开始有文字可考。

商代以前，文化只能以实物传承和口口相传，文化成果的遗失和变形不可避免。文字的出现，不仅可以记载、整理文化成果，使文化传承更具有客观性，同时对文化传播和文明导向也具有巨大的推动作用。

（2）知识分子成为社会生活的重要力量。

商代以前，不能说没有知识分子，但在商代知识分子开始作为一个群体出现。文化需要记录和推广，更需要精英力量的参与。儒的出现，不仅有了大批记录文化的专业人士，有了文化传播的主力军，也增加了社会生活的精英力量。这对中国古代社会的文明进步具有极其重要的意义。

（三）周代文化

1. 周代文化是中国传统文化形成的标志

周代建于公元前 11 世纪，公元前 256 年灭亡，建都镐（今陕西西安）。周平王东迁后史称"东周"，建都洛邑（今河南洛阳）。东周又分为春秋（前 770—前 476）、战国（前 475—前 221）时期。

（1）封建释义。

"封建"的意思是"封邦建国"，即古代的部落盟主或后来的君王将土地封赐给后代或有功之臣，以分层管理的形式建立宗法制部落或国家。封建制适应了周代社会的发展，其合理性是引进竞争机制，推动社会的多元发展。

上古时期，部落首领将土地封赏给后代或属下的现象就存在了，称为"封建诸侯"（《尚书正义》），《史记·五帝本纪》里有"诸侯咸尊轩辕为天子"的记载。商代后期，分封已较为普遍。至周代，分封成为国家建制的主要形式。据《荀子·儒效》记载，周初分封了 71 国，姬姓之国有 53 个。后来，分封国家达到数百个，到春秋时，还有 170 多个。

（2）对分封制的认识。

分封制是周代社会制度的主要形式，对社会进步和文化发展意义重大。

①分封制的特点是对国家实行宗主统一下的多元化分层管理，客观上推动了社会的竞争发展。

②分封的前提是建立分封的规矩（礼法），《周礼》的出现使古代中国从此步入有制可依、有章可循的时代。

③社会的多元化发展促进了政治、经济、文化的繁荣。

2. 重要文化成果

（1）封建社会的形成。

封建制度的确立，奠定了封建社会的礼法基础，2000 多年来，中国社会的文明进步正是以这个基础为起点的。

（2）生产方式的进步。

周代为了适应社会多元化分层管理的态势，实行了井田制。周天子通过地方大小贵族，将土地资源层层转包、耕种。此举充分利用了土地资源，调动了社会生产的积极性，使劳动力作为重要的生产力得到确认（宗法制社会关系正是在这样的基础上得以形成），促进了生产工具的进步（战国时期铁器出现，极大地提高了生产效率），推动了经济的发展。

（3）"子学"的兴起。

社会的多元发展和竞争带来文化繁荣，"子学"的兴起成为中国古代第一个文化高峰。所谓"子学"，即诸子之学，是对各类知识学科流派汇集的称谓，是春秋战国时期中国各类学术成就的集中呈现。"子学"成为后世学术活动取之不尽的思想源泉。周代封建制的重要特点是向社会引进竞争机制，各国诸侯要想在竞争中脱颖而出，不仅要有强大的经济、军事实力，更要有正确的治国方略，这就为知识分子的著书立说提供了客观条件，也就是《荀子·解蔽》所说的"诸侯异政，百家异说"。所以，"子学"的产生，正是周代封建制的必然产物。

3. 对周代文化的认识

周代是中国封建制的形成时期，也是中国古代文化繁荣的第一个高峰，对后世影响巨大。

（1）中国古代精英文化的发源。

周代晚期出现的"子学"，汇聚了中国先秦各种重要的学术思想，取得了极高的学术成就，成为2 000多年来历代社会精英取之不尽的学术源泉。

（2）中国古代社会规范、文明取向的源头。

周代出现的"周礼"以及在此基础上形成的"三礼"（《周礼》《仪礼》《礼记》）成为历代社会规范、行为准则的蓝本，是中国古代最为经典的社会契约。

二、两汉经学

（一）经学释义

《辞海》把"经"字定义为历来被尊崇为典范的著作或宗教的典籍，亦指记载一事一艺的专书；但在汉代独尊儒术后，特指研究儒家经典学说，训解、阐明其蕴含义理的学问。经学是中国古代学术的主体，仅《四库全书》经部就收录了经学著作1773部、20427卷。经学中蕴藏了丰富而深刻的思想，保存了大量珍贵的史料，是儒家学说的核心组成部分。

（二）经学的产生与发展

经学产生于西汉。春秋末年（公元前6世纪至公元前5世纪），孔子编订和整理了《诗》《书》《礼》《易》《乐》《春秋》，统称为"六经"，后世儒生们以"六经"为范本学习儒家思想。秦始皇时焚书坑儒，致使大量先秦典籍消失，"六经"除了《易经》之外，其他均未能幸免于难。西汉文景时期展开了大量的献书和古籍收集工作，经书得以传世。因《乐》亡佚，遂成为"五经"。

汉武帝即位后，为了适应大一统的政治局面和加强中央集权统治，采纳董仲舒"罢黜百家，独尊儒术"的建议，将经过董仲舒改造的儒家思想作为官方认可的统治思想，还专设五经博士，负责讲授儒家经典。从此儒学独尊，"五经"的地位超出了一般典籍，成为崇高的法定经典，也成为士子必读的经典。在东汉时有"遗子金满盈，不如教子一经"的说法。《汉书·艺文志》中，把当时的著作区分为"经、史、子、集"四种，即以经为首，这种分类方式一直到清代仍为人所接受。汉代儒生们即以传习、解释五经为主业。自此经学正式宣告诞生，可以将经学视为对先秦原初儒学的继承和发展。经过各学派间的长期分化、传承，演变出"西汉五经""东汉七经""唐九经""开成十二经""宋十三经""朱子四书五经"等体系。儒家经学，历朝都有，在思想活跃的先秦、两宋时期，以子学、理学的形态出现，而在思想不活跃的两汉、清代，则以经学形式出现。

知识链接

西汉五经：《诗》《书》《礼》《易》《春秋》。

东汉七经：除上述五经外，另外二经究竟为何一向众说纷纭，据王国维《汉魏博士考》，应为《孝经》与《论语》。

唐九经：即将五经中的《礼》拆为《仪礼》《周礼》《礼记》，《春秋》拆成《左传》《公羊传》《谷梁传》。

开成十二经：唐文宗开成十二年于九经上添《尔雅》《论语》《孝经》，刻做石经。

宋十三经：北宋时，承继唐代九经定制，但是《孟子》的地位有所上升，南迁以后，《孟子》的地位已经不可动摇，升格为经，与开成十二经合为十三经。

四书五经：为朱子所定，于五经上增设"四书"，即《论语》《孟子》《大学》《中庸》。随着朱子学的繁盛，这也成为儒家经典最为著名的编订方式。

两汉经学在传播过程中，逐渐形成两种学派：一派称今文经学，所讲授的经典用汉代通行的隶书写成，基本倾向是结合当时政治，发挥经典中的微言大义；另一派称古文经学，其经书用籀文、蝌蚪文书写，一般着重于文字训诂和对典故的解说，不联系当时实际。武帝立五经博士，所立的都属今文经学。古文经学未受重视，只能在民间传授。汉朝是经学发展最为繁荣和昌盛的时期，儒生通过对经学进行阐述与发展，将经学的思想渗透到普通民众之中。

（三）董仲舒和今文经学

董仲舒是今文经学派的重要代表人物。董仲舒以研究春秋公羊学为主，融合阴阳家、黄老、法家思想，建立了"天人感应"的目的论思想体系。西汉前期以黄老之学为尊，汉武帝于元光元年（公元前134年）下诏征求治国方略，董仲舒上《举贤良对策》三篇，提出"罢黜百家，独尊儒术"，为汉武帝采纳。从此，他的学说成为汉代官方认可的正宗思想。董仲舒提出了许多影响较大的建议，被汉武帝采纳并实行。

三、魏晋玄学

（一）玄学释义

玄学是汉末魏晋时期至宋朝中叶出现的一种崇尚老庄、研究幽深玄远问题的哲学思潮。"玄"这

一概念，起源于《老子》中的一句话"玄之又玄，众妙之门"。西汉扬雄在《太玄·玄摛》中说："玄者，幽摛万类，不见形者也。"三国魏王弼在《老子指略》解释道："玄，谓之深者也。"玄学是魏晋时期的学术主潮。

（二）基本特点

玄学是在东汉末年经学衰落之际，抛弃了天人感应之论，冀以清谈和思辨裨补注经烦琐等缺漏，以自然为本为体，以名教为末为用，探讨本末的有无，即宇宙的本体问题；对此哲学目的，又以"得意忘言"为方法，以辨名析理为其思维形式，由是而成为一整套哲学体系。在晋元嘉十六年（439年）国家开设五馆，玄学馆为其中之一，这也标志着玄学的确立并为朝廷认可。玄学大体上分为三派：以何晏、王弼、向秀、郭象等为代表的玄理派，以王衍为代表的清谈派，以嵇康、阮籍"七贤"等名流为代表的狂放派。玄学的思潮还开创了中国文化史上的新时期，其核心内容牵涉哲学上各个领域，如本体论、知识论、语言哲学、伦理学、美学等，都是前人未有触及或未能深入探讨的问题。魏晋玄学影响广泛，医学方面自然主义的养生观、重术尊方的发展理路，以及"医者意也"的思维方式等，都与玄学的影响有关。

四、隋唐佛学

作为世界三大宗教之一，佛教对我国有着深远的影响。佛教起源于印度，于两汉之际传入中国，东晋南北朝时广泛传播，隋唐时期得到了空前的发展。隋唐佛学思潮是我国汉传佛教史上引人注目的文化现象，佛学也在中国化过程中展现了强烈的生命力。唐朝六祖慧能创造禅宗之后，佛教的一个标志就是中国化和本土化了，和中国的文化融在了一起。可以说佛教传入我国后，在隋唐时期达到鼎盛。《西游记》中的西天取经就是以佛教为背景，西天指的就是古印度。而唐僧取经在历史上也确有其事，发生在唐太宗贞观年间，距今1300多年。《西游记》虽然是一部神魔小说，但从中可以看出唐朝人对于佛学的向往。

（一）隋唐佛学勃兴的缘起

隋唐时期，佛教出现一派鼎盛局面，发展十分迅猛，影响空前广泛，这绝非偶然。它既有佛学自身发展的内在逻辑，也有隋唐政治、经济、文化发展的支撑配合。

（二）隋唐佛学的兴盛

据史书所载，隋代佛教寺院达四五千所，到唐代，寺院竟然增加到四万多所。随着佛教的兴盛，还大肆开凿石窟，最为壮观的艺术成果当数敦煌莫高窟和洛阳龙门石窟。

佛经翻译数量大增。根据费长房《历代三宝记》载，隋代共有佛经2146部，共6235卷之多；唐代时又有所增加，据德宗时圆照的《贞元新定释教目录》，共有2447部、7399卷。从唐高祖武德到德宗贞元年间共180多年，我国译出佛经总数达435部、2476卷，翻译家共46人。所以，隋唐时期是我国佛经翻译史上最辉煌的一个时期。我国佛教史上有影响的教派，也大多数在隋唐时期形成。

五、宋明理学

（一）理学概述

宋明理学亦称"道学"，是一种既贯通宇宙自然（道教）和人生命运（佛教），又继承孔孟正宗

（根本），并能治理国家（目的）的新儒学，是宋明时期占主导地位的儒家哲学思想体系。汉儒治经重名物训诂，至宋儒则以阐释义理、兼谈性命为主，因有此称。

理学流派纷繁复杂，北宋中期有周敦颐的濂学、邵雍的象数学、张载的关学、二程（即程颢和程颐）的洛学、司马光的朔学，以及胡安国、胡宏与张栻的湖湘学派，南宋时有朱熹的闽学、陆九渊兄弟的江西之学，明中期则有王守仁的阳明学等。尽管这些学派具有不同的理论体系和特点，但按其基本观点和影响来分，主要有两大派别：一是二程、朱熹为代表的程朱理学；二是陆九渊、王守仁为代表的陆王心学。程朱理学在南宋以后成为长期居于统治地位的官方哲学，陆王心学在明中期以后得到广泛传播。

理学专求"内圣"的经世路线以及"尚礼义不尚权谋"的致思趋向，将传统儒学的先义后利发展成为片面的重义轻利观念。应该看到，理学强调通过道德自觉达到理想人格的建树，也强化了中华民族注重气节和德操、注重社会责任与历史使命的文化性格。张载庄严宣告"为天地立心，为生民立命，为往圣继绝学，为万世开太平"；顾炎武在明清易代之际发出"天下兴亡，匹夫有责"的慷慨呼号；文天祥、东林党人在强权或腐朽政治势力面前，正气浩然，风骨铮铮，无不浸润了理学的精神价值与道德理想。

（二）程朱理学

二程曾同学于北宋理学开山大师周敦颐，著作被后人合编为《二程集》。他们把"理"或"天理"视作哲学的最高范畴，认为理无所不在，不生不灭，不仅是世界的本源，也是社会生活的最高准则。在穷理方法上，程颢"主静"，强调"正心诚意"；程颐"主敬"，强调"格物致知"。在人性论上，朱熹主张"存天理，灭人欲"，并深入阐释这一观点，使之更加系统化。二程学说的出现，标志着宋代理学思想体系的正式形成。南宋时朱熹继承和发展了二程思想，建立了一个完整而精致的客观唯心主义的理学体系。程朱理学在南宋后期开始为统治阶级所接受和推崇，经元到明清正式成为国家的统治思想。故如对宋明理学的概念不做特别界定，通常便是指程朱一派的理学。

朱熹在哲学上发展了二程关于理气关系的学说，集理学之大成。朱熹认为宇宙万物都是由"理""气"两个方面构成的，气是构成一切事物的材料，理是事物的本质和规律，在现实世界中理、气相依而不能相离。在经学方面，朱熹有许多著作，其一生著述极丰。他将《论语》《孟子》《大学》《中庸》集合为"四书"，是汉代以后儒学经典解释学的又一次高峰，他的思想在元、明、清三代一直是封建社会的官方哲学，标志着封建社会意识形态的更趋完备。

（三）陆王心学

南宋陆九渊开创了心学学派，明王守仁继承发扬了陆九渊的"心即理"的学说，完成了心学体系，后人合称"陆王心学"。陆王心学与程朱理学虽同属宋明理学之下，但多有分歧。程朱理学为"格物派"（一称"客观唯心主义"），而陆王心学往往被认为是儒家中的"格心派"（一称"主观唯心主义"）。明中期以后，"陆王心学"几乎取代程朱理学，在思想领域影响颇大。

陆九渊解说"宇宙"二字为："宇宙内事乃己分内事；己分内事乃宇宙内事。"陆主张"宇宙便是吾心，吾心便是宇宙"，又倡"心即理"说，断言"天理、人理、物理只在吾心之中。人同此心，心同此理。往古来今，概莫能外"。王守仁继承和发扬陆九渊的学说，集心学于大成。明末两大儒中的黄道周推崇朱学，而刘宗周以"慎独"为宗，对王守仁思想进行改造和发展。

六、清代实学

（一）实学界定

"实学"概念由来已久。"实学"，是以"虚"的、"伪"的学问作为参照系，这个特点也是后来"实学"研究的共同特征。"实学"有广义、狭义之区别。广义之实学是指自先秦以来注重现实、经世致用的学问；而狭义之实学则是指发轫于北宋中叶、昌盛于明末清初直至晚清洋务运动之前的实体达用之学，是在对明末理学及王学末流所造成的种种积弊进行理性反思和深层批判的基础上，形成的一股社会变革思潮和思想解放运动。

（二）清代实学的代表人物及其学术思想

清代前期，许多有识之士清醒地认识到，晚明理学的空疏无本是导致明王朝覆亡的重要根源。这种反省，流露出对宋明理学空洞说教的强烈不满。清初实学力矫晚明"束书不观，游谈无根"的空疏学风，易主观玄想为客观考察，改空谈为实证，弃独断是质测，学术研究领域扩大到自然和社会的众多实际领域，如天文、地理、九经、诸史、风俗、吏治、财赋、典章、制度等。其代表人物有顾炎武、黄宗羲、王夫之等。

（三）清代实学的影响

清代实学产生于"天崩地解"的明清之交，其在痛定思痛中高扬的"经世"思想，深刻影响了整个清代儒学历程。颜李学派、浙东史学，特别是产生于中华民族生死存亡之际的晚清儒学，都从清初的实学中汲取了强大的动力。

实学源于中国，流传于朝鲜、日本等东亚国家，是一门具有广泛社会影响的国际性学问。中国实学传入朝鲜、日本后，与朝鲜、日本本土文化相结合，形成独具特色的朝鲜实学和日本实学。

第二节　先秦诸子百家思想

一、"百家争鸣"形成的背景

公元前 770 年到公元前 221 年，是中国历史上的春秋战国时期，这个时期社会矛盾激化，诸侯争霸，兼并战争不断，整个社会礼崩乐坏。就在这个时期，一批新的社会力量应运而生。虽然社会地位低下，但很多都是有思想有才能的人，他们出身不同，立场不同，但他们著书立说，各成一家之言，出现了我国历史上有名的"百家争鸣"的局面，形成了儒家、道家、墨家、法家、阴阳家等学派，后世称他们为诸子百家。诸子百家的思想对中华民族的性格和中华文化产生了巨大影响，是我们民族思想文化发展的宝贵遗产。

二、诸子百家

诸子百家是后世对先秦学术思想人物和派别的总称。诸子是指先秦时期的老子、孔子、庄子、墨子、孟子、荀子等学术思想代表人物，百家是指阴阳家、儒家、墨家、名家、法家、道家等学术流派。西汉司马谈将诸子百家概括为"儒、墨、道、法、名、阴阳"六家，东汉班固又补充了"农、纵横、杂、小说"四家，形成了十家有影响的学派。诸多学派纷呈，众多学说丰富多彩，为中国文化发展奠定了深厚的基础，历史上把这一时期称为诸子百家或百家争鸣时期。本节我们主要介绍其中最有影响的儒、道、墨、法四家。

（一）儒家及其思想

代表人物：孔子、孟子、荀子。

主　　张："仁""仁政""礼"；"性善论""养浩然之气"。

儒家思想以"仁"为内在思想核心，以"礼"为外在行为规范，以"中庸"为其处世原则。重视血亲人伦，仁慈亲和；重视现世事功，刚健中正，以救世安民为己任；重视道德修养，具有完善的人格，儒家的理想人格是君子。具体表现在以下几个方面：

1. 重视修身、尊崇君子的人格追求；

2. 关注现实的积极入世追求；

3. 心怀天下、忧国忧民的忧患意识；

4. 积极进取、自强不息的奋斗精神；

5. 将心比心、推己及人、"和而不同"的和谐人际关系。

（二）道家及其思想

代表人物：老子、庄子。

主　　张："道"、《道德经》；"有无相生，难易相成"，"无为而无不为"，"小国寡民"。

道家的价值取向首先是道法自然、宁静淡泊、无为自适。道家认为"道"是世界万物的本源，也是宇宙运行的规律。只有自然运行，天地才可以运化万千，宇宙才可以和谐，人类社会才可以协调有序，六畜才可以兴旺，万木才可以常青。道家的行为取向是超世无为，对世间的一切都不要做任何努力和改变，顺其自然。道家认为，人生在世，要受到无数外在的约束，如声色之乐，功名利禄之欲，甚至死亡之惧，只有超然于这一切之上，不刻意去有所作为，才能领会到人生的意义。

1. "不争"——以退为进的处世哲学；

2. "生活辩证法"——启发现代人进行自我心理调适；

3. "淡泊名利"——获得内心的平和与自适。

（三）墨家及其思想

代表人物：墨子。

主　　张："兼相爱，交相利"；"三患——饥者不得食，寒者不得衣，老者不得息"；"三务——国家之福，人民之众，行政之治"。

墨家思想学说的创始人是墨子，我国古代伟大的哲学家、思想家、科学家、军事家。

墨子出生在没落贵族之家，少年时代做过牧童，学过木工，据说他制作守城器械的本领比公输班（鲁班）还要高明。墨子是一个相当有文化知识，又比较接近工农小生产者的士，曾做过宋国大夫。墨子曾师从儒家，但他批评儒家对待天帝、鬼神和命运的不正确态度，以及厚葬久丧和奢靡礼乐之风，认为儒家所提倡的都华而不实，最终舍掉了儒学，另立新说，在各地聚众讲学，以激烈的言辞抨击儒家和各诸侯国的暴政。墨子的思想学说受到大批手工业者和下层士人的追捧，逐步形成了自己的墨家学派，成为儒家的主要反对派。在法家崛起以前，墨家是先秦时期和儒家相对立的最大的一个学派，和儒家并列为"显学"，在当时的百家争鸣中，有"非儒即墨"之说。

墨子的思想学说体现在《墨子》一书中。《墨子》共五十三篇，其中有代表性的为十篇：兼爱、非攻、非命、天志、明鬼、尚同、尚贤、节用、节葬、非乐。墨子的思想主要有以下几点：

1. 主张"兼爱""非攻"

兼爱也称兼相爱，是指人们应当爱护别人如同爱护自己，不受等级地位、家族地域的限制，彼此之间相亲相爱。非攻不是反对所有战争，而是反对一切非正义的战争。对于防御战，墨子是支持的，他自己就曾经带人参加过好几次帮人守城的战争。兼爱和非攻是体和用的关系。兼爱表现为大到国家之间要兼爱，小到人与人之间也要兼爱，而非攻则主要表现在国与国之间。只有兼爱才能做到非攻，也只有非攻才能保证兼爱。

2. 主张"天志""明鬼"

墨子认为天是有意志的，不仅决定着自然界的变化，还支配着人间的社会政治，如果君主违背上天的意志，就会受到上天的惩罚，这是墨家尚同、兼爱、非攻思想的核心起点。明鬼表现为希望人人相信鬼神可以施福降灾，从而以此为约束力，整顿社会秩序。

3. 提倡"尚同""尚贤"

墨子认为尚同与尚贤是相辅相成的，是"为政之本"。尚同思想是高度的集权主义，实施自上而下的控制与管理，要求从组织系统的领导到思想意识，都绝对地服从于上级。尚贤表现为尊重有才德的人，墨子把尚贤看得非常重要，认为是政事之本，提出了"官无常贵，民无终贱"的主张。

4. 提倡"节用"

节用是墨子非常重视的一个观点，他反对奢侈浪费，尤其反感儒家的"久丧厚葬"，提倡俭朴，认为君主应该像大禹一样过着俭朴的生活，并要求墨家弟子在这方面身体力行。

（四）法家及其思想

代表人物：商鞅、韩非。
主　张：法、术、势。

西周封建社会的运转，依靠的是"礼"与"刑"两大法宝。礼包括礼节、举止行为和社会习俗，应用范围仅限于贵族；刑就是惩罚，应用范围是普通百姓。《礼记》中明确提出"礼不下庶人，刑不上大夫"，就说明了这两大法宝的应用范围。

西周封建社会的结构相对简单，贵族之间因血缘关系和姻亲关系联结在一起，都是亲戚关系，因而西周封建社会能依靠这两大法宝正常运转。随着社会的发展，这种关系逐渐被削弱，大国用侵略、兼并的方法扩大领土，贵族和平民的界限越来越模糊。为了强化国家的统治，各国纷纷寻找集中权力的理论和方法，法家顺势而生。法家在组织大众、担当领袖、扩张土地、富国强兵上的理论和方法，在当时是最行之有效的。

法家思想的代表人物有管仲、子产、李悝、申不害、商鞅、韩非等。其中，韩非是法家思想的集大成者。

韩非的法治思想是在战国末年封建中央集权专制即将形成的形势下提出来的，强调法、术、势三者结合，主张改革和实行法治，反对儒家"法先王"思想，要求"废先王之教""以法为教"。他强调制定了"法"就要严格执行，任何人也不能例外，做到"法不阿贵""刑过不避大臣，赏善不遗匹夫"。主张建立中央集权，实行君主专制独裁，为此，君主应该使用各种手段清除世袭的奴隶主贵族，"散其党""夺其辅"，同时，选拔一批经过实践锻炼的封建官吏来取代他们，"宰相必起于州部，猛将必发于卒伍"。在思想和教育方面，则主张禁断诸子百家学说，以法为教，以吏为师。韩非批判吸收各家主张，博采儒、道、墨之长，融"法""术""势"为一体，其思想达到了先秦法家理论的最高峰，为秦统一六国提供了理论武器，对于建立统一强大的秦王朝、实现国家富强起到了重要的作用，但最终因其"一断于法"而忽视对社会的教化引导，从而加速了秦王朝的灭亡。秦亡后法家思想并未消亡，在汉初仍有影响。汉武帝后，其势逐渐衰微，法家作为一个学派已经消失，但其影响一直波及后世。

第三节　中华传统美德

中华民族强调道德至上，在五千年的悠久历史中，孕育了优秀的传统美德，如公正无私、诚实笃信、戒奢节俭、豁达大度、温良恭俭让等修身之道；敬业乐群、公而忘私的奉献精神；"天下兴亡，匹夫有责"和"苟利国家生死以，岂因祸福避趋之"的爱国情操；"先天下之忧而忧，后天下之乐而乐"的崇高志向；自强不息、艰苦奋斗、勤劳勇敢的昂扬锐气；"富贵不能淫、贫贱不能移、威武不能屈"的浩然正气；厚德载物、达济天下的广阔胸襟；奋不顾身、舍生取义、见义勇为的英雄气概……这些传统美德在几千年中不断传承发展，引导着中国人民处理人际关系，建立稳定和谐的社会秩序，是支撑中华民族生生不息的强大力量。

所谓中华传统美德，是指中国五千年文化流传下来的极具影响、可以继承、并得到不断创新发展、有益于后代的优秀的道德文化遗产。中国传统文化是一种伦理型文化，支撑这一文化的最强大支柱就是道德，中华传统美德标志着中华民族的"形"与"魂"，是中国人两千多年来处理人际关系、人与社会关系实践的结晶。中华传统美德是支撑中华民族生生不息的强大力量。

在当代，"爱国、敬业、诚信、友善"是社会主义核心价值观提出的公民基本道德规范，是从个人行为层面对社会主义核心价值观基本理念的凝练。它覆盖社会道德生活的各个领域，是公民必须恪守的基本道德准则，也是评价公民道德行为选择的基本价值标准。爱国是基于个人对自己祖国依赖关系的深厚情感，也是调节个人与祖国关系的行为准则。它同社会主义紧密结合在一起，要求国人以振兴中华为己任，促进民族团结、维护祖国统一、自觉报效祖国。敬业是对公民职业行为准则的价值评价，要求公民忠于职守、克己奉公、服务人民、服务社会，充分体现了社会主义职业精神。诚信即诚实守信，是人类社会千百年传承下来的道德传统，也是社会主义道德建设的重点内容，它强调诚实劳动、信守承诺、诚恳待人。友善强调公民应互相尊重、互相关心、互相帮助、和睦友好，努力形成社会主义的新型人际关系。"爱国、敬业、诚信、友善"继承和延续了中华传统美德，有着丰富的内涵，是每个公民都应当遵守的行为准则。

一、正心修身的追求

中华民族最讲究修身，《大学》中说"修身齐家治国平天下"，修身是根基。儒家有句名言，"达则兼济天下，穷则独善其身"，把"平天下"和"修身"提到了同等高度。由此可见，修身在中国传统文化中占据重要地位。老子说："含德之厚者，比于赤子。"意思是德性浑厚高尚的人，好比初生婴儿一样纯洁。老子又说："重积德，则无不克。"这更是指明了个人的修身不仅是处世的条件，更是成就事业的根本。统而言之，所谓修身，无非就是我们自身应该具备中华传统美德，这些美德会成为一种力量，将人锻造成传统文化所要求的彬彬君子。

（一）安贫乐道

每个人在成长过程中都会或多或少地遇到逆境、挫折、失败、痛苦。这些不幸的遭遇，往往会超出一般人的承受能力，如何才能经受这些严峻的考验，渡过难关，关键不是靠外力的支持，而是靠我们自身的修养。中国古人给挫折与失败开出的药方之一，就是必须具备安贫乐道的美德。

安贫乐道的"道"，原指儒家所信奉的道德，后引申为人生的理想、信念、准则。所谓"安贫乐道"，指的就是处境虽很贫困，但仍乐于坚守信仰。唐代诗人刘禹锡《陋室铭》中的名句"斯是陋室，唯吾德馨"，便可以看作是中国古人安贫乐道的最好写照。作为一种正心修身的方法，安贫有助于我们更好地求道，修炼自己的心智；乐道则有助于我们克服当下的贫苦，坚定自己的理想和信念。

（二）勤劳节俭

中华民族是最勤劳的民族之一，我们的祖先用辛勤的劳动修筑了万里长城、大运河、都江堰等伟大工程。在中华文化历史上，流传着许多用劳动征服大自然的动人心弦的故事。中国古人早已认识到"赖其力者生，不赖其力者不生"的真理。

我国古代人民认识到劳动很重要。古诗"锄禾日当午，汗滴禾下土"，指出勤劳的人们都把汗水挥洒在自己劳动的地方。在中华传统观念中，无论是贩夫走卒还是达官显贵，都应该有劳动的意识和行动。如果说，勤劳的美德是开源，那么，节俭的美德就是节流。正是依靠着勤劳与节俭，人类生产和积累了大量的物质和精神财富，支撑起个人、家庭和国家的发展、成长。中华民族几千年来虽然历经艰难曲折，但是始终屹立在世界的东方，很重要的一个因素就是勤俭节约。诸葛亮在《诫子书》中说："静以修身，俭以养德。"节俭需要首先克制自己的欲望和贪念，这样才能保持节操，培养德行，所以自古有德之士都推崇"俭以养德"。

（三）明礼诚信

《论语》中说："君子敬而无失，与人恭而有礼，四海之内，皆兄弟也。"又说："民无信不立。"这两句话被后人归纳为中华传统美德之一，即明礼诚信。

明礼诚信应当是当代中国公民的基本道德规范之一。之所以把"明礼"和"诚信"放在一起，并不是随意而为的，而是因为二者之间存在着内在的联系。"明礼"是人的行为的外在表现，"诚信"则是人的内心状态。"明礼"只有表现了人内心"诚信"的本质，才不会流于虚伪的形式或繁文缛节；"诚信"只有通过"礼仪""礼让"，才能够最恰当、最真实地表现出来。《礼记》对"礼"有一个解释："忠信，礼之本也；义理，礼之文也。无本不立，无文不行。"这说明古人已把"忠信"视为"礼"的本质。"诚"于内而"礼"于外，是对"明礼"与"诚信"相互关系的最好解说。

"诚信"包括"诚"和"信"两方面的内涵。"诚"主要是讲诚实、诚恳；"信"主要是讲信用、信任。"诚""信"合在一起，就是指做人要忠诚老实，诚恳待人，以信用取信于人，对他人给予信任。

史事拾微

季布一诺

季布曾是西楚霸王项羽的部将，楚汉两军交战时，曾经多次让刘邦困窘不堪。刘邦消灭项羽后，仍对此耿耿于怀，悬赏千金捉拿季布。季布潜藏到朱家家里。朱家劝夏侯婴说服刘邦赦免了季布，并召拜为郎中。惠帝时，季布为中郎将，后转任河东守。季布为人仗义，好打抱不平，以信守诺言、讲信用而著称。所以民间广泛流传着"得黄金百斤，不如得季布一诺"的谚语。"一诺千金"这个成语也是从这儿来的。

无论我们在社会中扮演什么角色，明礼诚信都是必备的美德之一。每个人都应该有这样的道德意识：做老实人，说老实话，办老实事；以信待人，以信取人，以信立人。

（四）浩然之气

有一天，弟子公孙丑问孟子："请问老师，您最擅长什么？"

孟子毫不思索地回答："我善于培养我的浩然之气。"

公孙丑大惑："什么是浩然之气？"

孟子皱眉道："要给这浩然之气下个定义还真难。我只能这样描述它，它最宏大最刚强，用正义去培养它而不用邪恶去伤害它，就可以使它充满天地之间。它与仁和义相配合辅助，不这样做，浩然之气就会像人得不到食物一样疲软衰竭。浩然之气是由正义在内心长期积累而形成的，而不是通过偶然的正义行为获取的。自己的所作所为有不能心安理得的地方，则浩然之气就会衰竭。"

孟子所说的浩然之气，是刚正之气，是人间正气，是大义大德造就的一身正气。作为一种崇高的美德，气节一直是古代思想家推崇的精神力量。孟子的浩然之气，就是对气节这一美德的重要发挥。孟子认为，对道义的坚守达到一定高度，就会自然产生出一种至大至刚的力量，这种力量鼓舞着人为实现道义而勇往直前。

那么，我们应该具备哪些气节呢？

首先，人应该有尊严。每个人都有自己的人格，尽管人格表现出明显的不同，但人们在评价它时总会有一些共同的标准；其次，人应该有正义感。为了正义应该不顾一切，大义凛然；最后，人应该维护民族和国家的利益。

二、与人为善的处世原则

人际关系是人生中的一件大事，围绕着这件大事，产生了诸多传统美德。这些美德主要有以下四种：忠、孝、仁、义。这四者分别规定了中国传统社会最为重要的四类人际关系：忠，讲处理个人与社会、国家、天下之间关系的道德规范；孝，讲处理家庭生活中各种关系的基本准则；仁，讲人与人之间，尤其是个人与陌生人、上级与下级之间的相处之道；义，讲处理人际关系，尤其是利益关系的道德要求。

忠、孝、仁、义这四个基本道德规范，是中国传统社会道德生活的基石。在此基础上，传统道德的其他规范得以建立和发展。总体而言，这四种传统道德的终极目的可以归纳为四个字：与人为善。

（一）尽己之谓忠

中华传统文化最讲究"忠"。《论语》中曾子说："吾日三省吾身：为人谋而不忠乎？与朋友交而不信乎？传不习乎？"首要的是"为人谋而不忠乎"，就是替别人做事时，有没有不尽自己心力去做的时候。在这里，"忠"是尽心竭力的意思，朱熹对这句话的解释为"尽己之谓忠"。

（二）孝为人本

何谓孝？《说文解字》的解释是："孝，善事父母也。"意思是子女要顺承父母、奉养父母，尽到为人子女的责任。孝在长期历史进程中得到不断发展，成为中华传统美德中最重要的内容之一。

中国古代有很多关于孝道的故事。西晋时期，晋武帝征召李密入朝为官，李密不愿应诏，就写了《陈情表》给晋武帝。文章从自己幼年的不幸遭遇写起，表明自己与祖母相依为命的特殊感情，叙述祖母抚育自己的大恩，以及自己应该报养祖母的大义。既感谢了朝廷的知遇之恩，又倾诉了自己不能从命的苦衷。文章真情流露，叙述委婉，辞意恳切，语言简洁生动，富有表现力与强烈的感染力。相传晋武帝看了此表后很受感动，特赏赐给李密奴婢二人，并命郡县按时给其祖母供养。《陈情表》是中国文学史上抒情文的代表作之一，有"读诸葛亮《出师表》不流泪者不忠，读李密《陈情表》不流泪者不孝"的说法。

经典诵读

陈 情 表
【西晋】李密

臣密言：臣以险衅，夙遭闵凶。生孩六月，慈父见背；行年四岁，舅夺母志。祖母刘悯臣孤弱，躬亲抚养。臣少多疾病，九岁不行，零丁孤苦，至于成立。既无伯叔，终鲜兄弟，门衰祚薄，晚有儿息。外无期功强近之亲，内无应门五尺之僮，茕茕孑立，形影相吊。而刘夙婴疾病，常在床蓐，臣侍汤药，未曾废离。

逮奉圣朝，沐浴清化。前太守臣逵，察臣孝廉；后刺史臣荣，举臣秀才。臣以供养无主，辞不赴命。诏书特下，拜臣郎中，寻蒙国恩，除臣洗马。猥以微贱，当侍东宫，非臣陨首所能上报。臣具以表闻，辞不就职。诏书切峻，责臣逋慢；郡县逼迫，催臣上道；州司临门，急于星火。臣欲奉诏奔驰，则刘病日笃；欲苟顺私情，则告诉不许。臣之进退，实为狼狈。

伏惟圣朝以孝治天下，凡在故老，犹蒙矜育，况臣孤苦，特为尤甚。且臣少仕伪朝，历职郎署，本图宦达，不矜名节。今臣亡国贱俘，至微至陋，过蒙拔擢，宠命优渥，岂敢盘桓，有所希冀！但以刘日薄西山，气息奄奄，人命危浅，朝不虑夕。臣无祖母，无以至今日；祖母无臣，无以终余年。母孙二人，更相为命，是以区区不能废远。

臣密今年四十有四，祖母今年九十有六，是臣尽节于陛下之日长，报养刘之日短也。乌鸟私情，愿乞终养。臣之辛苦，非独蜀之人士及二州牧伯所见明知，皇天后土，实所共鉴。愿陛下矜悯愚诚，听臣微志，庶刘侥幸，保卒余年。臣生当陨首，死当结草。臣不胜犬马怖惧之情，谨拜表以闻（图1-3）。

图1-3 《陈情表》插图

（三）仁者爱人

"仁"是中华传统文化中分量最重的一个字，本身就代表了中国传统文化和传统道德。它的提出者是孔子，有人问孔子什么是"仁"，孔子回答说："仁者爱人。"

爱人，就是仁，是中华传统道德的精髓。这一传统美德要求我们在日常生活中与人打交道时要常怀一颗爱人之心，与人为善。因此，爱人应当是发自肺腑、真心实意的，虚伪就是不仁。

（四）义在利先

义，就是我们今天常提的"道义"。它是中国传统道德的"五常"之一，也是古人与人相处中使用频率最高的一种道德规范。义，繁体字写作"義"，由"羊"和"我"两字构成。在中国传统文化中，"羊"象征美和善，"義"的含义即自身所拥有的美好品质。在后来的衍变中，义作为一种道德规范，含义十分丰富。对"义"的道德要求进行系统阐述的是孟子。《孟子》一书中，使用"义"字108次，将义作为人立身处世的根本。自孟子后，义开始成为中国人道德生活的基本规范，影响至今。谈"义"，必然绕不开"利"，"义利"是中国传统文化中无论如何都绕不开的道德话题。孟子把"义利"问题谈得十分透彻。

孟子对"义利"的主次、先后，甚至有无的问题定下基调，此后形成了重义轻利的传统。那么，在我们的人生中该如何来行"义"呢？首先，义为宜，是一个人适合做的、应当做的事情；其次，义要求做出的行为，是一个人在特定环境下应该做出的行为；最后，义的要求内容是因人的身份、职业不同而有所不同的。

三、君子怀德的境界

在中国传统文化中，君子人格是每个人都可以通过修德获取的，君子境界也是每个人都能到达的境界：单从人格方面讲，君子仅需具备我们前面所讲的那些美德就完全合格了，这就是"内圣"。但如果要做到"外王"，那还需要具备下面将要讨论的美德：隐忍、知耻和无私。

（一）隐忍

中华民族是一个极具坚忍力的民族，"隐忍谦让"是自古以来就有的传统美德。无论佛家、道家还是儒家，都对"忍"情有独钟，都认为"忍"是成大事的一个必备美德。中华传统美德中的"忍"，其实意味着内心坚毅而决绝，要能忍常人所不能忍，这是一种修养和境界。隐忍不仅仅是一种美德，而且还是成大事者必备的素质。做人要隐忍，但绝不能一味退让。忍的最高境界应该是主动、积极地去化解矛盾。

（二）知耻

孟子说："人不可以无耻，无耻之耻，无耻也。"意思是：从不知羞耻到知道羞耻，就可以免于羞耻了。知耻是中国传统文化中的道德底线，是人自身道德完善的终点和"外王"的起点。儒家认为，人必须要有羞耻之心，只有知道什么是耻辱之后才能分辨清楚是非、对错和善恶，才能避免做不道德的事，而去做符合道德的事。

（三）无私

无私是中国传统道德中的重要内容，是儒家从天人合一的思想中总结出来的。孔子说："天无私覆，地无私载，日月无私照。"那么，人的境界和行为也应该这样，像天一样覆盖万物而无一丝厚此薄彼；像地一样承载万物而无一丝亲疏远近；像日月照耀万物一样而无一丝分配不均，达到"与天地合其德，与日月合其明"的境界。

日积月累

一、填空题

1. "_____"是孔子思想的核心。

2. 道家学派又称为_____，代表人物是_____和_____。

3. "严刑峻法"是_____家的主要思想。

4. "修身齐家治国平天下"出自_____。

5. 孟子说："富贵不能淫，_____，_____，此之谓大丈夫也。"

6. 《论语》中，曾子说："_____，为人谋而不忠乎？与朋友交而不信乎？传不习乎？"

7. 《弟子规》："弟子规，圣人训；_____，_____。"指明了孝的重要性。

8. 《论语》中的推己及人有两个基本要求，正面是"己欲立而立人，己欲达而达人"；反面是_____，这两个方面的内容在传统道德学说中被称为"恕道"。

9. 孟子说："_____，无耻之耻，无耻矣。"

10. 荀子说："_____，知命者不怨天。"

二、各抒己见

1. 美学家朱光潜曾用一句话评价弘一法师，即"以出世的精神做入世的事业"，这句话传递的是对老庄哲学的深刻理解。冯友兰也说"中国的圣人既是入世的又是出世的"，老子说："我愚人之心也哉！沌沌兮！"这里的"愚"不是愚蠢，而是一种淳朴、真质的状态，"沌沌"也不是混沌、糊涂，而是沉静似海、飘逸无境。那么，怎样才能获得"出世之精神"？

2. 当今中国存在慈孝不对等、生养教不对等的道德困境与伦理风险，需要挖掘中国古代传统中的亲子伦理资源，构建新时代体现爱、责任和关怀等价值原则的亲子伦理。请你结合这一现实，谈谈你对儒家孝道观的认识，以及你是如何孝顺父母的。

思考与体验

1. 阅读下面的短文，说说你的感悟。

有两个观光团到日本伊豆半岛旅游，路况很坏，到处都是坑洞。其中一位导游连声抱怨，说路面简直像麻子一样。而另一个导游却诗意盎然地对游客说："诸位先生女士，我们现在走的这条道路，正是赫赫有名的伊豆迷人酒窝大道。"

2. 阅读下面的材料，谈谈你从中可以得到什么样的启示。

有一天，某农夫的一头驴子，不小心掉进一口枯井，农夫绞尽脑汁想办法救驴子，但几个小时过去了，驴子还在井里痛苦地哀号。最后，这位农夫决定放弃，但是井还是得填起来，于是便请来左邻右舍帮忙将井中的驴子埋了，以免除它的痛苦。农夫的邻居们人手一把铲子，开始将泥土铲进枯井中。当这头驴了解到自己的处境时，刚开始哭得很凄惨，一会儿就安静下来了。农夫好奇地探头往井底一看，出现在眼前的景象让他大吃一惊：当铲进的泥土落在驴子的背部时，驴子将泥土都落在一边，然后站到铲进的泥土堆上面！就这样，驴子很快上升到井口，在众人惊讶的表情中快步地跑开了。

3. 市场经济的基本原则是利益原则。对利益的追求和不同利益主体之间的竞争，是推动市场经济发展的主要动力。面对竞争，人们问："竞争你死我活，体育竞赛冠军只有一个，如何能够'己所不欲，勿施于人'？""求职竞争需要的是表现自己，争取别人的了解，推销自己，而不是谦虚；谦虚还能导致竞争的失败。""竞争激烈，不得不做假，老实就会吃亏。"……传统文化的一些基本价值追求，都受到了严重的挑战。求职竞争中要不要坚守传统道德，对此你怎么看？

实践任务

一、任务描述

为了更加深入地了解中国古代传统思想形成的过程，全班同学分组开展"看图说史"活动。每个小组通过书籍或者网络收集关于中国传统思想的相关资料，结合资料选择一些诸子百家的代表人物图片做成PPT或视频。通过PPT讲解中国古代思想的发展脉络，分析诸子百家思想的现实意义和价值。

（讲解时间最好不要超过 10 分钟。）

二、任务实施

（1）全班同学分成若干组，每组 5 ～ 6 人，并选出一名小组组长。

（2）小组组长分配成员完成收集资料、选择代表性图片或视频、制作 PPT、讲解汇报等任务。具体执行过程可填写在下方空白处。

（3）将本次活动中遇到的问题、得到的经验等填写在下方空白处。

任务评价

各组员根据本章的学习情况及活动情况，完成下面的任务评价。

姓名：_____　　　　组号：_____　　　　指导教师：_____

评价项目	评价内容	分值/分	教师评分/分
知识（40%）	了解中国古代思想的发展脉络	10	
	了解中华民族传统美德	10	
	熟悉诸子百家的代表人物及其思想	10	
	掌握继承和弘扬中华传统美德在涵养人的道德品质	10	

评价项目	评价内容	分值／分	教师评分／分
技能（40%）	PPT 版面精美、简洁	10	
	内容选取合理、全面	20	
	讲解流畅，有条理	10	
素养（20%）	**具有团队精神**	5	
	准备充分，积极、认真参加活动	5	
	认真学习，按时完成学习、活动任务	5	
	具备独立分析问题、解决问题的能力	5	
自我评价			
教师评价			

第二章　中国古代文学

1. 了解掌握《诗经》、《楚辞》、汉赋、唐诗、宋词、元曲、明清小说等文学成就，掌握中国古代不同时期的文学特色。

2. 感受古典文学的文字美、意境美。中国文学既是古代中国社会的文学图卷，又是古代中国人的心灵记录，既是真实的社会写照，又是空灵的意识境界；文学根植于时代，根植于生活，根植于历史，文学的发展受当时社会环境的影响，透过文学看历史，透过历史理解文学。

思政目标

积蕴古典文化底蕴，传承与发扬民族精神，树立民族文化自信。

情景导入

中国古典文学作品中不仅有对自然的观照，看到池塘生春草，细雨鱼儿出，落霞孤鹜，秋水长天，古道西风瘦马，杏花春雨江南；更有对人生处境的深刻体会，知道上善若水，否极泰来，人有悲欢离合，月有阴晴圆缺，路漫漫其修远兮，吾将上下而求索……今天，让我们诵国风、吟楚辞、赏汉赋、琵琶传韵唐诗宋词，来一次弦歌寻美的历程。

中国古代文学

在中华文明浩瀚的五千年历史长河中，中国古代文学无疑是其文化宝库中一颗璀璨的明珠，是我国古代劳动人民留下的一笔宝贵的文化遗产。一个国家优秀的传统文化需要得到传承，其中对文学的继承和发扬必将起到至关重要的作用。

第一节　先秦诗歌和先秦散文

诗歌是中国文学中最早成形、发展最为充分的文学体裁。中国古代诗歌，一般称作旧诗，使用文言文和传统格律创作，广义上包括各种中国古代的韵文，如赋、词、曲等，狭义上则仅包括古体诗和近体诗。秦朝统一各国前的诗歌为先秦诗歌。先秦诗歌是中国传统诗歌的源头，《诗经》和《楚辞》历来合称"风骚"，是中国古代诗歌的两大源头，其中《诗经》是中国现实主义诗歌的源头，而《楚辞》是中国浪漫主义诗歌的源头。《诗经》和《楚辞》两千多年来一直被历代诗人尊为学习的典范。

一、先秦诗歌

（一）《诗经》

《诗经》是中国最早的一部诗歌总集，以四言诗为主，先秦时期称"诗"或"诗三百"，它收集了自西周初年至春秋中叶大约五百多年的三百零五篇诗歌，分风（民间歌谣）、雅（正声雅乐，大多指宫廷宴饮的乐歌）、颂（统治阶级宗庙祭祀的歌词）三部分，广泛而深刻地反映了2500年前漫长历史时期的社会面貌，西汉时被尊为儒家经典，始称《诗经》并沿用至今。

《诗经》善用赋、比、兴手法，句式以四言为主，灵活增减，常以重章叠句、复沓回环的民间歌舞技法增强艺术效果，为后世文学创作奠定了深厚的人文基础和艺术底蕴。《诗经》对后代诗歌的发展有深远的影响，成为我国古典文学现实主义传统的源头。

经典诵读

桃 夭

【先秦】佚名

桃之夭夭，灼灼其华。之子于归，宜其室家。

桃之夭夭，有蕡其实。之子于归，宜其家室。

桃之夭夭，其叶蓁蓁。之子于归，宜其家人。

子 衿

【先秦】佚名

青青子衿，悠悠我心。纵我不往，子宁不嗣音？

青青子佩，悠悠我思。纵我不往，子宁不来？

挑兮达兮，在城阙兮。一日不见，如三月兮。

（二）《楚辞》

《楚辞》是我国最早的浪漫主义诗歌总集及浪漫主义文学源头。"楚辞"之名最早见于《史记·酷吏列传》，可见在汉代前期已有这一名称。其本义，泛指楚地的歌辞，之后才成为专称，专指以战国时楚国屈原的创作为代表的新诗体。《楚辞》句法参差错落、灵活变化、辞藻华美、对偶工巧，以大量"兮"字作衬字。

西汉末年，刘向将屈原、宋玉的作品以及汉代淮南小山、东方朔、王褒、刘向等人承袭模仿屈原、宋玉的作品汇编成集，计十六篇，定名为《楚辞》，是为总集之祖。《楚辞》收录的主要是屈原的作品，其代表作是《离骚》《九歌》《天问》，后人因此又称"楚辞"为"骚体"。

经典诵读

离骚（节选）

【战国】屈原

长太息以掩涕兮，哀民生之多艰。余虽好修姱以鞿羁兮，謇朝谇而夕替。既替余以蕙纕兮，又申之以揽茝。亦余心之所善兮，虽九死其犹未悔。怨灵修之浩荡兮，终不察夫民心。众女嫉余之蛾眉兮，谣诼谓余以善淫。固时俗之工巧兮，偭规矩而改错。背绳墨以追曲兮，竞周容以为度。忳郁邑余侘傺兮，吾独穷困乎此时也。宁溘死以流亡兮，余不忍为此态也！鸷鸟之不群兮，自前世而固然。何方圆之能周兮？夫孰异道而相安？屈心而抑志兮，忍尤而攘诟。伏清白以死直兮，固前圣之所厚。

悔相道之不察兮，延伫乎吾将反。回朕车以复路兮，及行迷之未远。步余马于兰皋兮，驰椒丘且焉止息。进不入以离尤兮，退将复修吾初服。制芰荷以为衣兮，集芙蓉以为裳。不吾知其亦已兮，苟余情其信芳。高余冠之岌岌兮，长余佩之陆离。芳与泽其杂糅兮，唯昭质其犹未亏。忽反顾以游目兮，将往观乎四荒。佩缤纷其繁饰兮，芳菲菲其弥章。民生各有所乐兮，余独好修以为常。虽体解吾犹未变兮，岂余心之可惩？

二、先秦散文

先秦散文即中国远古至秦统一前的无韵文。先秦散文的形成和发展，有其政治、经济、思想文化等多方面的社会基础。其渊源可追溯到殷代甲骨卜辞和稍后的铜器铭文（金文）。《尚书》的出现，标志着中国古代散文的正式形成，它是上古的一部官方历史文献，为史官所作，记录了王公的言辞与政令。先秦散文的成就，主要集中在春秋战国时代。这个时代既是社会制度大变革的时代，也是文化学术空前辉煌璀璨的时代，出现了偏重于论说的诸子散文和偏重于记述的历史散文。

（一）诸子散文

从春秋末年开始，随着社会的急剧变动，"士"的阶层兴起、壮大，成为最活跃的社会力量。他们针对当时的社会现实，提出了各种不同的政治主张，展开论辩，形成了思想史上百家争鸣的局面，于是产生了以论说为主的诸子散文。诸子散文的发展可分为三个时期：第一个时期是春秋末年到战国初期，此时的散文主要是语录体，代表作是《论语》。《论语》主要记录了孔子及其弟子的言行，语言简练明白，说理深入浅出。第二个时期是战国中叶，散文已由语录体向对话体、论辩体过渡，代表作是《孟子》《庄子》。其内容大多是论辩之辞，是争鸣风气盛行时典型的散文形式。第三个时期是战国后期，散文发展成专题论著，代表作是《荀子》《韩非子》。这是比较严谨的学术论文集，它们中心明确，条理清晰，逻辑严密，论证充分，具有很强的说服力。

（二）历史散文

先秦史官的记录，大事记于策，小事记于简，把简策按时间顺序编在一起，就成为史书，也就是所谓的历史散文。统治阶级重视总结历史经验教训作为借鉴，这是历史散文兴盛的政治原因。战国时主要有编年体的《左传》，国别体的《国语》《战国策》，专记个人言行的《晏子春秋》。

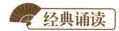 经典诵读

尽心下（节选）
【春秋】孟子

孟子曰："民为贵，社稷次之，君为轻。是故得乎丘民而为天子，得乎天子为诸侯，得乎诸侯为大夫。诸侯危社稷，则变置。牺牲既成，粢盛既絜，祭祀以时，然而旱干水溢，则变置社稷。"

大道之行也
【西汉】《礼记》

大道之行也，天下为公，选贤与能，讲信修睦。故人不独亲其亲，不独子其子，使老有所终，壮有所用，幼有所长，矜、寡、孤、独、废疾者皆有所养，男有分，女有归。货恶其弃于地也，不必藏于己；力恶其不出于身也，不必为己。是故谋闭而不兴，盗窃乱贼而不作，故外户而不闭，是谓大同。

道德经（节选三则）

【春秋】庄子

道经·第一章

道，可道也，非恒道也。名，可名也，非恒名也。"无"，名天地之始；"有"，名万物之母。故，常"无"，欲以观其妙，常"有"，欲以观其徼。此两者，同出而异名，同谓之玄。玄之又玄，众妙之门。

德经·第四十二章

道生一，一生二，二生三，三生万物。万物负阴而抱阳，冲气以为和。人之所恶，唯孤、寡、不谷，而王公以为称，故物或损之而益，或益之而损。人之所教，我亦教之。强梁者不得其死，吾将以为教父。

德经·第八十一章

信言不美，美言不信。善者不辩，辩者不善。知者不博，博者不知。圣人不积，既以为人，己愈有，既以与人，己愈多。天之道，利而不害；圣人之道，为而弗争。

第二节 汉赋

先秦西汉的论说文和史传文，还没有从哲学、史学的依附关系中独立出来。散文走出应用文的尝试是从赋体开始的。赋是汉代最流行的文学体裁，以致后世有"汉赋"之称，其主要特点是铺陈写物、不歌而诵。它产生于战国后期，受纵横家游说之辞及楚辞的巨大影响，如荀子的十赋、宋玉的《风赋》《神女赋》等，到汉代达到鼎盛时期。汉赋按题材取向分两大类：抒情言志的短赋与铺陈排比的"体物"大赋，大赋是汉赋的主流。

一、大赋

大赋大都以铺陈为主，铺陈名物、排比辞藻，好用古文奇字和双声叠韵词。铺陈时多用整齐对称的韵语，叙述时多用散文句。

枚乘的《七发》是汉赋正式形成的第一篇作品。《七发》以七大段文字铺陈了音乐、饮食、漫游、田猎等盛况，辞采富丽，气势宏阔，是一篇承前启后的重要作品。

司马相如是西汉最有代表性的辞赋作家，代表作《子虚赋》和《上林赋》，也有人认为二赋本为一篇，即《天子游猎赋》。

扬雄是西汉末年最著名的赋家，四赋（《甘泉赋》《河东赋》《羽猎赋》《长杨赋》）是他的代表作。这些赋在思想、题材和写法上，与司马相如之赋相似，但讽刺成分增加很多，艺术水平有了进一步的提高，后人将二人合称"扬马"。

班固是东汉前期的著名赋家，代表作《两都赋》，与张衡的《两京赋》同为"京都大赋"，也是汉代大赋的代表作。

西晋的挚虞在《文章流别论》中指出："古诗之赋，以情义为主，以事类为佐；今之赋，以事形为本，以义正为助。"但它在文学史上仍然有一定地位。

赋在丰富文学作品的词汇、锻炼语言词句、描写技巧方面，取得了一定成就。建安以后的很多诗文，在语言、辞藻和叙事状物的手法方面从汉赋中得到不少启发。从文学发展史上看，两汉赋的繁荣，对中国文学观念的形成也起到了一定的促进作用，使文学与一般学术（如儒学、经学等）日益区分开来。

二、短赋

东汉中后期，传统的大赋缺少创新，小赋兴起。这些小赋以抒情为中心，往往带有尖锐的批判性。代表作有张衡的《归田赋》、蔡邕的《述行赋》、赵壹的《刺世疾邪赋》、祢衡的《鹦鹉赋》。这些赋短小精悍，不再是主客对话的形式，而是作者的直接描写，这种转变为魏晋以后的辞赋发展奠定了基础。

第三节　唐诗

唐代是我国诗歌发展的黄金时代。强大的国力、兼收并蓄的文化精神与丰厚的文化积累，为唐诗的繁荣准备了充足的条件。众多伟大、杰出的诗人把我国诗歌艺术的发展推向高峰。唐诗篇什繁富，名家辈出，流传至今的作品有 55 000 多首，堪称古代诗歌的宝库，也是人类文化史上的一大奇观。

一、初唐诗歌

初唐指唐代开国至唐玄宗先天元年（或称武德至开元初）这段时期。这一时期的诗歌以初唐四杰为代表。初唐四杰指王勃、杨炯、卢照邻、骆宾王，他们是一群地位不高但才华横溢的年轻诗人，不满意宫廷应制诗的空虚内容和呆板形式，热切要求抒发自己建功立业的豪情壮志和悲欢离合的人生感慨，从而推动诗歌题材"由宫廷走到市井""从台阁移到江山与塞漠"（闻一多《唐诗杂论》）。后人称"四杰"为唐诗"始音"，承认他们开启了一代新风。

武则天时代的陈子昂将"四杰"的创新事业大大向前推进了一步。他提倡"汉魏风骨"，主张继承建安、正始时期诗歌的现实内容和雄健风格，用以抵制和扫荡齐梁以来的浮靡风气，这样以复古为革新，从理论上端正了唐诗的发展方向，代表作有《感遇》《登幽州台歌》。

🪭 经典诵读

登幽州台歌

【唐】陈子昂

前不见古人，后不见来者。
念天地之悠悠，独怆然而涕下！

图 2-1　陈子昂

二、盛唐诗歌

盛唐指的是开元、天宝这一时期，历时 50 多年。这个时期唐朝国力的强盛、经济的繁荣达到了顶点，士大夫满怀希望，情绪乐观，游宦从军，极为活跃。现实生活的无限丰富与广阔，开阔了诗

人们的眼界和胸怀。众多著名诗人同时出现，使诗歌创作大放异彩，形成唐诗的鼎盛时期。盛唐诗歌的内容异常丰富，其中边塞战争和田园山水题材占有相当大的比重。标志着盛唐诗歌最高成就的，是李白和杜甫。他们的创作不仅是唐代诗歌的高峰，也是我国古典诗歌的高峰。

（一）山水田园诗派

山水田园诗派的代表人物为王维、孟浩然，因此也称为"王孟诗派"。他们继承陶渊明、谢灵运的传统，以清新秀丽的语言描绘优美的山水景色和宁静的田园风光，以表达对大自然的向往和对污浊官场的厌恶。虽思想境界不高，但艺术上相当成功，有较高的审美价值，对提高民族的审美水平有杰出贡献。代表作有王维的《渭川田家》《鹿柴》《竹里行》《田园乐（七首）》，孟浩然的《江上思归》《过故人庄》《春晓》。

（二）边塞诗派

边塞诗派的代表人物是高适、岑参，故称"高岑诗派"，还有王昌龄、李颀、王之涣等。他们结合壮丽辽阔的边疆景象，表现驰骋沙场、建功立业的壮志豪情，抒发慷慨从戎、抗敌御侮的爱国思想，反映征夫思妇的幽怨以及边疆的荒凉艰苦生活，同时也反映了唐帝国内部的各种矛盾。他们的作品气势奔放、慷慨激昂，给人以奋发向上的力量。代表作有高适的《燕歌行》《蓟门五首》；岑参的《走马川行奉送出师西征》《轮台歌奉送封大夫出师西征》；王昌龄的《出塞》《从军行》；李颀的《古从军行》等。

（三）李白、杜甫

李白、杜甫分别以飘逸奔放与沉郁顿挫的风格，将唐代乃至整个中国古代诗歌艺术推向高峰。李白的诗歌想象奇特，手法夸张，语言清新，具有强烈的艺术魅力，人称"诗仙"。代表作有《梦游天姥吟留别》《行路难》《将进酒》《蜀道难》等。李白的诗歌，内容博大精深，感情热烈奔放，理想主义、叛逆精神和英雄气概构成他浪漫主义的思想基础。他善于运用豪迈、热烈、夸张的语言，借神话传说而极力驰骋幻想，创造出壮丽奇谲的意境和巨大的艺术形象，形成了放浪纵恣的独特艺术风格。杜甫的诗歌风格雄浑、语言精练、叙事严谨，深刻反映出大动乱中社会的残破和人民的苦难，后人称"诗史"，代表作有《丽人行》《兵车行》《北征》《羌村》以及"三吏""三别"。杜甫的诗忠实地记录了国家的变乱和人民的苦难，对受迫害者寄予了深挚同情，成为后来白居易等人倡导的新乐府运动的先声。杜甫和李白是唐代诗坛上两颗最灿烂的巨星，他们的创作实践为文学事业开辟了广阔的道路，韩愈说得好："李杜文章在，光焰万丈长！"他们对后代文学的发展产生了极为深远的影响。

 经典诵读

梦游天姥吟留别

【唐】李白

海客谈瀛洲，烟涛微茫信难求；越人语天姥，云霞明灭或可睹。天姥连天向天横，势拔五岳掩赤城。天台四万八千丈，对此欲倒东南倾。

我欲因之梦吴越，一夜飞度镜湖月。湖月照我影，送我至剡溪。谢公宿处今尚在，渌水荡漾清猿啼。脚著谢公屐，身登青云梯。半壁见海日，空中闻天鸡。千岩万转路不定，迷花倚石忽已暝。熊咆龙吟殷岩泉，栗深林兮惊层巅。云青青兮欲雨，水澹澹兮生烟。列缺霹雳，丘峦崩摧。洞天石扉，訇然中开。青冥浩荡不见底，日月照耀金银台。霓为衣兮风为马，云之君兮纷纷而来下。虎鼓瑟兮鸾回车，仙之人兮列如麻。忽魂悸以魄动，恍惊起而长嗟。惟觉时之枕席，失向来之烟霞。

世间行乐亦如此，古来万事东流水。别君去兮何时还？且放白鹿青崖间，须行即骑访名山。安能摧眉折腰事权贵，使我不得开心颜？

图2-2 《梦游天姥吟留别》描绘景象

三、中唐诗歌

中唐是一个热闹纷繁的时代，在诗歌上，不仅有中唐初期诗人群体——大历十才子的诗歌创作，而且还有以元稹、白居易为代表的新乐府诗派，以韩愈、孟郊等人的尚奇崛险怪的风格创新，以及柳宗元、刘禹锡等元和贬谪诗人群体。这里主要介绍新乐府运动和韩孟诗派。

（一）新乐府运动

乐府本为掌管音乐的机构，始设于秦，汉武帝时，为了宫廷娱乐和庙堂祭祀的需要，开始大规模地采集各地民歌，这些民歌经过加工配乐，后来就称为乐府诗，乃至称为"乐府"。其中，《孔雀东南飞》代表汉乐府民歌的最高成就。中唐时期，白居易等倡导现实主义诗歌革新运动，即新乐府运动，主要代表作家有白居易、元稹、李绅、张籍、王建等人。所以加"新"是因为其与原来的乐府有所不同。从建安时起，文人写乐府皆用古题，而白居易则完全自创新题以写时事。他们继承了汉乐府"缘事而发"的现实主义精神，虽然不曾入乐歌唱，但应认为是真正的乐府诗。其特点主要是认为诗歌要反映民生疾苦，担负起"补察时政""泄导人情"的使命，达到"救济人病裨补时阙"的目的，即所谓"文章合为时而著，歌诗合为事而作"。代表作有白居易的《新乐府》五十首，李绅的《新题乐府》二十首，元稹的《和李校书新题乐府》十二首，张籍的《野老歌》等。

（二）韩孟诗派

以中唐诗人韩愈和孟郊为代表，又称险怪诗派。他们着力实践杜甫的"语不惊人死不休"的主张，在形式上追求翻空出奇，因而形成一种奇险怪僻的诗风，具有某些形式主义的倾向，但对扭转大历以来的平庸靡荡的诗风起了一定作用。代表作有韩愈的《南山》，孟郊的《秋怀》和质朴自然的《游子吟》。此外，贾岛、卢仝、马异等也是此派人员，时人有"郊寒岛瘦""卢奇马怪"之语。

经典诵读

孔雀东南飞（节选）

【两汉】佚名

鸡鸣外欲曙，新妇起严妆。著我绣夹裙，事事四五通。足下蹑丝履，头上玳瑁光。腰若流纨素，耳著明月珰。指如削葱根，口如含朱丹。纤纤作细步，精妙世无双。

上堂拜阿母，阿母怒不止。"昔作女儿时，生小出野里。本自无教训，兼愧贵家子。受母钱帛多，不堪母驱使。今日还家去，念母劳家里。"却与小姑别，泪落连珠子。"新妇初来时，小姑始扶床；今日被驱遣，小姑如我长。勤心养公姥，好自相扶将。初七及下九，嬉戏莫相忘。"出门登车去，涕落百余行。

府吏马在前，新妇车在后。隐隐何甸甸，俱会大道口。下马入车中，低头共耳语："誓不相隔卿，且暂还家去；吾今且赴府，不久当还归。誓天不相负！"

……

其日牛马嘶，新妇入青庐。奄奄黄昏后，寂寂人定初。"我命绝今日，魂去尸长留！"揽裙脱丝履，举身赴清池。

府吏闻此事，心知长别离。徘徊庭树下，自挂东南枝。

两家求合葬，合葬华山傍。东西植松柏，左右种梧桐。枝枝相覆盖，叶叶相交通。中有双飞鸟，自名为鸳鸯。仰头相向鸣，夜夜达五更。行人驻足听，寡妇起彷徨。多谢后世人，戒之慎勿忘。

四、晚唐诗歌

随着唐王朝灭亡命运的临近，反映在诗歌中感伤颓废情调和藻饰繁缛的风气逐渐增加。杰出的诗人有杜牧及李商隐、温庭筠（后人称温李），他们的诗歌充满伤时忧国的感喟，给人以"夕阳无限好，只是近黄昏"的没落感。但他们对诗歌艺术的技巧做出了独特的贡献，尤其是七言近体，律对精切，文辞清丽，笔意婉转，情味隽永，开拓出声情流美、翰藻浓郁的胜境。代表作有杜牧的《江南春》《泊秦淮》，李商隐的《有感》《无题》，温庭筠的《过陈琳墓》《经五丈原》等。

经典诵读

无 题

【唐】李商隐

相见时难别亦难，东风无力百花残。
春蚕到死丝方尽，蜡炬成灰泪始干。
晓镜但愁云鬓改，夜吟应觉月光寒。
蓬山此去无多路，青鸟殷勤为探看。

第四节 宋词

宋词，作为中国古代文学长廊里一抹亮丽的风景，以其或婉约或豪放的风貌，成为宋代最有境界和韵致、最具美学品位和艺术感染力的"一代之文学"。因此，宋词方可与唐诗比肩对峙，通过自身独特的音乐形式，在唐诗和元曲之间架设了一道承前启后的桥梁。直至今日，仍给我们带来了很高的艺术享受。

宋代是词的黄金时代，这一时期耸立着争雄对峙、相映生辉的两座奇峰，这就是以柳永、李清照为旗帜的婉约派和以苏轼、辛弃疾为代表的豪放派。婉约词是按照美的法则来反映生活的，具有可歌性，以言情为主，同时"以美取胜"；豪放派喜用诗文手法，不恪守音律，创作视野广阔，气象恢宏雄放。

宋词的发展共分为四个阶段：

第一阶段，是由唐入宋的过渡时期，以李煜、晏殊、温庭筠、欧阳修等为代表。五代时，由于君主的提倡，南唐词坛尤盛，晏殊、欧阳修等出自江南旧地的江西词人，沿袭南唐余绪，以风流自命，致力于创作短章小令，风格婉约艳丽。

第二阶段，是柳永、苏轼在形式与内容上所进行的新开拓以及秦观、李清照等人的艺术创造，促进宋词出现多种风格竞相发展的繁荣局面，以婉约、豪放并举。

第三阶段是南宋前期。这一时期的词壮怀高唱，代表词人是辛弃疾和陆游。这一时期社会动乱，时势造英雄，作为时代的歌手，辛弃疾一生写了大量的词，著名的如《破阵子·为陈同甫赋壮词以寄之》《永遇乐·京口北固亭怀古》等，表现了当时重大的抗战、爱国主题，抒写了在把持朝政的投降派的排斥下，壮士报国无门的忧愤心情。从艺术上讲，辛弃疾词作继承了苏轼开创的豪放词风，将"以诗为词"进一步发展到"以文为词"，使宋词的思想和艺术都取得了空前的杰出成就。后世以苏辛并称，但辛弃疾又自成特色，他的风格以豪放为主，以文为词，用经用史，善于转换意象。

第四阶段是南宋后期。这一时期的词多哀感低吟，于辛词外别立一宗的是姜夔和张炎。以姜夔为代表的姜派词人上承周邦彦、下启格律词派，恪守词必须合乐的准则，力求保持雅正婉约的传统格调，用字精微细深，造句圆美醇厚。姜词兼具清空、骚雅之长。

这四个阶段在时间上并不是截然分开，而是互相交错在一起的。

词的发展虽源远流长，但也只有到了宋代才"别是一家"。宋词是中国古代文学皇冠上光辉夺目的一颗巨钻，在古代文学的阆苑里，她是一座芬芳绚丽的园圃。她以姹紫嫣红、千姿百态的风神，与唐诗争奇，与元曲斗艳，历来与唐诗并称"双绝"，都代表一代文学之盛，并作为一种独立的文学样式令人刮目相看。在中国文学发展史上，宋词占有极其光辉的一页，没有这一页，整部中国文学史将黯然失色。

 **经典诵读**

虞美人·春花秋月何时了

【南唐】李煜

春花秋月何时了，往事知多少？

小楼昨夜又东风，故国不堪回首月明中！

雕栏玉砌应犹在，只是朱颜改。

问君能有几多愁？恰似一江春水向东流。

江城子·密州出猎

【北宋】苏轼

老夫聊发少年狂，左牵黄，右擎苍。

锦帽貂裘，千骑卷平冈。

为报倾城随太守，亲射虎，看孙郎。

酒酣胸胆尚开张，鬓微霜，又何妨。

持节云中，何日遣冯唐？

会挽雕弓如满月，西北望，射天狼。

如梦令·昨夜雨疏风骤

【宋】李清照

昨夜雨疏风骤，浓睡不消残酒。

试问卷帘人，却道海棠依旧。

知否，知否？应是绿肥红瘦。

第五节 元曲

元代颇值得一提的是被王国维称为"中国最自然之文学"的散曲，人们通常也把它归为"元曲"之列。元曲包括元代散曲和元代杂剧。

一、散曲

散曲是在长短句基础上发展起来的一种文学样式。它多用于抒情、写景、叙事，便于清唱，但无宾白科介，包括小令和散套两种主要形式。小令是独立的单支曲子；散套则是两首以上同一宫调的曲子相联而成的组曲。杂剧是在金院本和诸宫调的直接影响下，融合各种表演艺术而成的一种完整的艺术形式。

元曲有四大家——关汉卿、马致远、白朴、郑光祖。代表作有：关汉卿的《窦娥冤》，它是古典悲剧的典范，写窦娥婆媳与张驴儿父子的故事，窦娥在临刑前发誓：一要颈血飞洒到丈二白练之上；二要六月降雪掩埋其尸体；三要当地大旱三年。此外，还有《救风尘》《单刀会》《望江亭》等。马致远的《汉宫秋》，写昭君出塞和亲的故事，突出了昭君对祖国深沉的爱。白朴的《梧桐雨》，写唐明皇与杨贵妃的爱情故事；《墙头马上》塑造了一个大胆追求爱情的少女形象。还有郑光祖的《倩女离魂》。

二、杂剧

杂剧的语言以北方的民间口语为基础，吸收民间文艺的营养，具有质朴自然、生动活泼的特点，它把歌曲、宾白、舞蹈、表演等有机地结合在一起，形成了具有独特民族风格的戏剧艺术形式，并在唐宋话本、词曲、讲唱文学的基础上产生了韵文和散文结合的完整的文学剧本。

元杂剧反映了广泛的社会生活，内容极其丰富，主要题材有以下五类：

1. 爱情剧

爱情剧主要描写青年男女对爱情与婚姻自主的追求，鲜明地体现了反对封建制度及封建道德规范的倾向，代表作有王实甫的《西厢记》、白朴的《墙头马上》等。

2. 公案剧

它们一般通过对刑事案件的审判，揭露贪官污吏贪赃枉法、草菅人命的罪恶，歌颂人民群众的不屈斗争，同时也表彰廉洁公正的清官，代表作有关汉卿的《窦娥冤》《鲁斋郎》及无名氏的《陈州粜米》等。

3. 水浒剧

水浒剧主要描写梁山英雄除暴安良、解民倒悬的侠义行动，其中尤以歌颂梁山好汉李逵的戏为多，代表作有康进之的《李逵负荆》等。

4. 世情剧

世情剧主要揭露社会上形形色色的丑恶现象，批判伪君子之类人物，代表作有关汉卿的《救风尘》、郑廷玉的《看钱奴》、春简夫的《东堂老》等。

5. 历史剧

历史剧主要表现历史上重大的政治斗争和民族斗争，歌颂忠臣义士，谴责奸臣贼子，表彰民族英雄，批判异族侵略者和卖国贼。一般说来，这些历史剧都有借古讽今的含义，曲折地表达了元代人民的政治、道德观念。

元杂剧在艺术上取得了辉煌的成就，塑造了形象鲜明、面目各异的舞台形象。它善于组织矛盾冲突，场面紧凑，高潮迭起。元杂剧的语言大多质朴自然，洋溢着浓郁的生活气息。

元杂剧高扬了反抗精神，抨击了黑暗势力、落后观念和丑陋风习，歌颂了不畏强暴、反抗压迫、争取自由的叛逆形象。例如《窦娥冤》中的窦娥，身为一个无依无靠的弱女子，遭受到高利贷盘剥、恶霸地痞横行、贪官污吏枉法的重重迫害，最终含冤被杀。但她没有逆来顺受，而是不屈不挠地与邪恶势力进行斗争，直到走上刑场后还指斥天地，诅咒日月鬼神，用生命对黑暗社会作了最后的控诉和批判。虽然窦娥的力量不足以战胜黑暗势力，作者关汉卿只能用幻想的方式为她死后申冤，但正因为这是弱者在力量悬殊的情形下进行的坚决反抗，才更具有震撼人心的力量（图2-3）。

元杂剧褒贬分明，剧中人物的忠奸美恶判若泾渭，这种体现着大多数人意志的价值判断具有一定的民主倾向和进步意识。

元杂剧体现了中国戏剧文学的一个特征——以浪漫的理想化方式处理现实主义题材。其总是具有"大团圆"的结局，成为俗套，有时严重地削弱了剧本的思想意义，如杨显之《潇湘雨》中的张翠鸾遭到丈夫的遗弃、谋害，但最后却仍与他妥协、复婚。这种方式体现了中国人民"善有善报、恶有

图2-3　《窦娥冤》

恶报"的信念，体现了正义战胜邪恶、幸福普降人间的美好愿望。所以元杂剧中的正面人物往往被赋予大智大勇的品质，而且常常取得斗争的胜利，例如公案剧中的包公，不但明察秋毫，断案如神，而且总能严惩那些作恶多端的"权豪势要"，这显然并不是社会现实的真实反映，而是对人民愿望的艺术处理。

第六节 明清小说

一、起源

章回小说是我国古代长篇小说的唯一形式，也是标明回目、分章回叙事的白话长篇小说。章回小说源于宋代评话，至明、清两代最为发达。"小说起于宋仁宗时，盖时太平盛久，国家闲暇，日欲进一奇怪之事以娱之，故小说得胜头回以后，即云话说赵宋某年。（郎瑛《七修类稿》）"章回小说全书分若干回，少则数十回，多至百余回，每回标以对偶的回目，概括全回故事内容。有的开头有"话说某年"、结尾有"且听下回分解"的套语。

二、年代作品

中国小说的根源是古代神话、传说和寓言。中国的小说经历了先唐笔记小说、唐代传奇小说和宋元话本小说三个发展阶段后，到明清时代臻于极盛，涌现出《三国演义》《西游记》《水浒传》《红楼梦》《金瓶梅》《儒林外史》六部著名的长篇小说。前四部被称为"四大名著"（图2-4）。

图2-4 "四大名著"书影

《金瓶梅》是出现于明代后期的世情小说，作者署名"兰陵笑笑生"。清代乾隆年间（18世纪中叶），吴敬梓的《儒林外史》和曹雪芹的《红楼梦》先后问世。这一时期的著名小说还有明代冯梦龙用当时流传话本改编的《喻世明言》《警世通言》《醒世恒言》，合称"三言"；凌濛初创作的话本小说《拍案惊奇》《二刻拍案惊奇》，合称"二拍"。明清之际，有自署抱瓮老人者，从"三言二拍"中选辑40篇，编成《今古奇观》一书。清朝有蒲松龄的《聊斋志异》、纪昀的《阅微草堂笔记》、袁枚的《子不语》、俞樾的《右台仙馆笔记》等。

推荐欣赏

1. 中央电视台栏目《中国诗词大会》。
2. 中央电视台栏目《典籍里的中国》。

日积月累

一、单项选择题

1. 《诗经》"国风"中揭露统治者对人民残酷剥削，并表达人民热烈向往美好生活的诗篇是（   ）。

A.《伐檀》   B.《七月》   C.《硕鼠》   D.《君子于役》

2．主张"兼爱""非攻"的先秦诸子是（　　　）。

A．孟子　　　　　　　　B．墨子　　　　　　　　C．庄子　　　　　　　　D．荀子

3．《望岳》"岱宗夫如何，齐鲁青未了"，"岱宗"指（　　　）。

A．华山　　　　　　　　B．嵩山　　　　　　　　C．泰山　　　　　　　　D．恒山

4．下列作品中属于新乐府诗的是（　　　）。

A．《卖炭翁》　　　　　B．《琵琶行》　　　　　C．《长恨歌》　　　　　D．《钱塘湖春行》

5．孟浩然《过故人庄》是一首著名的（　　　）。

A．山水诗　　　　　　　B．边塞诗　　　　　　　C．田园诗　　　　　　　D．哲理诗

6．中国诗歌史上第一个大量创作山水诗的诗人是（　　　）。

A．谢朓　　　　　　　　B．陶渊明　　　　　　　C．谢灵运　　　　　　　D．鲍照

二、填空题

1．"所谓伊人，在水一方"见于《诗经·秦风》中的《_____》。

2．"鲲鹏展翅"的典故出于庄子《_____》一文。

3．大力宣扬"人性善"的先秦思想家是_____。

4．陶渊明《饮酒》中富有哲理的诗句是：问君何能尔，_____。

5．李白诗句："蓬莱文章建安骨，中间小谢又清发。""小谢"指_____。

6．中国现存最早的编年体简史是_____。

思考与体验

活动一：

以下是网络上一个关于是否复兴古典文学的问题的部分讨论：

中国是一个诗的国度，中华民族是一个诗的民族，只有民族的，才是世界的，作为国人，应积极复兴古典文化。——泡人

厌烦了庸俗文学，再来体验一下经典，有种心灵净化的感觉。——修月手

古典文学必然会为"当代"文学让位的，逐渐地变小。——三尺三

如果让你参与讨论，你持什么观点？

活动二：

古典文学的发展脉络：《诗经》—《楚辞》—汉赋—唐诗—宋词—元曲—明清小说。

王国维说："凡一代有一代之文学：楚之骚，汉之赋，六代之骈语，唐之诗，宋之词，元之曲，皆所谓一代之文学……"确实，通过本章的学习，我们深深感受到了中国古典文学的时代特色。

请以"中国古典诗词朗诵"为主题开展一次朗诵会，每个同学选择自己喜爱的一首古典诗词进行配乐朗诵展示。

实践任务

一、任务描述

　　为了更加深入地了解中国古代文学产生的过程，学习各时期的经典文学作品，全班同学分组开展"看图说史"活动。每个小组通过书籍或者网络收集关于中国古代文学的相关资料，结合资料选择一些具有代表性的图片或视频作为时间轴节点做成 PPT。通过 PPT 讲解中国古代文学的发展过程，并分析各时期的文学特点。（讲解时间最好不要超过 10 分钟。）

二、任务实施

　　（1）全班同学分成若干组，每组 5 ～ 6 人，并选出一名小组组长。

　　（2）小组组长分配成员完成收集资料、选择代表性图片或视频、制作 PPT、讲解汇报等任务。具体执行过程可填写在下方空白处。

　　（3）将本次活动中遇到的问题、得到的经验等填写在下方空白处。

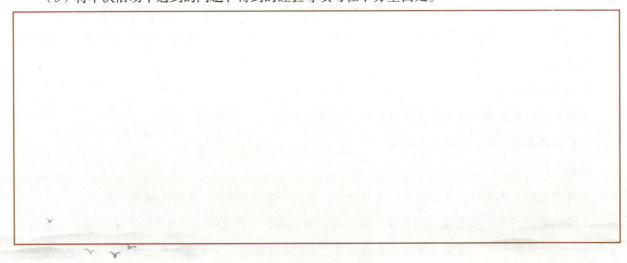

任务评价

各组员根据本章的学习情况及活动情况，完成下面的任务评价。

姓名：_____　　组号：_____　　指导教师：_____

评价项目	评价内容	分值／分	教师评分／分
知识（40%）	了解先秦诗歌和散文	8	
	了解汉赋代表作品	8	
	熟悉唐诗宋词的发展阶段并掌握其经典作品	8	
	了解元曲的代表作品	8	
	了解明清小说的代表人物，并理解其文学作品背后的社会作用及文学价值。	8	
技能（40%）	PPT 版面精美、简洁	**10**	
	内容选取合理、全面	20	
	讲解流畅，有条理	10	
素养（20%）	**具有团队精神**	5	
	准备充分，积极、认真参加活动	5	
	认真学习，按时完成学习、活动任务	5	
	具备独立分析问题、解决问题的能力	5	
自我评价			
教师评价			

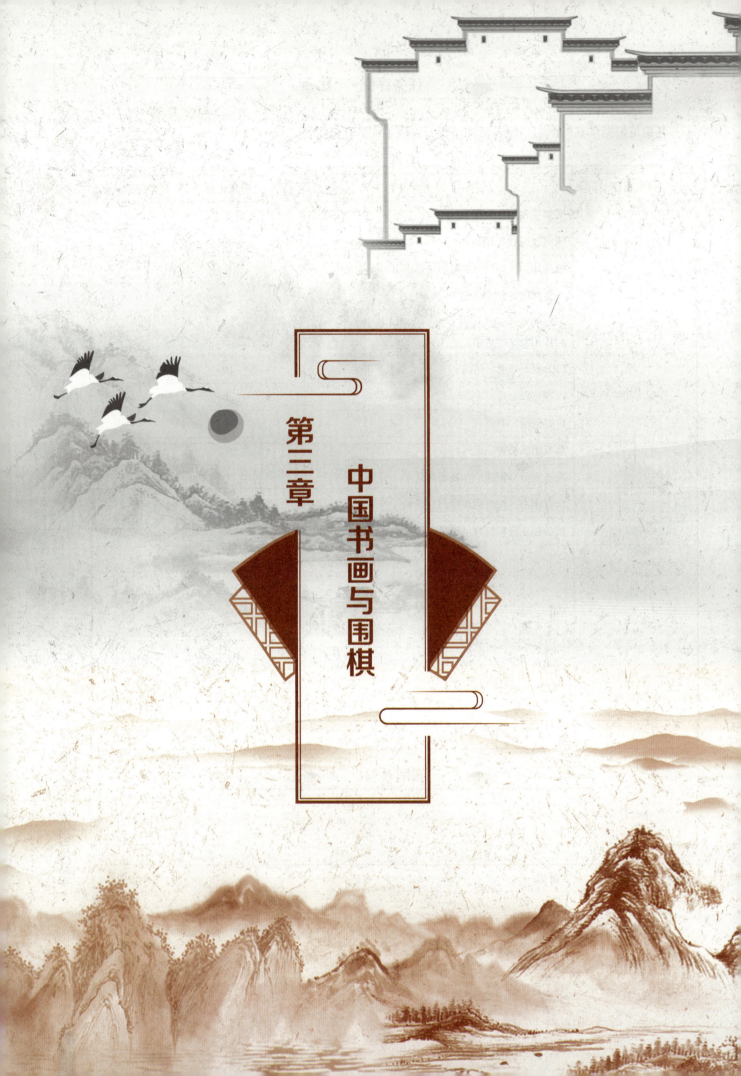

第三章　中国书画与围棋

1. 了解书法及中国传统绘画暨国画的文化含义、基本精神和产生条件。

2. 能理解书法及中国传统绘画暨国画的文化基本特征和现实意义，树立民族文化自信心和自豪感。

3. 了解围棋的起源、内涵及围棋中的哲学思想。

思政目标

培养学生从内到外、从情绪到精神都接受审美教育和熏陶，热爱中华优秀传统文化。帮助学生树立崇高的审美理想，促进其形成正确审美观，传承和弘扬中华美学精神。

情景导入

在绵亘数千年的中华文明历史长河中，中国书画与围棋是人自身在长期历史进程中全面发展的产物，是对客观世界认识的一种体现。例如，人类在日常器物上画记符号，最终演变为文字。用画于石壁上的图案表达情感，记叙事件等。随着人类的进一步发展，中国书画与围棋也在不断发展变化，有助于人们满足审美需要，培养品德，深化思想，增加智慧，拓宽认识，促进身心健康等。

书，一种说法是指书法，也就是俗话说的文字符号的书写法则，文字美的艺术表现形式。另一种观点则认为书是指文化内涵。画，是人们在生活中创造的艺术品，"画中有诗，诗中有画"说的是在中国古代诗与画分不开。诗体现了作者的情感和思想，画中常常包含着艺术家强烈的思想感情。中国绘画亦被称为国画，与中医、传统京剧艺术并称为我国的三大国粹。

围棋起源于中国，迄今已有四千多年历史。"琴棋书画"被称为中国古代的"四艺"，其中的"棋"，就指围棋。围棋依然是重要的当代中国文化符号之一，也被认为是世界上"最复杂的棋艺"。

第一节 书法艺术

一、书法概述

中国书法是一门古老的艺术，从甲骨文、金文演变而为大篆、小篆、隶书，至定型于东汉、魏、晋的草书、楷书、行书诸体，书法一直散发着艺术的魅力。中国书法历史悠久，以不同的风貌反映出时代的精神，艺术青春常在。浏览历代书法，"晋人尚韵，唐人尚法，宋人尚意，元明尚态"。追寻三千多年书法发展的轨迹，其与中国社会的发展同步，强烈地反映出每个时代的精神风貌。书法艺术最典型地体现了东方艺术之美和东方文化的优秀，它具有世界上任何艺术都无与伦比的深厚群众基础和艺术特征，书法艺术愈加受到人们的青睐。

在封建社会，书法是天下士子入仕进阶的"敲门砖"。书法从汉代作为选官的初级铨核标准，到

书法艺术的
基本知识

唐代跃升为最后的铨选依据，足见其影响之深广。相应地，书法艺术又凭借政治制度的强化推助而得到全面普及，造成全社会重视书法艺术、崇慕书法艺术的心理。于是，书家地位渐高，影响渐大，群向往之，朝有国师、野有乡贤、地有民家。观赏者、收藏者、鉴定者、研究者亦层出不穷，人人都参与其中。这种深蕴在广大群众之中潜在的文化素养正显示了一种天然的传统以及民族凝聚力的无形魂魄，这也正是民族精神的一种外在表现。

书法艺术起源于实用的需求。先民在文字未创之前，就有在陶罐等日常器物上刻画记符的喜好。最初只是为了名器记事或纹饰器物。这些写实性的或抽象性的图形符纹，最终演变为成熟的文字。对器物的制作者和使用者而言，物什上的刻画绘描，除实用的目的外，希冀其美是毫无疑问的。所以，任何点画的形态，点画与点画之间的交叉照应，都需书刻者用心琢磨，久而久之，陶淬了中华民族对文字特有的美感意识。在这一历史进程中，书法逐渐成为中华民族重要的一种艺术样式。在朝廷庙堂、山野茅舍，或者是鼎彝尊基、石鼓栏杆，都有文字做装点美饰。一方面，书法艺术点缀了我们的生活；另一方面，也正是丰富多彩的生活，时时刻刻在促进着书法艺术的发展。书法艺术既能适应社会的需求，又能赏心悦目，自然便有了兴盛繁荣的契机。

把握住实用和求美这两大因素，书法艺术的沿革在历史上有清晰的脉络可寻。从甲骨文到籀文（图3-1），从籀文到小篆，从小篆到分隶，从分隶到正楷，以至于章草、汉简、今草、行书，都是历史发展的必然。从魏晋的翰札到南北朝的魏碑（图3-2），从魏碑到隋书，从隋书到唐楷；从唐的尚法到宋的尚意，从宋的尚意到元的复古，从元的复古到明的以行草为主，从明的行草到清的篆隶，也都是历史发展的必然。中国书法艺术的发展，从质朴到成熟，从成熟到完美，从完美到突出一个特点，当它超越了顶点，形成一个新的起点时，其他的点又在向它行进超越。这种追逐的轨迹，簇连成一个整体倾向，构成了历史。

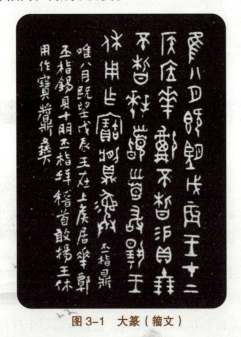

图3-1　大篆（籀文）　　　　　　　　图3-2　魏碑刻石

书法艺术的形成、发展，与我国历史上文化科学技术的进步密不可分。甲骨文、金文的出现与锲刀、熔铸技术的应用有着必然的联系，秦篆、汉隶的兴起也与笔、简、帛、纸的制造有着必然的联系。纸张发明以前，书写材料是竹简和缣帛，但帛贵而简重，皆不便于使用，于是诞生了植物纤维纸。由于原料易得，物美价廉，纸的使用逐步深入到人们的文化生活中去，为书法艺术的创新提供了物质保障。而后，楷书、行草的蔚然成风又必然与墨、砚的制造，纸、笔的发展相联系，尤其毛笔的不断改良对提高书法艺术的表现力无疑产生了积极影响。汉以前的毛笔，笔锋短薄，晋以后笔锋加长，笔毫也更加饱满，不仅有硬毫笔、兼毫笔，还出现软毫笔。制作工艺、种类上的改进和丰富，使毛笔更能充分地发挥富有弹性、便于随意提按的特性，有力地促进了各种字体的完备成熟，而且成就了大批风貌独具、垂范后世的书法家。因此，研究我国书法艺术的演进，必须把它放在文化科技的进程之中，才能理出它之所以繁盛的契机。汉字和其他文字一样，肇始于描摹自然物态，即都从"象形"发轫。然而大多数国家的文字逐渐走上了记录声音的道路。表音文字自有它的优越之处，中国的汉字却一直沿着"表意"的道路发展下来。我国地域辽阔，关山阻隔，古时又交通不便，语音很难统一。如果我们也走表音的道路，就不可能把语音不同的人们联系在一起，维持统一更是无从谈起。为此，我们的祖先只能寻求一种超越语音的限制而又可供交流的文字，这就只能沿着"象形"道路发展起来。

我国的书法艺术在历史长河中高潮迭起，奇峰突现，绘成了一幅光灿夺目、繁花似锦的长卷。书法艺术作为历史传给我们的珍贵文化遗产，我们不仅要很好地加以继承，更要循着其固有的客观规律，超越历史的高峰，去开拓时代所要求的新高峰，使我国古老的书法艺术的前景更加璀璨。书法艺术在我国文化传统中，经过长期的陶铸，形成了一系列基本的要求和规范，这些要求和规范是我们欣赏书法时首先要熟悉的标准。

书法作品要以优美的形式，传达意境深远的文字内容，在公共场合出现供人欣赏，因此还必须注意，它的文字内容和书写风格都应与使用场合和环境相适宜，而不能随心所欲、任笔为体。这也反映一个书家的学问素养和敏锐的洞察力，看他能否准确地把握生活对艺术的需求，创作出贴近生活的文字内容与书写风格和谐统一的、完美的艺术作品来。

进一步看，文字内容与书写风格，既要结合为一幅作品，也有一个和谐的问题。这固然没有严格的规定，比如限定某一类文字内容，必须用某一种书法风格；但从古代书法家们书写的实践看，二者还是有一定联系的，庄重的文字内容，在书法中往往以端庄、典雅的正书书写，而私家往来书札，则多以轻松流便的行草书写。这就反映出，书写的文字内容、使用场合与书法风格三者之间，既已发生关系，就不能不做通盘的考虑。作为抒发情感的艺术，从原理上讲，书法的风格与文字内容的格调应该是相一致的，所谓"情动于中而发于外"，一个艺术家内心情感的涌动，势必从其艺术形式得到印证。唐代书法理论家孙过庭在分析王羲之书作时指出：王羲之的书法之美"岂惟会古通今，亦乃情深调合"，他"写《乐毅论》则情多怫郁，书《东方朔画赞》则意涉瑰奇，《黄庭经》则怡怿虚无，《太师箴》又纵横争折，暨乎兰亭兴集，思逸神超，私门诫誓，情拘志惨"。情感与文字内容相生发，又曲折地展示在点画振动、结构营造、篇章谋布上，最后统一成相互协调的整体。因此，我们说，书法风格和文字内容之间，存在着内在相通的关系。豪放的苏轼词，如果能配以雄浑、激越的书法风格，则弥增气势；假使换成"寻寻觅觅、冷冷清清、凄凄惨惨戚戚"那样的婉约笔调，就不免让人感到方枘圆凿，作品的完美意境肯定会受到损害。

造诣高深的书法家在写字时，以丰富的笔墨语言，熔铸了自己的情感，我们在赏玩时，可以精微地体察不同字体的形体造型之美，了解笔画书写的形、质之美，体会结体布置之美，欣赏章法布白之美，进而领略书法艺术的意境美。

二、书法艺术的形成与发展

中国书法艺术的形成、发展与汉字的产生、演变存在着密不可分的连带关系，文字的各个发展阶段都有相应的书法艺术。

（一）汉末三国两晋时期的书法

书法真正成为一门自觉的艺术，是在汉末三国两晋时期。汉末的张芝、蔡邕，汉末三国魏初的钟繇，西晋的陆机，东晋的王羲之、王献之等，开始探索书法的艺术真谛，他们的作品受人赞赏，流传后世。钟繇与王羲之并称为"钟王"，王羲之与他的儿子王献之并称为"二王"。

王羲之，字逸少，琅琊临沂（今山东临沂）人，后迁至会稽山阴（今浙江绍兴），晚年隐居于剡县金庭。他是东晋时期著名的书法家，有"书圣"之称，历任秘书郎、宁远将军、江州刺史，后为会稽内史，领右将军。王羲之的书法擅长隶、草、楷、行各体，广采众长，熔于一炉，气势雄健，风韵潇洒，自成一家，影响深远。其代表作《兰亭集序》被誉为"天下第一行书"（图3-3）。

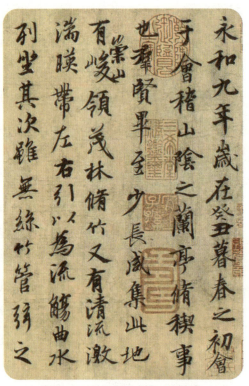

图3-3　《兰亭集序》（局部）

（二）唐代的书法

唐代书法对前代既有继承又有革新，楷书、行书、草书发展到唐代都跨入了一个新的境地，时代特点十分突出，对后代的影响深远。唐代书法家较多，著名的有欧阳询、颜真卿、柳公权、张旭、怀素等，风格各不相同。颜真卿与柳公权并称"颜柳"，两人的书法肥瘦对比鲜明，世称"颜肥柳瘦""颜筋柳骨"。张旭和怀素是以草书出名的书法家。

颜真卿，字清臣，琅琊临沂（今山东临沂）人，唐代政治家、书法家，曾任监察御史、殿中侍御史、平原郡太守、尚书、御史大夫、太子太师等职，封鲁郡公，世称颜平原、颜鲁公。擅长楷书、行书，用笔肥壮，丰润饱满，端庄厚重，笔力雄健。传世作品有楷书《多宝塔感应碑》《麻姑仙坛记》《东方朔画像碑》《颜勤礼碑》《颜氏家庙碑》等。

柳公权，字诚悬，京兆华原（今陕西铜川）人，唐代书法家、诗人，官至太子少师，封河东郡公，世称柳少师。柳公权擅长楷书、行书，笔画均匀硬瘦，如同刀切，世称"柳体"。代表作有楷书《神策军碑》《玄秘塔碑》等。

（三）宋元明清的书法

帖学大行和以帝王的好恶、权臣的书体为转移的情势，影响和限制了宋代书法的发展。宋代著名的书法家有苏轼、黄庭坚、米芾、蔡襄、赵佶等。苏（苏轼）、黄（黄庭坚）、米（米芾）、蔡（蔡襄）世称"宋代四大家"。宋徽宗赵佶的书法世称"瘦金体"，瘦直挺拔，横画收笔带钩，竖画收笔带点，撇如匕首，捺如切刀，竖钩细长，有些连笔字像游丝行空，接近行书。

元代仍然沿袭宋代风气，盛行帖学，宗唐宗晋，没有自己的时代风格。元代的书法家有赵孟頫、康里夔夔、鲜于枢、耶律楚材等。赵孟頫与唐代的欧阳询、颜真卿、柳公权并称"楷书四大家"。赵孟頫、鲜于枢等主张书画同法，注重结字的体态。康里夔夔的书法有些变化，奇崛独立。

明代帖学盛行，法帖传刻十分活跃。明代书法从总体看不如前代，没有重大的突破和创新，字写得比较刻板工整，缺少神气，世称"台阁体"。明代的书法家有祝允明、文徵明、董其昌、徐渭等。

清代书法从继承、变革到创新，挽回了宋代以后江河日下的颓势。清代的书法家有郑燮、金农、包世臣、康有为等。

三、书法要素

书法要素包括笔法、字法、章法等。笔法是基础，字法是关键，章法是添彩。

（一）笔法

笔法指点、横、竖、撇、捺、提、钩、折等笔画运笔的方法。

中国书法用笔法则中讲究"永"字八法，以"永"字的八笔顺序为例，阐述正楷笔势的方法。

1. 点为侧，侧锋峻落，铺毫行笔，势足收锋；

2. 横为勒，逆锋落纸，缓去急回，不可顺锋平过；

3. 直笔为努，不宜过直，太挺直则木僵无力，而须直中见曲势；

4. 钩为趯，驻锋提笔，使力集于笔尖；

5. 仰横为策，起笔同直划，得力在划末；

6. 长撇为掠，起笔同直划，出锋稍肥，力要送到；

7. 短撇为啄，落笔左出，快而峻利；

8. 捺笔为磔，逆锋轻落，折锋铺毫缓行，收锋重在含蓄。

还有种特殊的笔法叫做"飞白"。在书法创作中，笔画中间夹杂着丝丝点点的白痕，给人以飞动的感觉，所以称为"飞白"，也叫"飞白书"。"飞白"与浓墨、涨墨产生对比，可以显现苍劲浑朴的艺术效果，增加作品的情趣，丰富画面的视觉效果，体现书法的功力。

（二）字法

字法指字的笔画的搭配、穿插、呼应、避就等。字的结构要平稳、和谐，所有笔画都要向字的中心靠拢，几个部件之间还要互相让位。

（三）章法

章法指一幅字的整体布局。章法包括正文、题款和印章等。要处理好字间关系、行间关系、文字区与空白区之间的关系，使整幅字成为优美、和谐的艺术。

四、练习方法

练习书法的方法主要有描摹、临写、背临、创作等。

（一）描摹

描摹指用透明的薄纸等蒙在原作上面依照原来的样子去写或画。透明的纸一般为宣纸，也可以是其他半透明的纸。描红是其中的一种方法，指在印有红色字或空心红字的纸上摹写。

（二）临写

临写指对照书法原帖在另外一张纸上尽可能与原作一模一样地书写出来。

（三）背临

背临指多次临写之后根据头脑记忆中留下的原作形象再次把作品书写出来。

（四）创作

创作指依据不断修正的背临书写习惯和书写风格重新选择书写内容和表现风格写出新的作品。

五、书法范本

中国的书法学习者习惯将书法范本称为碑帖，它们是把刻在石上的文字用墨拓于纸上而成（帖也有木刻拓本）。然而，碑和帖其实是有区别的。碑是古人用于记功述事的一种石刻，立碑的目的是将碑文的内容公之于世。帖是把著名的字迹加以摹刻，刻帖的目的在于学习书法，因此帖也称为法帖，搜集、研究名帖称为帖学。中国古代为适应众多的书法学习者需要，以摹写、刻印方法制作法帖。宋代以来，帖学十分盛行，出现了许多单帖或丛帖。但是，长期的翻刻，容易使名帖失真走样。因此，清代书法家反对帖学，提出应重视碑学。他们广泛搜罗古代碑刻，制作拓本，用以研习书法。碑学的兴起，给书法艺术的发展开辟了新的道路。

六、文房四宝

中国古代书画常用的工具有笔、墨、纸、砚，统称文房四宝。

（一）笔

毛笔的笔杆一般用竹管制成。笔头所用兽毫分为柔（软）、健（硬）两类，柔毫和健毫杂在一起称为兼毫。笔头中间的一簇长毫称为锋，即笔尖；四周包着稍短的毫称为副毫。好的毛笔具有尖、齐、圆、健四大优点。毛笔佳品，唐宋时期为安徽宣州所产的紫毫（老紫兔毫）笔，明清时期为浙江湖州善琏镇所产的湖笔。

（二）墨

根据原料的不同，墨可以分为油烟墨、漆烟墨、松烟墨，分别以桐油、生漆、松枝所烧的烟炱，加黄明胶和麝香、冰片等制成。通常油烟墨色有光泽，宜于作画；松烟墨黑而无光泽，宜于书写，作画不常用。南北朝时期易州的墨很有名。

（三）纸

汉代开始，纸成为书写的重要材料。唐代造纸业非常发达，安徽宣州的宣纸、江西临川的薄滑纸、扬州的六合笺、广州的竹笺等，都是上等品，但以安徽宣州的最有名，因此把书写字画的纸称为宣纸。宣纸又有生宣和熟宣之分。生宣吸水力强，用淡墨水写时，墨水容易渗入，宜于绘制写意画。生宣经上矾、涂色、洒金、印花、涂蜡、洒云母等工艺就成了熟宣，其特点是不洇水，宜于绘制工笔画及书法字帖。

（四）砚

砚在西汉时期已经出现。中国传统的四大名砚是广东肇庆的端砚、安徽歙县的歙砚、甘肃洮州的洮河砚、山西绛州的澄泥砚。

第二节　绘画艺术

中国绘画艺术历史悠久，源远流长，经过数千年不断丰富、革新和发展，以汉族为主、包括少数民族在内的画家和匠师，创造了具有鲜明民族风格和丰富多彩的形式手法，形成了独具中国意味的绘画语言体系，成为我国国粹之一。它的艺术成就和民族风格在东方以至世界艺术中都具有重要的地位与影响。

绘画艺术

一、绘画的起源

中国绘画的起源，最早可追溯到遥远的史前时代。原始人在长期的劳动实践中，不仅创造了能使自己生存、繁衍的物质条件，也造就了灵巧的双手和思维想象能力。考古学的成果表明，大约在一万年以前，生活在黄河流域、长江流域以至黑龙江、珠江流域的原始人都留下了他们创造的艺术品：在高大的岩壁和坚硬的兽骨上刻出的各种花纹，在陶器上描绘的各种纹样，在居室的地面和墙壁上画出的人物和动物的形状等。这些都是我国最早的绘画艺术作品。近年来，在我国境内发现了大量岩画遗存，如内蒙古阴山岩画、江苏连云港将军崖岩画、广西花山岩画（图3-4）、云南沧源岩画、青海刚察县岩画，还有福建、新疆、宁夏等地的岩画。据考古学家鉴定，这些岩画许多是新石器时代人们的创造。其中数量最多、分布最广、延续时间最长的首推内蒙古狼山地区岩画。最早的岩画距今1万年左右。狼山位于内蒙古阴山山脉西段，山里峰高谷深，山外平川万顷，是古代游牧民族生息繁衍的地方，绵延300千米的崖壁上凿刻着成千上万幅岩画。这些岩画多是用硬石或石制工具敲凿或磨刻而成，轮廓沟深至3厘米，表现内容多与原始部族的狩猎生活有关。

图3-4　广西花山岩画

原始先人们在坚硬的石壁上雕凿图画，目的不可能仅仅是为了欣赏，还有可能是记事或拜神。据有关学者考察，凿刻岩画的地点与石质都是经过认真挑选的，其题材与选择位置也有密切关系。"如类人像及神灵图像，大多刻在深邃的山谷里；舞蹈图像多半刻在沟畔的立壁上；动物图像则多刻在山顶或接近山顶的岩石上。也许，这都与当时人们的生活情况有关系，山谷深邃适于祭祀；沟畔空旷，便于舞蹈；山顶峰巅则是野生动物出没之处。因地联想凿刻成画。"这些情况，有助于我们对岩画内容的思考与理解。原始人相信，动物、植物、河流、山川都像人一样是有生命的。画出的这些拟人化的形象，具有一种神秘的力量，可以影响自然的进程。所以，为了生存，他们在工具极其简陋的条件下，仍然不懈地凿刻岩石，希望通过这样的行为获得谷物的丰收。从艺术上看，这些岩画古朴、稚拙、粗犷，很像儿童笔下的形象，既刻画其所见，又直抒其所想，颇具自然天真之美。

从20世纪20年代起，随着考古工作的不断深入，大量商周遗物被发掘，其中以青铜器物为最，在数量、制造工艺及造型纹饰诸方面，足以使世界震惊。所以史学界常将这个历史时期称为青铜时代。这似乎造成一个错觉：绘画艺术处于低谷。其实不然。我们从文献记载和实物考古中可以得出这样的结论：青铜时代的绘画载体已从坚硬的岩石、牢固的陶器转变为木质、丝织物或墙壁了。其功能也从单纯装饰器物逐渐向着状物、记事发展。因此许多学者认为，在中国，真正意义上的绘画形成于这个历史时期。遗憾的是，这些描绘在木头上的彩画、纤维织物上的帛画，以及宫室墙面上的壁画，由于年代的久远，大多腐烂、消失了。不过我们仍然能从史籍和墓葬品中窥见先秦绘画之风貌。

二、中国绘画的成就

中国的绘画最早可以追溯到新石器时代的彩陶和岩画，后来出现了青铜纹饰、壁画、帛画、画像石等。东汉时期，纸的发明为中国画创造了良好的载体。三国两晋南北朝时期，中国画开始迈入自觉的艺术门槛，出现了一批画家和绘画理论家，标志着中国画成为一门独特的艺术。从此，中国绘画名家辈出，名作迭现。中国画成绩斐然，题材广泛，其中最突出的是人物画、山水画和花鸟画。

（一）人物画

人物画以人物为主要描写对象，是中国画成熟最早的画种。文献记载，周朝时宫廷中已经有专职的画工绘画人物肖像，孔子就曾经参观过周代明堂悬挂的古代帝王之像。

三国两晋南北朝时期，佛像画随佛教进入中国，推动了人物画的迅速发展。当时的著名画家几乎全是人物画家，他们的作品已经能够注重人物神情和性格特征。曹不兴、顾恺之（图3-5）、陆探微、张僧繇合称"六朝四大家"。

隋唐时期，人物画高度成熟，出现了阎立本的《步辇图》《历代帝王图》、吴道子的《地狱变相图》、张萱的《虢国夫人游春图》等稀世珍品。

图3-5　顾恺之代表作品《洛神赋图》（局部）

北宋时期，李公麟等画家突破了传统的佛道、帝王、圣贤、仕女题材，把笔触伸向渔民、樵夫等社会下层人物。张择端的《清明上河图》描写城市的社会生活，画面上有姿态各异的人物500余人。

金元时期，人物画趋于衰微。明清人物画虽然有所复兴，但是总体成就不如唐宋。

（二）山水画

山水最初是在人物画中作为背景出现的。东晋时，山水与人物画有所分离。隋唐时，山水画形成独立画种，出现了以石青、石绿为主要色彩的青绿山水和以墨色为主的水墨山水。青绿山水画家以隋朝的展子虔和唐朝的李思训、李昭道父子最为有名；水墨山水画家以唐朝的王维最为有名。王维的画水墨渲淡，笔意清润，画中有诗意，被称作"文人画"。

唐代以后，山水画蓬勃发展，名家辈出。著名的有五代的荆浩、关仝、董源、巨然；北宋的李成、范宽、米芾；南宋的刘松年、李唐、马远、夏圭（南宋画院四大家）；元代的黄公望、王蒙、吴镇、倪瓒（元四家）；明代的戴进、吴伟（浙派），沈周、文徵明、唐寅、仇英（吴门派），董其昌（华亭派）；清代的石涛（朱若极），八大山人（朱耷），王时敏、王鉴、王翚、王原祁（四王）等。所画作品各具一格，垂范后世。

山水画传统上按画法风格分为青绿山水、金碧山水、水墨山水、浅绛山水、小青绿山水、没骨山水等。

山水画以山川自然景观为主要描写对象，比人物画出现得晚，但是后来居上，成为中国画的主要形式。中国画家普遍喜爱山水画，因为画家能借山水挥洒性情，表现自己的内在情绪，起到陶冶心性的作用。中国画家作画时，并不把山水作为与自己分裂的客体描摹，而是努力将自我情感和自然精神融为一体，从中获得宇宙和人生的美的真谛。特别是水墨山水，因为能够借墨韵表达宇宙酣畅淋漓的生命态势，所以受到画家的青睐，成为中国画中最有特色的品类。

（三）花鸟画

花鸟画以花草、鸟兽、鱼虫等动植物为描绘对象，是中国画中出现得最晚的画种。花鸟画在中唐时期才出现，在宋代时趋于成熟，后来发展十分迅速，出现了不少名家名作。历朝著名的花鸟画家有唐代的薛稷、殷仲容、边鸾，五代的黄筌、徐熙，北宋的文同、苏轼，南宋的杨无咎，元代的温日观、柯九思、王冕，明代的陈淳、徐渭，清代的恽格、八大山人、石涛、金农、郑燮等。

中国花鸟画的技法可以分为工笔与写意两种。题材最为集中的有松、竹、梅，称作"岁寒三友"；梅、兰、竹、菊，称作"四君子"，它们形象高洁，有丰富的文化含义。

三、敦煌壁画

壁画是直接画在墙面上的画。敦煌壁画包括敦煌莫高窟、西千佛洞、安西榆林窟共552个石窟的历代壁画，共5万多平方米，规模巨大，内容丰富，技艺精湛，是敦煌艺术的主要组成部分，是中国乃至世界壁画史上的奇迹（图3-6）。

（一）敦煌壁画的独特风格

敦煌壁画与别的宗教艺术一样，内容是描写神的形象、神的活动、神与神的关系、神与人的关系，寄托人们善良的愿望，安抚人们的心灵。因此，敦煌壁画的风格具有与世俗绘画不同的特征。

敦煌壁画中有神灵形象（佛、菩萨等）和凡人形象之分，这两类形象都来源于现实生活，但是具有不同的性质。从形象造型上说，凡人形象被赋予更加浓郁的生活气息和鲜明的时代特征，而神灵形象变化较少，想象和夸张成分较多。从衣冠服饰上说，凡人多为中原汉装，神灵多保持异国衣冠。从晕染手法上说，画凡人多采用中原晕染法，画神灵多采用西域凹凸法。所有这些都随着时代的不同而有所变化。敦煌壁画中有许多飞天，衣裙飘曳，彩带飞舞，凌空翱翔。敦煌飞天是中国艺术家天才的创作，是世界美术史上的奇迹。

图3-6　敦煌壁画

（二）敦煌壁画对传统绘画的继承

任何艺术都源于现实生活，任何艺术都有它的民族传统，因而它们的形式多出于共同的艺术语言和表现技巧，具有共同的民族风格。

敦煌壁画继承了传统绘画的变形手法，巧妙地塑造了各种各样的人物、动物和植物形象。时代不同，审美观点不同，变形的程度和方法也不同。早期变形程度较大，有较多浪漫主义成分，形象的特征鲜明突出；隋唐以后，变形较少，立体感较强，写实性日益浓厚。

四、中国传统书画的文化特征

中国传统的书法与绘画有非常密切的联系。书法与绘画有共同的起源，最初的文字具有描画事物的意味，可能从图画发展而来；笔墨纸砚是书法与绘画的共同工具；书法与绘画都是线形艺术，书法是用线条表现，中国画也是以点线为主的艺术，与西洋画的板块表现手法不同；书法与绘画你中有我，我中有你，中国画常用文字题于画中，使文字成为构图的组成部分，书法中的草书龙飞凤舞，恰似一幅大写意的中国画。中国传统书法与绘画从理论到技法都是相通的，两者难以分家，因而历来有"书画同源"的说法。

（一）尚意写神

中国书画以尚意写神为原则，作者常把书画对象作为自我思想情感的表现中介。中国书法线条丰富多彩，跌宕多姿，是书法家情感的自然抒写。中国绘画常以散点透视的方法，"以大观小""以咫尺之幅，写千里之遥"，使客观景物按照作者心灵的感受加以显现，不求形似而求神似。

（二）重视气韵

气韵生动是中国书画的重要理论，它的核心在于表现作品内在的生命感，使作品符合自然之景、宇宙之情，生动流畅。气韵是人对客观事物的一种感觉，对气韵的把握在于人格的修养。因此，中国的书画评论者常常拿人格与书画相比拟，有字如其人、画如其人的说法。

（三）整体和谐

中国书画的构图布局强调整体和谐，各线条、景物之间的关系有主次、虚实、轻重之别。墨的浓淡枯湿、点画的长短曲直、运笔的行留迟速，都要根据主题思想来调度，使得虚实相生，互相衬托，产生无字无画处也成妙境的艺术美感。

知识链接

天人合一的境界

在中国，哲学是艺术之基础，而天人合一便是中国艺术精神之核心。无论是建筑、诗词或是绘画，艺术家们总是在处理自身与万物关系时呈现出一种交融与共享的状态。或许正是因为天人合一思想如此地根深蒂固，中国的山水诗、山水画乃至于园林艺术才会如此发达。

图3-7　郑板桥《晴竹图》

所谓"天人合一"，是中国古代哲学关于天人关系的一种学说——自然与人为是相通且不可分割的。

英国著名东方艺术家劳伦斯·比尼恩就曾这样称赞中国古代艺术："中国古代艺术是中国人所独有的艺术。之所以如此，是因为中国所特有的宇宙观念：大自然以及大自然中的万物并不是被设想为与人生无关的，而是被看做生机勃勃的整体。"天人合一不仅构建了中华传统文化的主体，更成为中国艺术的核心价值。

王维曾在《山水论》中说："凡画山水，意在笔先。"也就是说，画家在落笔之前，心中已经有象。最经典的例子莫过于郑板桥的"胸有成竹"典故。对于郑板桥来说，竹子已经不是纯粹的"眼中之竹"，这一眼前的客体已经融入了主观的感性，而成了"心中之竹"。在"眼中之竹"到"心中之竹"再到"手中之竹"的过程中，天人合一的思想便在不知不觉中得到体现（图3-7）。

除此之外，天人合一思想也影响了中国传统绘画的审美观照。中国山水画意不在山水，重视的是灵性之气，这其实就是生命力的集中体现。也就是说，山水画其实将人的生命意识在画面形式构成中体现出来。就如郭熙在《林泉高致》中说的那样："以山水为血脉，以草木为毛发，以烟云为神采，故山得水而活，得草木而华，得烟云而秀媚。"可见，山水画既是画家的生命之气与山水融合的产物，更是天人合一思想的体现。

第三节 围棋文化

一、围棋的起源与发展

围棋最早的记载来源于先秦典籍《世本》："尧造围棋，丹朱善之。"尧帝为使长子丹朱收心、向善，发明了围棋，让丹朱学棋。丹朱悟性极好，学棋很专心，棋艺渐进。之后，丹朱周游各地，推广棋艺，并对围棋进行了重新设计，改造对弈的技法。

春秋战国时期，围棋已在社会上广泛流传。弈秋是春秋时期人，是我国史籍记载的第一位棋手，是"通国之善弈者"，被称为围棋"鼻祖"。

东汉中晚期，围棋活动日渐盛行。南北朝时期弈风很盛，下围棋被称为"手谈"，统治者雅好弈棋，他们以棋设官，建立"棋品"制度，对有一定水平的"棋士"，授予与棋艺相当的"品格"（等级）。

唐宋时期，围棋得到长足的发展，对弈之风遍及全国。弈棋与弹琴、写诗、绘画被人们引为风雅之事，成为老少皆宜的游艺娱乐项目。围棋还随着中外文化的交流，逐渐流传到日本等国。

明清两代，棋艺水平得到了迅速的提高，名手辈出，棋苑空前繁盛，围棋谱也大量涌现，围棋技艺及理论高度发展。

1949年以来，我国围棋得到了广泛的发展，众多棋手崛起，涌现了聂卫平、常昊、古力、江维杰、范廷钰、时越、柯洁等一批世界比赛冠军。

围棋运动现已遍布世界各地，唯中国、日本、韩国最为兴盛，西方国家已渐热，东南亚正在发展中。

二、围棋棋具

围棋棋具主要有棋子、棋盘。

棋子分黑白两色，黑子181枚，白子180枚。棋子多为扁圆形。制作棋子的材料并没有特殊的限制。中国云南保山所产的"永子"为弈者所青睐。

围棋盘是方形的，盘面有纵横各19条等距离、垂直交叉的平行线，共构成19×19=361个交叉点（图3-8）。

图3-8 围棋棋具

围棋盘上有九个星，最中间的称"天元"，意为天空最高点。

每个交叉点是一个星位。棋子不能放到格子内，必须放到交叉点上（图3-9）。

图 3-9 棋盘

三、围棋的特点

我国具有代表性的棋类主要是围棋与象棋。它们是中国棋文化的结晶，也是当下流行的娱乐游戏。围棋具有以下特点：

（一）棋子平等

在未落子之前，围棋棋子与棋子之间既没有任何身份、地位、价值上的差别，也没有任何性质功能差异。只有当它们放在棋盘上之后才会体现出不同的价值，像是一个团队在互相协作。象棋棋子等级森严，各具不同的功能。

（二）落子不可动

棋子一旦放在棋盘之上，除非被吃掉，否则便不能移动，因此棋手所要考虑的是怎样把已经放在棋盘上的棋子的功能发挥出来。在象棋中，棋子可以动，虽然受规则所限各有不同的范围。

（三）围棋是比较围地的大小而确定胜负的

围棋的最终目的是在和对手几乎一样的手数中，围出更大的地盘。也就是说，围棋的胜负不是非要消灭对手。象棋是以置对方将帅于死地而一争胜负的战斗。围棋的子是越下越多，象棋是越下越少。

（四）围棋落子自由

围棋黑、白棋子可以在棋盘上任意一个地方落子，非常自由。所以棋手最可以发挥自己的想象力和创造力。象棋棋子的运动有规则限制，如马走日、象走田、车走直路等。

（五）围棋需要精确计算

围棋对弈中要经过精密的计算，要求对弈者有高度精确的计算能力，体现了围棋是利用数学计算的特点。

（六）围棋以礼开始，以礼结束

在围棋比赛正式开始前，棋手之间应相互致意，对局中棋手应保持谦让的姿态。对局结束后，棋手应谦逊地进行复盘研究。这是围棋的惯例。

四、围棋与绘画

我国历史上，著名画家以围棋为题材而创作的绘画作品有不少。这些关于围棋的绘画作品，宣传了围棋，成为中国古代围棋发展历史中一个重要的组成部分。

唐明皇特别好下围棋，常与臣下对弈，并罗致了不少围棋国手入翰林院。当时的围棋名手王积薪等，都常在明皇左右较量棋艺。唐明皇在宫中常举行棋会。参加者有围棋国手、王公大臣、和尚、道士等。《明皇会棋图》便反映了唐代宫廷中的围棋活动（图3-10）。

图3-10　五代南唐　周文矩　《明皇会棋图》（局部）

史事拾微

有关围棋的成语

"专心致志"语出《孟子》。弈秋教了两个徒弟，其中一个学习很认真，牢记弈秋的教导；另一个总是心不在焉，学习时还总想着用箭射天上的天鹅。对学棋的专一程度不同，因而产生差异。所以孟子说：下棋看起来是小技能，但是如果不专心致志，一样学不好。

"棋逢对手"出自释尚颜的《怀陆龟蒙处士》。晚唐时期，释尚颜因下棋结识了诗人陆龟蒙。释尚颜非常怀念这位棋友，并作过一首诗，诗中有两句为："事免伤心否，棋逢对手无？"表达对棋友的同情和思念。棋逢对手比喻遇到实力和水平相当的人。

"当局者迷、旁观者清"，出自《旧唐书》。当局者迷、旁观者清，意为当事人容易糊涂，而局外人往往清楚。局原指棋局，当局者原指下棋的人，旁观者原指看棋的人。

"举棋不定"出自《左传》："弈者，举棋不定，不胜其耦，而况置君而弗定乎？"春秋时，卫国大夫宁惠子参与了军事政变，国君卫献公不得不逃出去避难。后来，宁惠子在去世前觉得驱逐国君是自己的一个污点，便嘱咐儿子宁悼子迎回卫献公。卫国大夫警告说："棋手下棋如果举棋不定就要失败，何况在对待国君的废立问题上，如此轻率，一定会有灭族之祸。"可是宁悼子不听劝告，迎回了卫献公，但最终却被献公除掉了。"举棋不定"常用来比喻遇事犹豫不决，缺乏主见。

五、围棋的内涵

围棋蕴含着丰富的内涵，棋艺带来的启悟和内涵被拓展，影响着人们的道德观念、行为准则、审美趣味和思维方式。数千年来，围棋超越了单纯的博弈之道，成为中国传统历史文化传承的载体之一。

（一）围棋体现了"道法自然"的思想

围棋的棋子、棋盘含有"天圆地方"的思想。圆形棋子，意味"天圆而动"，方形棋盘代表"地方而静"。围棋棋盘有 361 个交叉点，表示农历的 361 天。棋盘分为四部分，代表四季。棋子的黑白两色表示阴阳。围棋棋盘上下左右完全对称，四面八方绝对均匀，无双方阵地之分。下棋者可以从任何一边落子。

（二）围棋蕴含着哲学思维

对局中双方的棋子从无到有，从弱到强，从个体到整体，它们既有对立的一面，又有和谐共存的一面。而围棋本身也是一个矛盾体，它既围地，也围子。围地是防守，围子是进攻。围地很重要，下棋以地盘的多少来计算胜负；围子也很重要，四个子围住一个子就能吃掉它。

（三）围棋体现了一种儒雅的气质与风度

围棋独特的礼仪，使对弈双方显得温厚儒雅。他们坐在棋盘前，气定神闲，超然而脱俗。这种氛围的长期熏陶，滋养出棋手的雍容气质。

（四）围棋可修身养性

围棋讲究大局观，不争一处之得失，要分析局势，根据情况做出作战计划，讲究对局的次序性、条理性，还要具有快速计算的能力、逻辑推理能力等。总之，从布局到中盘到终局，每一个环节都需要智慧与勇气，一方天地境界无限。围棋特有的深远思考、无穷变化给人性和人格以深刻影响，它是一种人生的修炼。

史事拾微

"棋待诏"王积薪

王积薪是唐代棋手，常在宫中陪唐玄宗下棋。他在棋艺上精益求精，勤勉于业。据说王积薪成名后，从不以名家自居，每次外出身边总带着一个竹筒，里面放着棋子和纸画的棋盘。途中不管遇见谁，只要会下棋，都来对弈一次。谁要赢了，还可以享用他提供的一顿佳肴。

"安史之乱"时，王积薪跟随皇帝逃往四川。一天夜晚，王积薪借宿在一位老妇人家，晚上听得老妇人与媳妇说："夜很长，一时也睡不着，咱们来下盘围棋吧！"王积薪很好奇，心想："屋里没有灯，躺在床上怎样下围棋呢？"便侧耳谛听着。"起东南九放一子。"媳妇说。"东五南十二放一子。"老妇人回答。"起西八南十放一子。""西九南十放一子。"……两人这样你一句我一句，总共下了三十六着棋后，忽听老妇人说："你输了，我胜了九路。"王积薪惊异不止。天亮后，他向老妇人请教，自此棋艺大进。

王积薪在当时就名震天下，他棋艺高超，还提出了一套围棋理论，根据前人和自己的实践经验，总结了《围棋十诀》。《围棋十诀》看起来字面简单，但含义深远，不仅是围棋战理的高度总结，对于人生也有着深刻的指导意义。

顾师言一子解双征

日本国王子来朝，献宝器音乐，唐宣宗设宴款待。宴中，王子提出要与中国高手切磋棋艺，起初皇帝并没有太在意，只找来几个一般的棋手与之对弈。结果王子连番皆胜，唐宣宗这才把当时的棋待诏顾师言召了来。

王子因已先胜几盘，下得颇为凶狠，顾师言已知是双征，自己的两块棋必丢其一。这时，日本王子一副俨然已是取胜的表情。关键时刻，顾师言突然想起前代棋待诏王积薪曾经下过一子解双征之局，他看着眼前棋盘，"啪"地落下一子解双征，也就是一手棋落在棋盘上，同时解除了两块棋被征吃之忧。王子只得推盘认输，之后询问顾师言是几品棋士，职官回说"三品"。王子想向一品棋手请教，职官回说"只有胜了三品才能与二品下"，王子闻言，唏嘘不已。

经典诵读

《五言咏棋》二首

（唐）李世民

一

手谈标昔美，坐隐逸前良。参差分两势，玄素引双行。

舍生非假命，带死不关伤。方知仙岭侧，烂斧几寒芳。

二

治兵期制胜，裂地不要勋。半死围中断，全生节外分。

雁行非假翼，阵气本无云。玩此孙吴意，怡神静俗氛。

六、围棋中的哲学思想

围棋是一项能给人以智慧的竞技游戏，也是与哲学密切相关的一种文化。围棋蕴含着无穷的智慧和丰富的哲学思想。

（一）围棋中的对立统一

围棋中的矛盾既有它对立的一面，又有它和谐共存的一面。围棋的一黑一白，代表了事物矛盾的正反两个方面。双方对弈的过程，实际上就是一个不断追求平衡和不断打破平衡的过程。白方进攻，黑方就必然防守；黑方取得了实地，白方就会用外势来抗衡。在围棋的对局中，棋局的平衡关系总是在不断地互相转化着，双方的每一招棋都在追求平衡和打破平衡中落子。

（二）围棋中的客观规律

围棋的对局能产生出无穷无尽的变化，这些变化反映了围棋的内在规律。对局中，双方的棋子从无到有，从弱到强，从个体到整体，棋子之间既有矛盾，又有联系。虽然棋局的形态千变万化，但却非常符合事物发展的一般规律。

（三）围棋充满了辩证的理念

围棋从形式到内容、从战略到战术、从布局开始到收官结束，无不充满了辩证的理念。在对弈过程中，局部与全局、优势与劣势、进攻与防守、实地与虚势、厚形与薄形、死棋与活棋、先手与后手、轻灵与滞重、取得与舍弃等，都体现了辩证法的魅力。

（四）围棋充满人生哲理

下棋要懂棋理，走正着；人要有道德，走正道。下棋要有大局观，意图要明确；人生也一样，要有长远规划，有既定目标。下棋取得了优势时，要善于一步步地把优势转变为胜势，当棋局处于劣势时，要耐心地等待扭转局势的机会。人生也是如此，要正确对待顺境与逆境。下棋要平心静气地对待输赢，生活中也要心平气和地看待名利和荣辱。棋局中经常会出现各种选择，人生中也经常面临各种选择。总之，围棋能够使人在休闲娱乐之中得到人生的感悟。

推荐欣赏

1. 中央电视台推出的文博探索类节目《国家宝藏》。
2. 北京卫视节目《书画里的中国》。

日积月累

一、单项选择题

1.（   ）是中国文字的开始，同时也是中国书法的奠基。

A. 甲骨文 　　　　　B. 金文 　　　　　C. 篆书 　　　　　D. 楷书

2. 一种字出现两个捺，将次要的捺写成（   ）。

A. 平捺 　　　　　B. 曲捺 　　　　　C. 反捺 　　　　　D. 斜捺

3. 下列选项中，哪项是行书使用中值得关注的重要问题？（   ）

A. 行书速度 　　　　　B. 运笔方向 　　　　　C. 连绵绞转 　　　　　D. 结体造型

4.（   ）创造出一种全新的字体"瘦金体"。

A. 赵匡胤 　　　　　B. 赵曙 　　　　　C. 赵佶 　　　　　D. 赵构

5. 小篆是（   ）创造的。

A. 李斯 　　　　　B. 韩非 　　　　　C. 荀子 　　　　　D. 赵高

6. 小篆是在（   ）中演变过来的。

A. 甲骨文 　　　　　B. 隶书 　　　　　C. 大篆 　　　　　D. 楷书

7. 下列哪种笔法是草书独有的用笔特点？（   ）

A. 方转 　　　　　B. 圆转 　　　　　C. 使转 　　　　　D. 侧锋

8. 下列选项不属于唐朝楷书四大家的是（   ）。

A. 柳公权 　　　　　B. 颜真卿 　　　　　C. 欧阳询 　　　　　D. 欧阳修

9.《九成宫醴泉铭》是（   ）撰文的。

A. 欧阳询 　　　　　B. 房玄龄 　　　　　C. 魏征 　　　　　D. 杜如晦

10. 中国传统绘画中，开创大写意的是（   ）。

A. 黄公望 　　　　　B. 王渊 　　　　　C. 徐渭 　　　　　D. 沈周

11.《清明上河图》的作者是（　　　）。

A.顾闳中　　　　B.荆浩　　　　C.吴道子　　　　D.张择端

12.元代绘画以（　　　）画为最盛。

A.山水　　　　B.人物　　　　C.花鸟　　　　D.民俗

二、判断题

1.甲骨文作为一种成熟的文字系统，奠定了书法美学的坚实基础。（　　　）

2.在唐朝建立之初，书法并没有得到重视，而是在中唐后才逐渐得到重视并被确立为国学之一。（　　　）

3.郑板桥创风格独特的"七分半"书。（　　　）

4.欧阳询也被称为大欧。（　　　）

5.草书结体采取的种种化繁为简的方法是公认的约定俗成的准则，不能自己随意创造。（　　　）

6.书法的繁荣期是从元明之后开始的。（　　　）

7.因为中国书法与音乐一样，寓杂多于统一，讲究对称与呼应、节奏与韵律，因此中国书法也被称为无声之音。（　　　）

8.宣纸中，生宣宜用于写意绘画创作，熟宣宜用于工笔画或书法创作。（　　　）

思考与体验

1.你对围棋文化有哪些体会？请写下你的感想。

2.临摹书法字帖。

（1）主题：选择楷书、行书字体进行临摹体验。

（2）内容：自己喜欢的诗词歌赋。

（3）要求：健康积极，符合作品内涵。

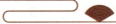

实践任务

一、任务描述

为了更加深入地了解中国书画与围棋的形成与发展，弘扬中华美学精神，全班同学分组开展"看图说史"活动。每个小组通过书籍或者网络收集关于中国书画与围棋的相关资料，结合资料选择一些具有代表性的图片或视频作为时间轴节点做成PPT。通过PPT讲解中国书画与围棋的发展过程，并分析其文化内涵。（讲解时间最好不要超过10分钟。）

二、任务实施

（1）全班同学分成若干组，每组5～6人，并选出一名小组组长。

（2）小组组长分配成员完成收集资料、选择代表性图片或视频、制作PPT、讲解汇报等任务。具体执行过程可填写在下方空白处。

（3）将本次活动中遇到的问题、得到的经验等填写在下方空白处。

任务评价

各组员根据本章的学习情况及活动情况，完成下面的任务评价。

姓名：＿＿＿＿＿＿＿＿　　　　组号：＿＿＿＿＿＿＿＿　　　　指导教师：＿＿＿＿＿＿＿＿

评价项目	评价内容	分值／分	教师评分／分
知识（40%）	了解书法及中国传统绘画暨国画的文化含义、基本精神和产生条件。	10	
	理解书法及中国传统绘画暨国画的文化基本特征和现实意义	10	
	了解围棋的起源、内涵	10	
	理解围棋中的哲学思想	10	
技能（40%）	PPT 版面精美、简洁	**10**	
	内容选取合理、全面	20	
	讲解流畅，有条理	10	

评价项目	评价内容	分值／分	教师评分／分
素养（20%）	**具有团队精神**	5	
	准备充分，积极、认真参加活动	5	
	认真学习，按时完成学习、活动任务	5	
	具备独立分析问题、解决问题的能力	5	
自我评价			
教师评价			

第四章 中国传统乐器

学习目标

1. 了解中国传统乐器的发展过程。
2. 熟悉中国传统乐器的基本构造。
3. 了解中国传统乐器的演奏方法及代表曲目。

思政目标

1. 培养和提高学生的音乐表现力和独特的创造力。
2. 增强对中国传统乐器的了解，热爱民族文化。

情景导入

高山流水觅知音，伯牙鼓琴遇子期

秋意正浓，汉阳江口，伯牙路遇风浪，他将船停泊在山脚暂停歇息。当晚风去浪平，伯牙席地而坐，拿出随身携带的琴抚弹起来。琴声由婉转转向奔流，一幅涓涓细流汇入江水大河的画面澎湃又浩荡，伯牙整个人仿佛与水流融为一体，沉醉不能自拔。这时忽然听到岸上有人拍手叫好，只见一身樵夫打扮的人说道："真好的琴声呀！宽广浩荡，好像看见滚滚的流水，无边的大海一般！"伯牙听了不禁惊喜万分，自己用琴声表达的心意，过去没人能听得懂，而眼前的这个樵夫，竟然听得明明白白。他激动地说："知音！你真是我的知音。"这个樵夫便是之后与他结拜为兄弟的钟子期。翌年子期病逝，伯牙万分悲痛，他来到钟子期的坟前，凄楚地弹起了古曲《高山流水》。弹罢，他挑断了琴弦，长叹一声，把心爱的瑶琴在青石上摔了个粉碎，知音已逝，琴声决绝。

中国古代的乐器，可分为吹、拉、弹、打四大类，分别由八种材料（金、石、土、木、匏、革、丝、竹）制成，史称"八音"。从乐器发展的过程来说，是先有打击乐器、吹奏乐器，后有弹弦乐器，最后才有拉弦乐器的。原始社会的乐器是从劳动工具演化而来的，被用来作为祭祀时为歌舞伴奏的器具。那时的乐器都用骨、土、石、木制成，如骨哨、土鼓、陶埙、石磬等。青铜器出现以后，开始用铜制作乐器，如编钟、编磬等。竹制乐器的产生也比较早，如商周时期的竽、笙等。丝制乐器都为弦乐，春秋战国时已出现，秦汉以后大为流行。在发展过程中，中国音乐还吸收了大量的外来乐器，经过一番改造和消化，使之成为中国的乐器，如琵琶、胡琴、羯鼓等，反映了中外文化的交流和融合。这里，介绍几种有代表性的乐器。

中国传统乐器

第一节　古琴——高山流水遇知音

呦呦鹿鸣，食野之芩。我有嘉宾，鼓瑟鼓琴。鼓瑟鼓琴，和乐且湛。我有旨酒，以燕乐嘉宾之心。

——《诗经·小雅·鹿鸣》

"古琴"，又称"琴""七弦琴"。既然被称作"古琴"，就说明它在我国民族乐器中有悠久的历史。《诗经·小雅·鹿鸣》中对古琴的描写，充分说明古琴在当时已完全融入人们的生活。在古代，上至达官显贵，下至贩夫走卒，都痴迷于古琴艺术，它能帮助人们修身养性，怡情养性。千百年来，"琴"一直都是我国传统文化不可或缺的一部分。

古琴在历史上有独奏、琴箫合奏、声乐伴奏等形式（周代多用琴瑟伴歌，称"弦歌"）。先秦时期，"琴"多用于宫廷祭祀、朝会、典礼雅乐，秦以后盛行于民间。到了春秋战国时期，随着音乐的发展，古琴已经成为一种重要的独奏乐器，涌现出许多著名的琴人和代表曲目，如师涓、师旷、师襄等。代表曲目如千古传诵的故事"伯牙子期高山流水遇知音"中的《高山》《流水》等。儒家创始人孔子对琴十分推崇，讲学当中常在众人面前抚琴，据说他能弹唱《诗经三百首》，成为后世士人典范（图4-1）。

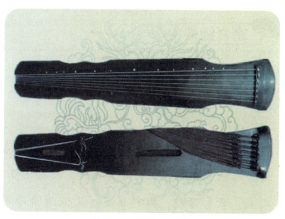

图4-1 伏羲式古琴

古琴琴身由桐木或其他硬质木制作而成，琴弦在古时以蚕丝制作，故又有"丝桐"之说。外形为长方形，长约120厘米，琴面上有七根琴弦，外侧为最低音，向内渐高。琴弦右端有琴轸用于调音，右侧弦距较宽，以便弹拨。琴弦外侧镶嵌了13个用贝壳或玉石做成的小圆点，称为"徽"，标明泛音位置，提示按弦。低音区音色明净、浑厚、古朴，高音区通透、净远。古琴的样式有很多种，常见的有伏羲式、仲尼式、连珠式、落霞式等。演奏时琴的摆放位置，应当宽头朝右窄头朝左，徽位点和最粗的弦在对面，琴轸要悬空摆在桌子右侧外面，不可以琴轸撑桌。演奏时右手弹弦，左手按弦。抚琴的最佳心境是平和闲适，最高境界是弹琴环境和弹琴者内外心境合一，最终达到人琴合一（图4-2）。

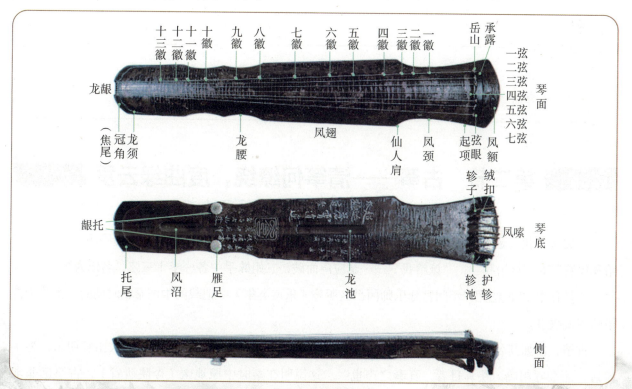

图4-2 古琴结构示意图

古琴在多年的发展演变中也形成了百家争鸣的局面，拥有许多流派。这些流派因地域、师承的不同而具有不同的演奏风格和学术价值。至今为止，较为著名的流派有浙派、金陵派、虞山派、广陵派、川派、岭南派等。他们姹紫嫣红、各领风骚，同一曲目，不同流派所演绎出的效果截然不同。著名琴曲有《高山》《流水》《广陵散》《梅花三弄》等。现代著名的琴家有成公亮、龚一、刘正春、丁承运等。

余音绕梁

《流水》

古琴曲《高山流水》是春秋时期著名的琴家俞伯牙所做，到了唐代这支曲子被分化成为《高山》《流水》两首。

较《高山》而言，《流水》更受琴人喜爱。清末至今的《流水》版本是收录于《天闻阁琴谱》的张孔山版，全曲分为九段，描绘了山泉、江河等水流的种种形态。乐曲一开始就犹见高山之巅，云雾缭绕，飘忽不定，又似清清冷冷的松根之细流。中段时"其韵扬扬悠悠，俨若行云流水"，最高潮处又有"极腾沸澎湃之观，具蛟龙怒吼之象"，能够表达出如此意境，不但是因为充分运用了"泛音、滚、拂、绰、注、上、下"等演奏指法，更因为旋律在宽广音域内不断跳跃，变换音区，同时高音区还加入了连珠式的泛音模拟水珠飞溅，使流水更加丰富。直至曲终流水之声复起，韵律悠长，令人回味无穷，大好河山的纵横画面感久久不能散去。《流水》这首曲子因表现了"人的意识和宇宙的交融、人与自然交融的精神境界"，1977年被载入了"旅行号"飞船上记录着27首世界名曲的镀金唱片。它远在太阳系之外，与宇宙久久浪漫对话。

这首琴曲的背后，俞伯牙与钟子期传奇的故事更是成为千古佳话，流传至今。

推荐欣赏

1. 古琴曲《高山流水》。
2. 古琴曲《广陵散》。

第二节　古筝——清筝何缭绕，度曲绿云垂

"父亲，我鼓瑟略胜一筹，您应该将瑟传与我保管"。"不，父亲，我鼓瑟比姐姐更好，瑟应该给我保管"。"该给我"，"该给我"……瑟应声而破，二姐妹手中各一半十三弦，名曰为筝。

这是日本17世纪元禄年间宫廷乐师冈昌名所著《乐道类集》中记载的中国秦朝时期的一个关于古筝的传说故事。

古筝，器如其名，我国古老的弹拨乐器之一。司马迁的《李斯列传》中记载"夫击瓮叩缶，弹筝搏髀，而歌呼呜呜，快耳目者，真秦之声也"。这说明在秦时中原地区（今陕西省），古筝已非常

流行。东汉刘熙在他的《释名》中写道"筝，施弦高急，筝筝然也"。唐代李峤咏的筝诗也写道"莫听西秦奏，筝筝有剩哀"。可见在我国，有些民族乐器是以其发声特点来命名的（图4-3）。

古筝历经 2500 多年，一直以来都是大家非常喜爱的民族乐器。根据文献记载，早在战国时期时，筝为五根弦。到了汉、魏时期，筝已是"相和歌"和民间音乐活动中不可缺少的伴奏和合奏乐器了，此时期筝已经发展为 12 根弦，外形与瑟相似，但弦数不同（瑟为 23 或 25 根弦），同时瑟与筝的弦序音高排列也不同。

图 4-3　古筝琴弦

唐、宋时期，筝有 12 和 13 根弦两种。到了元、明时期，筝发展到 14 弦、15 弦。中华人民共和国成立后，筝的弦数增加到 20 多根，体积也增大，并有了转调装置，这大大提高了筝的表现力。现代古筝的琴体多用桐木制成，琴弦以钢弦和尼龙弦代替了古代的丝弦，统一规格为：1.63 米，21 弦。琴体是共鸣箱，每根琴弦下都有一琴码。定弦为五声定弦法。

筝在演奏时以左手按弦，右手弹奏为主。右手有劈、托、抹、勾、摇等技巧，左手有按音、滑音、扣弦等常用技法。除此之外，刮奏也是古筝常用的演奏技法，刮奏时琴声行云流水，好似银瀑从天倾泻而至。筝的高音区音色清脆明亮，中音区圆润柔美，低音区浑厚响亮，表现力丰富，带给人的感受非常具有立体感。无论是独奏、伴奏，还是在民族乐队当中，筝都独树一帜，在我国民族器乐中拥有非常重要的地位。

古筝在其历史发展中不只是形制和音域的变化，在演奏方面与其他许多民族乐器一样，形成了许多风格和流派，其中以发源地的陕西筝为代表，此外还有河南筝、山东筝、浙江筝、潮州筝等等。同一件乐器在不同地域，也吸收了当地的地方音乐和戏曲音乐的特点，如河南筝曲《新开板》在标准演奏的基础上吸收了河南地方小调，大量应用密集摇指和 fa、si 两个音，极大彰显了地域特色。

知识链接

古筝的"近亲"——伽倻琴和日本筝

伽倻琴，又名朝鲜筝，是古朝鲜的传统乐器，流行在朝鲜半岛与中国东北的吉林省延边朝鲜族自治州。伽倻琴的外形很像古筝，和古筝有着很深的渊源。据史书记载，在公元 500 年前后（南北朝时期），朝鲜古代国家伽倻国的国王模仿古筝制造了一种弹拨弦鸣乐器，把它称为伽倻琴。伽倻琴也一直传承、改良至今，是朝鲜族代表乐器，除了独奏、重奏、集体弹唱以外，它也在民族乐队中出现。

前面说到的唐朝 13 根弦的古筝，其实就是我们现在所说的"日本筝"。唐朝经济文化发达，古筝由中国传入日本。这种跨国的流传，与伽倻琴有很大的相似之处，不仅说明了不同国度的人民对古筝这一乐器的喜爱，更彰显了当时我国作为大国的文化实力。

《渔舟唱晚》

《渔舟唱晚》是我国近代古筝演奏家娄树华在20世纪30年代中期，根据古曲《归去来分辞》的音乐素材加工改编而成的一首古筝独奏曲。曲名正是取自于唐代王勃《滕王阁序》中"渔舟唱晚，响穷彭蠡之滨"一句，音乐语言简练，意境鲜明。

音乐宁静而悠远，把我们带到了河流纵横交错、湖泊星罗棋布的江南水乡。人们置身于夕阳余晖尽染、碧波涟漪的湖滨晚景。

乐曲大体分为三个片段，像一组长长的镜头向前推进。音乐开始，第一部分用慢板走出韵致悠扬而富于歌唱性的旋律，优美舒缓。红红的晚霞跨越天际，水天一色，碧波万顷，波光闪烁。接着音乐逐渐活泼流畅，旋律律动加快，有规律的模进手法仿佛水面荡起层层的涟漪。听，晚风送来了船上渔民欢庆丰收的歌声，岸边的人们心潮激荡，和着船上的渔民唱起了丰收渔歌……

"花指"奏法与按、揉两种指法相配合。水鸟也在红色的水天之间飞舞、盘旋，阵阵呼叫响彻整个天际。画面再次向前推进，音乐力度增强，速度更快，宛如渔舟飞快地扬帆前进，橹桨声、流水声、渔民的欢声笑语交织在一起。连续的琶音像是渔船过后在水面上留下的余波。夜色渐沉，渔民离去，音乐速度回复徐缓宁静，金色的余晖留驻人们心间，耐人寻味。

推荐欣赏

1. 《云水禅心》。　　　　2. 《寒鸦戏水》。

3. 《渔舟唱晚》。　　　　4. 《琵琶语》。

第三节　琵琶——嘈嘈切切错杂弹，大珠小珠落玉盘

说起琵琶，脑海中首先浮现出电视剧《西游记》中，东方持国天王提多罗吒手持琵琶与众天兵天将共同降服妖猴的画面。几声有力的扫弦，带有魔力的金石之声震得妖猴头晕眼花，倒于太上老君的金刚圈下。现实中的弹拨乐器琵琶虽不具备神话故事中的法力，但其表现力在民族乐器当中也属佼佼者。

东汉刘熙在《释名》中说："枇杷本出于胡中，马上所鼓也。推手前曰枇，引手却曰杷，象其鼓时，因以为名也。"可见，在秦汉之时就有了"枇杷"（琵琶），不过那时的琵琶并不如我们现在所见，据史料记载，唐朝以前"琵琶"是多种弹拨乐器的总称，正如《隋书·音乐志》中所说"今曲项琵琶，竖头箜篌之徒，并出自西域，非华夏旧器"，它是在南北朝时期由波斯经丝绸之路传入中国的。

唐朝盛行乐舞，琵琶也在这个时期飞速发展达到高峰，在演奏技法及制作构造上都得到较大突破。演奏技法上最突出的改革是由横抱演奏变为竖抱演奏，由手指直接演奏取代了用拨子演奏。构造方面

最明显的改变是音域变宽，由四个音位增至十六个（即四相十二品）。演奏技法也系统丰富起来，大致分为轮指系统、弹挑系统（右手）、按指系统、推拉系统（左手）四大类，左右手的技巧加起来有五六十种。

琵琶在唐朝的发展可以说普及到了全民，上至达官显贵的宫廷乐，下至街头百姓的说唱娱乐，都可以在乐队中见到琵琶的身影。由此，也涌现出大量的琵琶演奏者并创作出丰富的琵琶独奏曲。除此之外，唐代还有许多著名文人的诗作当中生动地描绘了琵琶，可见其鼎盛。

当代琵琶经过历朝历代的发展统一了形制，由头、颈、琴身三部分构成。六相二十四品，四弦，音域横跨十二平均律中的 5 个八度（A 到 a3）。演奏时放于大腿上竖抱，左手手指按弦，右手弹弦，右手手指用胶带缠绕，戴有玳瑁或树脂、尼龙等材料制作的假指甲。根据曲子不同，每条琴弦的定音也略有不同，以 A、d、e、a 这种定弦较为常用。基本的演奏技巧：右手有弹、挑、夹弹、滚、双弹、双挑、分、勾、抹、摭、扣、拂、扫、轮、半轮等指法；左手有揉、吟、带起、捺打、虚按、绞弦、泛音、推、挽、绰、注等；左右手的指法加起来有八十余种之多。宋元以后，戏曲、说唱兴起，琵琶除了独奏，还广泛应用于民族乐队和多种地方戏曲、曲艺的伴奏（图4-4）。

琵琶的音乐表现力非常丰富，既能描绘淡远轻柔的江边吟唱，也可以表现十面埋伏的金戈铁马。拨若风雨滂沱，吟似泉溪淙淙。正是因为琵琶的表现力反差特别大，所以琵琶的曲目有文曲和武曲之分。文曲柔和细腻，善于抒情唱婉；武曲刚劲有力，善于表达紧张、热烈、斗争等场面。文曲、武曲各有韵味，各有千秋。传统代表曲目有《十面埋伏》《霸王卸甲》《阳春白雪》《海青拿天鹅》等；20世纪30年代以后，有著名音乐家华彦钧创作的《大浪淘沙》《昭君出塞》；中华人民共和国成立以后更是涌现出大量优秀的琵琶独奏与乐队协奏曲，如《草原英雄小姐妹》《彝族舞曲》《火把节之夜》等。

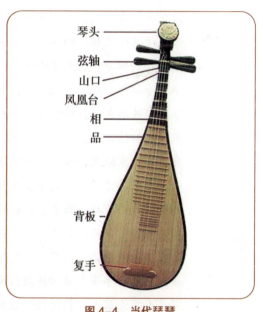

琴头
弦轴
山口
凤凰台
相
品
背板
复手

图4-4 当代琵琶

琵琶因为受地域审美及年代、师承等影响，形成了许多演奏流派，较为著名的有无锡派、平湖派、浦东派、崇明派。

无锡派是琵琶四大流派中最早形成的派别。其创始人是清代琵琶演奏家华秋苹（1785—1859）。身处无锡的华秋苹向南北两派收集曲目，于1819年编创了《南北二派秘本琵琶谱真传》（现称为《华秋苹琵琶谱》），采用工尺谱记谱，有较完整的指法记载，是我国最早印行的琵琶谱。谱中收录了《十面埋伏》《将军令》《步步高》等数十首琵琶曲。无锡派在清代中叶起到了承上启下的作用，对琵琶的发展作出了重要的贡献。

清乾隆年间，李廷森为平湖琵琶最早起始者，廷森下传其子李煌，李煌下传其子李绳埔。李氏家族这前三代一直沿袭着"琴不出门"的封建旧习，只限于嫡亲传承。到绳埔下传其子李南棠时，正值第二次鸦片战争，以经商为业的李南棠，经常来往于平湖、上海之间。他广交乐友，拜师求艺。李南棠在继承的同时，已不仅局限于嫡系家族了。南棠之子李芳园更是受其熏陶，对琵琶产生了浓厚的兴趣，"长抱琵琶若怀璧，专心致已三十年"。他琴艺高超，终成"琵琶癖"。袁翔甫为李氏谱题词中曰："奏《阳春》及《郁轮袍》二曲，听至出神入妙处觉迥超乎故人周蓉江陈子敬。"1895年，他编纂了一本琵琶谱《南北派十三套大曲琵琶新谱》，这是我国第一本正式刊印的琵琶谱，汇集了江、浙、沪众多琵琶名家、乐手的艺术精华，是平湖琵琶与其他流派的琵琶艺术相互传播、交融而成的琵琶新谱。

经典诵读

琵琶行

【唐】白居易

浔阳江头夜送客，枫叶荻花秋瑟瑟。主人下马客在船，举酒欲饮无管弦。
醉不成欢惨将别，别时茫茫江浸月。忽闻水上琵琶声，主人忘归客不发。
寻声暗问弹者谁？琵琶声停欲语迟。移船相近邀相见，添酒回灯重开宴。
千呼万唤始出来，犹抱琵琶半遮面。转轴拨弦三两声，未成曲调先有情。
弦弦掩抑声声思，似诉平生不得志。低眉信手续续弹，说尽心中无限事。
轻拢慢捻抹复挑，初为《霓裳》后《六幺》。大弦嘈嘈如急雨，小弦切切如私语。
嘈嘈切切错杂弹，大珠小珠落玉盘。间关莺语花底滑，幽咽泉流冰下难。
冰泉冷涩弦凝绝，凝绝不通声暂歇。别有幽愁暗恨生，此时无声胜有声。
银瓶乍破水浆迸，铁骑突出刀枪鸣。曲终收拨当心画，四弦一声如裂帛。
东船西舫悄无言，唯见江心秋月白。沉吟放拨插弦中，整顿衣裳起敛容。
自言本是京城女，家在虾蟆陵下住。十三学得琵琶成，名属教坊第一部。
曲罢曾教善才服，妆成每被秋娘妒。五陵年少争缠头，一曲红绡不知数。
钿头银篦击节碎，血色罗裙翻酒污。今年欢笑复明年，秋月春风等闲度。
弟走从军阿姨死，暮去朝来颜色故。门前冷落鞍马稀，老大嫁作商人妇。
商人重利轻别离，前月浮梁买茶去。去来江口守空船，绕船月明江水寒。
夜深忽梦少年事，梦啼妆泪红阑干。我闻琵琶已叹息，又闻此语重唧唧。
同是天涯沦落人，相逢何必曾相识！我从去年辞帝京，谪居卧病浔阳城。
浔阳地僻无音乐，终岁不闻丝竹声。住近湓江地低湿，黄芦苦竹绕宅生。
其间旦暮闻何物？杜鹃啼血猿哀鸣。春江花朝秋月夜，往往取酒还独倾。
岂无山歌与村笛，呕哑嘲哳难为听。今夜闻君琵琶语，如听仙乐耳暂明。
莫辞更坐弹一曲，为君翻作《琵琶行》。感我此言良久立，却坐促弦弦转急。
凄凄不似向前声，满座重闻皆掩泣。座中泣下谁最多？江州司马青衫湿。

余音绕梁

《十面埋伏》

《十面埋伏》是一首大型的传统琵琶独奏曲，是中国十大古曲之一。乐曲激烈，有风起云涌之势，艺术效果震撼人心，生动地表现出了项羽被大军包围时走投无路的场景，为琵琶武曲之代表作。《十面埋伏》的创作年代不详，但曲谱最早记录在华秋苹的《华秋苹琵琶谱》中，经过历代艺术家的演绎和完善，全曲分为十三个段落，大致可分为三部分。

第一部分："列营""吹打""点将""排阵""走队"。

第二部分："埋伏""鸡鸣山小战""九里山大战"。

第三部分："项王败阵""乌江自刎""众串凯""诸将争功""得胜回营"。

全曲在"列营"中拉开序幕，金鼓战号齐鸣，众将士摇旗呐喊，这奠定了全曲激烈的场面基调。音乐由慢渐快，听上去摇摆繁乱的节奏感增加了战争前夕的紧张感。"点将"部分为主题呈式，用接连不断的长轮指手法和"扣、抹、弹、抹"组合指法，表现将士威武的气派。"走队"部分音乐与前有一定的对比，用"遮、分"和"遮、划"手法进一步展现军队勇武矫健的雄姿。"埋伏"部分音乐宁静而又紧张，决战前夕的夜晚，汉军在垓下悄悄伏兵。"鸡鸣山小战"，战争开始，楚汉两军短兵相接，刀枪相击，厮杀正式开始。"九里山大战"，两军厮杀更为猛烈，此处达到全曲的高潮，马蹄声、刀戈相击声、呐喊声交织起伏，震撼人心……最后全曲在四弦一"划"后急"伏"（又称"煞住"）中戛然而止，表现项羽自刎，战争结束。

推荐欣赏

1. 琵琶曲《十面埋伏》。
2. 琵琶曲《阳春白雪》。

第四节　阮——指尖历历泉鸣涧，腹上锵锵玉振金

阮，原是中华姓氏之一，乐器阮的由来就与古代一位姓阮的音乐家有关（图4-5）。魏正始年间，阮籍、嵇康、刘伶、向秀、山涛、王戎、阮咸七位文人雅士，常聚于山阳县的竹林，肆意畅谈，把酒言欢，有"竹林七贤"之美誉。其中通晓音律、擅弹古琴的阮籍和嵇康享誉盛世，也有名气稍逊于二位却偏爱弹阮的音乐才子叫阮咸。阮咸是阮籍的侄子，二人并称为"大小阮"。为纪念这位音乐家，世人就以阮来命名这个乐器，这是中华民族器乐史上唯一一个用姓氏来命名的乐器（阮在古代还指一国家的名字，在闽南语中阮是对自己的称呼）。

著名诗人白居易在听到阮的演奏之后，写出了《和令狐仆射小饮听阮咸》的诗句："掩抑复凄清，非琴不是筝。还弹乐府曲，别占阮家名。古调何人识，

图4-5 阮

初闻满座惊。落盘珠历历，摇佩玉铮铮。似劝杯中物，如含林下情。时移音律改，岂是昔时声。"精妙地诠释出阮带给听者的触动与惊喜。

阮是具有悠久历史的弹拨乐器，凡有"品"的弹拨乐器的形制，几乎都与阮同根同源。西域琵琶作为较早传入中国的弹拨乐器，它本身是无品的，是汉族琵琶通过丝绸之路传入西域，才使西域琵琶有了品。品的发明，让乐器的音高音律更加标准。现在我们所常见的阮都是带品的，也有无品的阮。无品阮类似于没有琴码的古琴，适合文人散板式的即兴抒情。在演奏时，靠着演奏者手指上的演奏技巧、力度变化以及瞬间位移，弹奏出有具中国古典气质且韵味别致的音乐风格，营造出余音绕梁的效果。

在阮家族中有大阮、中阮、小阮和低阮（图4-6），它们分别在乐队弹拨组的低、中、高声部中发挥着各自的作用。演奏者通过假指甲或拨片弹奏，右手演奏技巧有弹、挑、搓、轮，左手部分主要是推弦、滑弦、沾弦。除了能演奏单旋律线与和弦之外，特有的半哑音音色为这个乐器增添了不少魅力。曾有演奏家说过："所有琵琶和吉他的演奏技巧，都可以在阮这个乐器上实现，它是兼具中国风雅气质和现代音乐风格为一体的乐器"。

图4-6　大阮，中阮，小阮，低阮

史事拾微

　　汉遣乌孙公主嫁昆弥，念其行道思慕，故使工人知音者裁琴、筝、筑、箜篌之属，作马上之乐。今观其器：中虚外实、天地之象也；盘圆柄直、阴阳之序也；柱有十二、配律吕也；四弦、法四时也。以方语目之，故云"琵琶"，取其易传于外国也。

——晋·傅玄《琵琶赋》

　　一段记载于魏晋学者傅玄笔下的文字，穿越历史，讲述了这样一个故事：西汉年间，为平定战乱，汉武帝派人出使乌孙国，想实现两国政治联姻。刘细君原为宗室罪臣之女，后荣耀加冕为公主，出使和亲。汉武帝担心路途遥远，公主思慕家乡，于是就命人制作了一种集古琴、筝、筑、箜篌特点为一体的乐器，方便在马背上弹奏，这便是阮，当时叫做秦琵琶。圆形琴箱，方形琴头，四根琴弦代表着春夏秋冬，12个品位（当时叫做筑）立于长柄之上，一件小小的乐器便涵盖了整个中国的人文系统。阮的音色极美，似泉水般清澈灵动。轻扫琴弦，优美的乐音就如一个个小水花，在阳光的照耀下，嬉戏、跳跃……

知识链接

"出彩中国人"玩转"中国吉他"

2014年央视推出了首季大型励志公益节目《出彩中国人》，一位叫冯满天的中年男子首次亮相就身背一把大家不太熟知的乐器。从外观来看是中国的乐器，但表演者却以抱吉他的方式上台。大家都被这个乐器给迷住了！乐器琴身不大，演奏时却兼具古琴的气韵和古筝的音色，又同琵琶的演奏技巧如出一辙。这个乐器便是阮。

开场的一分钟即兴弹奏，仿佛带领现场的观众穿过时空隧道，回到古时。曲风古朴典雅，意境缥缈而淡薄，仿若古人富有哲理性的思考；节奏散漫又不失规格，张弛有度，透露出洒脱不羁的人生态度。演奏者似乎在用音乐诉说心事，像极了中国式文人的内心独白，这让在场的评委为之振奋！一段引子之后，冯满天改用吉他的弹奏方式，用阮弹唱摇滚歌曲《花房姑娘》，刚一张口现场就爆发出热烈的掌声。"非琴不是筝，初闻满座惊"，用白居易的诗句来概括这个乐器的亮相再恰当不过了。

冯满天是中央民族乐团的演奏家，人称"阮痴"。出身于音乐世家的他，从小接受中华民族音乐的熏陶。年轻时，因认为阮在民族管弦乐队中是伴奏的地位，便玩起了摇滚乐，在乐队中担任吉他手。然而随着年龄的增长，他似乎渐渐在阮这件古老的乐器身上，参到了独具民族特色的灵魂之音，因此，他重新拿起手中的阮，而这一次，就再也没有放下。《出彩中国人》上短短5分钟的表演，让观众认识了这个不为大众所熟知的中国乐器——阮。而他所弹奏的中阮，因音色最接近吉他，也被外国人称为"中国吉他"。

作为中国传统的民族乐器，阮在早期的民乐队中，主要是为其他乐器声部做伴奏，所以在众多优秀的民族乐器中很难脱颖而出。后来一些演奏家们吸收了中外弹拨乐器的演奏技巧，丰富了阮的弹奏技术，力求将阮从伴奏的领域逐渐提升到独奏的地位。冯满天参加《出彩中国人》，也是想通过节目让更多的观众认识这个乐器，从而引起大家对民族音乐的关注。

余音绕梁

《丝路驼铃》

《丝路驼铃》描述了一个骆驼商队在丝绸之路上行进的场景：夕阳西下，放眼望去，一望无垠的沙漠里留下一排排骆驼的脚印……商队的人马拖着疲惫的身躯，在强光的照射下，他们的身影越拉越长，只有骆驼身上的铃铛发出清脆的响声，打破了沙漠原有的宁静……用大阮的扫弦来模仿商队行进的速度，奠定了这个乐曲开始的基调。随着演奏者力度的加强，也展现出商队在长途的颠簸中，脚步越发沉重。慢板之后的一段快板类似于舞曲的风格，将人们舞蹈的场面和欢庆的场景体现得淋漓尽致，而阮的弹拨技巧也在这个段落得到了充分的发挥。乐曲采用新疆民歌作为创作的素材，并非中华民族音乐常用的五声调式，而是在整个编曲上加入了许多带有新疆风格特色的变化音，清新古朴的气质，拉开了丝绸之路的神秘面纱，带有西域风格的曲调使这个乐器充满异域风情。

推荐欣赏

1. 音乐《丝路驼铃》。
2. 音乐《闲云野鹤》。

第五节　箜篌——始用乐舞，益召歌儿

……于是塞南越，祷祠太一，后土，始用乐舞，益召歌儿，作二十五弦及箜篌琴瑟自此起。

——《史记·封禅书》

箜篌，一听这个名字，就仿佛是从历史中走来，相较而言，这是一件对大众来说比较陌生的小众乐器。它就像是隐世隔绝了多年的绝世高手，始终带着一份难以言说的神秘感。或许是应了那句"此曲只应天上有，人间哪得几回闻"的说法，因为罕见，所以显得弥足珍贵。

箜篌又名空侯、坎侯，是中国古代传统的弹弦乐器，起源于波斯，流行于汉唐时期，主要用于宫廷雅乐十部伎和乐舞伴奏。其音色通透清秀，飘荡摇曳，呈现出中国古代宫廷音乐的历史画面感，让听者在仙乐中描画出古代宫廷音乐的演奏场景，仿佛追随着美妙的乐音缥缈入天宫。那是一种至幻至美的听觉体验，更是其他乐器所不能企及的高级美。

箜篌在汉唐时期是皇家乐器，由于广泛运用于大型的宫廷音乐伴奏，因此演奏发展得极快、极高，深受帝王将相的青睐。唐代梨园乐工李凭擅弹此乐器，天子一日一召见，名气之高，远超于当时著名的歌手李龟年。诗人李贺曾在《李凭箜篌引》中写道："吴丝蜀桐张高秋，空白凝云颓不流。江娥啼竹素女愁，李凭中国弹箜篌。昆山玉碎凤凰叫，芙蓉泣露香兰笑。十二门前融冷光，二十三丝动紫皇。女娲炼石补天处，石破天惊逗秋雨。梦入坤山教神妪，老鱼跳波瘦蛟舞。吴质不眠倚桂树，露脚斜飞湿寒兔。"李贺多次运用象征和比喻的手法，展现出演奏者所创造出的音乐意境，生动地再现出李凭高超的演奏技巧，表现出作者极高的文学修养和天马行空的想象力，极具浪漫主义色彩。

古代箜篌从形制上分为竖箜篌（图4-7）、卧箜篌（图4-8）、凤首箜篌（图4-9）三种。竖箜篌是从远古时期狩猎者的弓箭演化过来的，它的出现伴随着人类文明的进程。凤首箜篌和竖箜篌外形相近，为凸显皇家富贵大气的气质，在琴头加了凤凰头的装饰。汉代时竖箜篌从波斯传入中国，与西方竖琴同宗，只是在叫法上不同，而竖琴在当代特指西洋竖琴。卧箜篌与古琴属同一起源，琴身面板上带品位，使用竹片拨奏或击奏，是汉族的传统乐器，被誉为"华夏正声"列入《清商乐》。卧箜篌曾在唐代传入朝鲜，后经过流传，改良成玄琴。

图4-7　竖箜篌

图4-8　卧箜篌

图4-9　凤首箜篌

箜篌之所以不被现代人所熟知，是因为宋代之后，俚俗的市民音乐成为文化主流，随着宫廷雅乐没落，演奏箜篌的人也越来越少。后来箜篌被古筝、古琴这些同类型的乐器所替代，最后失传于民间。后人只能从壁画和雕刻中看到箜篌的图案。

　　现代箜篌是结合了竖琴和古筝所制作出来的一种新型箜篌。改革后的箜篌是双面琴弦，西洋竖琴是单排琴弦，这是两者在外形上最直观的区别。从演奏技巧层面来看，箜篌是在竖琴演奏的基础上，糅合了古筝压弦颤音等常用技巧，使乐器灵动起来，带动韵味上的变化。双排弦的构造，左右手可轮番奏出旋律，还可一手旋律一手伴奏。两手还可同时奏出旋律，互不干涉，增强了和声和复调旋律的功能。现代箜篌在演奏技术上大量借鉴了古筝，但两者的区别在于，古筝属平弦类乐器，戴假指演奏，其音色醇厚，似静谧的荷塘淡雅含蓄；箜篌属竖弦类乐器，用手指演奏，其音色空灵，似泉水般清澈透亮。令人惊喜的是，演奏者运用古筝的演奏技巧时，箜篌就像是那种乐器的化身，将音乐符号都融入其中。

知识链接

"箜篌国手"崔君芝

　　崔君芝20世纪60年代在中国音乐学院学习乐器演奏，毕业后在歌舞剧院工作期间学习掌握了竖琴的演奏技巧。1979年她参加箜篌改制研究，致力于箜篌演奏技巧的钻研与创新。因失传多时，当时无人会弹奏箜篌，她只能用自己的音乐学识和乐器演奏经验，苦心研究，积极探索，从竖琴、古筝、琵琶等古乐器中汲取精华，琢磨演奏技巧。她在潜心钻研箜篌演奏技巧的过程中，曾翻阅大量古代的诗词歌赋，从中提炼出箜篌的文化底蕴和历史价值，汲取营养和创作的灵感，终于创造出现代箜篌的演奏技巧和方法，成为中国近代第一位女性箜篌演奏家，被誉为"箜篌国手"。目前崔君芝旅居海外，致力于箜篌的演奏、作品创作、教学和理论研究，代表作品有《清明上河图》《脸谱》《湘妃竹》等。美国密尔必达市为表彰崔君芝多年以来对中国传统文化的推广，将每年的11月1日作为"中国箜篌日"。这既是对崔君芝艺术生涯的肯定，也是对中华传统文化的认可。

余音绕梁

《湘妃竹》

　　《湘妃竹》是由世界首席箜篌演奏家崔君芝创作并演奏的。乐曲取材于琵琶套曲《塞上》中的《湘妃滴泪》。整首曲子如行云流水般淡雅柔曼，呈现出雨后天晴、洞庭湖畔湘妃竹曼妙起舞的优美意境，歌颂湘妃竹的高尚气节。箜篌独有的弹奏，犹如稠密的细雨从空中飘落，叮叮咚咚地敲打在湘妃竹的叶面上，顿音的节奏似微风吹过，竹叶轻轻摇曳将水珠散落一地，泛起层层涟漪，泛音偶然闪现，缥缈而通透……崔君芝用深厚的演奏功力，完美地驾驭了这件曾经失传的乐器，仿佛凤凰涅槃重生，让箜篌在现代的舞台上继续散发无穷的魅力。她的优美，不是绚烂夺目的云锦，更不是甜蜜的耳边私语，她不是豪华富丽的端庄之美，也不是气势恢宏的大气之美，她是一种薄雾笼罩下的朦胧之美，是月色溶溶或细雨绵绵的夜色之美。从听觉上，我们可以感受到大量的演奏技巧与古筝如出一辙，但却营造出非凡的意境与氛围，让人意犹未尽，沉醉其中。

第六节 箫——余音袅袅，不绝如缕

文人自古欣赏音乐讲究意境美，在聆听陶醉中边品边思，抑或诗兴大发，提笔挥毫。

提起箫，人们似乎总能将其与古琴联系在一起，可以说这两种乐器满足了中国文人在音乐中的艺术表达，文人笔下的箫大多温文尔雅，富有人的气韵和灵性。现代人喜欢箫，是被它独特的声音气质所吸引。无论是听箫曲还是亲自吹奏，都感到净化心灵，陶冶情操。

每种乐器都有它的产生与发展过程，箫也不例外。现存于浙江博物馆的距今近8000年的"骨哨"（也有称为"骨笛"）是一件非常珍贵的文物，它是箫的前身。聪慧的古代人取动物骨骼，抽掉骨髓，在空骨管上打两三个洞，就可以吹出几个音。我们想象他们在狩猎中靠"骨笛"发出特殊的声音作为暗号，排兵布阵等待猎物的到来。或者在结束一天的劳作之后手持"骨笛"吹出美妙的声音，欢快地围着篝火跳跃嬉戏。

一、排箫

唐代以前，箫为"排箫"（图4-10）。多个竹管并在一起可以吹出音节。《世本·作篇》中说："箫，舜所造。其形参差象凤翼。"这形象地描述了排箫的外形特点。舜乐《韶》可以说是中国古代用排箫主奏的最古老的宫廷乐舞了，让孔子听了"三月不知肉味"的便是此曲。著名的曾侯乙墓出土的战国时期的乐器中就包括两只排箫，这说明排箫在战国时期已相当受到重视。

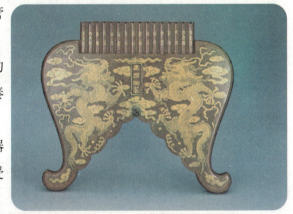

图4-10 清代红漆描金云龙纹排箫

当代排箫的制作材料种类繁多，以竹、木、陶瓷、玻璃居多，管数音域也各不同。从15管到20管、22管、25管等，管数越多，音域便越宽广。排箫只有吹孔，没有指孔，每孔一音，这样就造成了它音域的局限性。所以它和笛、口琴一样，也是分调的乐器，有C调、D调、E调、F调、G调排箫等。C调和G调的最为常用。

二、洞箫

有学者认为，羌笛、洞箫（图4-11）同源。东汉马融曾做了一篇《长笛赋》，其中记载了乐官丘仲所说的笛的来历："近世双笛从羌起，羌人伐竹未及已。龙鸣水中不见己，截竹吹之声相似。剡其上孔通洞之……故本四孔加以一。君明所加孔出后，是谓商声五音毕。"这里描述了羌笛背面多加一个音孔，与洞箫很相似。在笛箫的发展中，唐代之前一直都有命名不清的争议。我们来看当代洞箫，常见的有紫竹洞箫、九节箫、玉屏箫等。九节箫顾名思义身有九节；紫竹洞箫的管体较粗，声音也和体型一样浑厚洪亮；玉屏箫是当代最有名的洞箫，它产于贵州黔东的玉屏县，在明清两代都是进贡朝廷的贡品，素有"贡箫""箫中极品"的美誉。玉屏箫对得起这些赞誉，音色古美圆润，外形更是精美绝伦，管身外表涂以古铜色彩，雕刻出细腻而逼真的山水、花草和鸟兽等各种纹饰，诗、画、色和谐，工艺纤巧精致，

图 4-11　现代排箫

有较高的艺术欣赏和收藏价值。在当代经济发展中，更是享誉海内外。许多人愿意买来玉屏箫悬挂于厅堂之上进行装饰，营造古朴雅致的氛围。

　　G调的洞箫较为常见，筒音为d1，音域从d1—e3，大约有两个八度。洞箫没有笛的音区高，也不像笛显得高亢灵活。独奏时，气韵清晰沉缓，幽静深远。苏轼的《前赤壁赋》中有对箫声这样的描写："于是饮酒乐甚，扣舷而歌之。歌曰：'桂棹兮兰桨，击空明兮溯流光。渺渺兮予怀，望美人兮天一方。'客有吹洞箫者，倚歌而和之。其声呜呜然，如怨如慕，如泣如诉，余音袅袅，不绝如缕。舞幽壑之潜蛟，泣孤舟之嫠妇。"

　　在古代，洞箫除了独奏，也常与琴（古琴）合奏，二者交相呼应，意蕴甚为美好，仿佛两个文人在一起切磋诗文。除此之外，洞箫在江南丝竹、广东音乐等民间器乐合奏中也经常出现。

史事拾微

吹箫引凤

　　西汉刘向的《列仙传》中记载了这样一个故事。秦穆公的女儿，名叫弄玉，一副花容月貌，擅长吹笙。某日在阁楼上吹笙，其声悠扬，宛如凤鸣。月色朦胧之下，远处竟传来箫声，与笙和鸣，尾音袅袅不绝。从此弄玉茶饭不思，大概是得了相思病。秦穆公无奈，几经周折，打探到吹箫的原来是一个名叫萧史的青年俊才，自此，他与弄玉因笙箫结缘。忽有一日，二人正在皎洁的月光下合奏，天上突然明亮起来，如同白昼，一龙一凤应声下来，萧乘龙、玉乘凤，双双随龙凤驾云而去。

箫吹楚曲

　　公元前203年，正值楚汉相争。项羽被汉军包抄，在粮草短缺、进退两难之际，被迫签下"鸿沟合议"。当他打算引兵归东时，没料到刘邦毁约追击。项羽虽倍感受挫，但士兵各个勇猛善战，意志顽强。刘邦怕他杀出重围重归江东，便问张良有什么办法。于是张良就给出"箫吹楚曲，涣散军心"的计策。在鸡鸣山风口处，传来了箫吹奏的楚地小调，夜静月明，音韵凄楚，楚军听曲，悲由心生，不由地涕零想家。自此楚军军心涣散，营帐里呈溃败之象，项羽也自刎于江边，楚军大败。这个故事告诉我们音乐自古就承载了人们的喜怒哀乐，音乐带给人们的感受是超出音乐本身的。

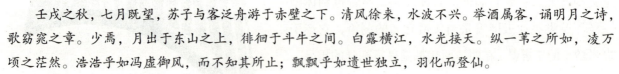

前赤壁赋

【北宋】苏轼

壬戌之秋，七月既望，苏子与客泛舟游于赤壁之下。清风徐来，水波不兴。举酒属客，诵明月之诗，歌窈窕之章。少焉，月出于东山之上，徘徊于斗牛之间。白露横江，水光接天。纵一苇之所如，凌万顷之茫然。浩浩乎如冯虚御风，而不知其所止；飘飘乎如遗世独立，羽化而登仙。

于是饮酒乐甚，扣舷而歌之。歌曰："桂棹兮兰桨，击空明兮溯流光。渺渺兮予怀，望美人兮天一方。"客有吹洞箫者，倚歌而和之。其声呜呜然，如怨如慕，如泣如诉；余音袅袅，不绝如缕。舞幽壑之潜蛟，泣孤舟之嫠妇。

苏子愀然，正襟危坐，而问客曰："何为其然也？"客曰："月明星稀，乌鹊南飞。"此非曹孟德之诗乎？西望夏口，东望武昌，山川相缪，郁乎苍苍，此非孟德之困于周郎者乎？方其破荆州，下江陵，顺流而东也，舳舻千里，旌旗蔽空，酾酒临江，横槊赋诗，固一世之雄也，而今安在哉？况吾与子渔樵于江渚之上，侣鱼虾而友麋鹿，驾一叶之扁舟，举匏尊以相属。寄蜉蝣于天地，渺沧海之一粟。哀吾生之须臾，羡长江之无穷。挟飞仙以遨游，抱明月而长终。知不可乎骤得，托遗响于悲风。"

苏子曰："客亦知夫水与月乎？逝者如斯，而未尝往也；盈虚者如彼，而卒莫消长也。盖将自其变者而观之，则天地曾不能以一瞬；自其不变者而观之，则物与我皆无尽也，而又何羡乎！且夫天地之间，物各有主，苟非吾之所有，虽一毫而莫取。惟江上之清风，与山间之明月，耳得之而为声，目遇之而成色，取之无禁，用之不竭。是造物者之无尽藏也，而吾与子之所共适。"客喜而笑，洗盏更酌。肴核既尽，杯盘狼藉。相与枕藉乎舟中，不知东方之既白。

《阳关三叠》

王鹤、李村版本的《阳关三叠》是琴箫合奏版，古琴与箫合奏是中国古代常见的乐器合奏形式。乐曲根据唐代王维的七言绝句《送元二使安西》谱写而成："渭城朝雨浥轻尘，客舍青青柳色新。劝君更尽一杯酒，西出阳关无故人。"乐曲分为三段，或者说三叠，有些像西洋乐中的"变奏曲式"，有一段主题鲜明的音乐作为基础，后边的乐段在这个乐段上经加花、变奏、延展等写作手法反复运用。第一段前半部分平稳叙述，乐句深谙中国人"中庸"的处世态度，宛若飘浮在半空中的一片羽毛，随风悠哉飞舞，继而缓缓落下。副歌部分的羽音大跳，将本段的高潮掀起，情绪也在此饱满了许多。最后，在深沉适度的感觉中结束一段。古琴的婆娑与箫气息的交织遥相呼应。第二段在第一段的基础上重复，但是情绪明显比前一段强烈了许多，箫的尾音多了下滑音，力度更强，聆听时完全被带入离别的气氛当中。第三段尾声和第一段前后呼应，整首曲子富有极强的画面感，从天清气朗，到洁净的道路，客舍前的青苔、新绿的柳枝，以及朋友间的离别之情，款款而来，神随音弛。

《清明上河图》

《清明上河图》是北宋著名画家张择端所作的风俗名画，描绘了北宋都城东京（今河南开封市）春季时市井的繁华景象。《清明上河图》曲便是取材于这幅名画，用音乐来表达画面情绪、描绘场景。

这首乐曲比较长，9分多钟，就像画卷一样，缓缓打开，娓娓道来。乐曲带我们梦回东京，都城繁华的街道有河穿城而过，两岸树木郁郁葱葱，店铺林立，人头攒动。有文人带着书童，有官绅贵人，有士兵，有农夫挑着扁担，赶牲口的，卖商品的，街上好不热闹！乐曲舒缓悠扬地描绘着这一切，听着听着，仿佛自己也在千年前的这条街上行走，走着走着，音乐变得急促起来，大跳的音型开始变多，而且节奏加快，还有断奏、打音等演奏技巧出现。这应该是走到了虹桥，一座朱色大拱桥呈现在我们面前，桥上依旧车水马龙，骑驴的，坐轿的，还有支起凉棚卖茶水的，吆喝声、牲口嘶嘶声、行人交谈声、哒哒的马蹄声，此起彼伏。

全曲三分之二处达到了最高潮，曲调开始变得高亢，像汴河湍急的水流。汴河里也甚为繁忙，运送货物的大船，几人出行的小船，熙熙攘攘。有两只船快碰撞到了一起，船夫吹胡子瞪眼，使劲摆弄着橹才避免了一次"撞车"。

画卷太美，乐曲快结束了，我们还沉浸在其中不能自拔。这样朗朗晴空，太平盛世，是百姓美好而真挚的向往，百业兴旺，生活富足。

第七节　编钟——铜金振春秋

编钟，是我国较为古老的打击乐器之一。它多用于宫廷宴会、祭祀等具有仪式性质的演奏中，寻常百姓家不易见到。

西周实施礼乐制度，由此一个礼乐机构应运而生——春官。春官中有大乐司、乐师、大师等乐管、乐工1400多人，分别负责音乐教育、传授乐艺、表演和其他与音乐相关的事务。在"春官"中，还有小师、磬师、种师、笙师、镈师等传授器乐技艺的教习者。春秋时期，不少学者开始兴办私学，其中孔子最负盛名，他按照周代的"六艺"（礼、乐、射、御、书、数）兴学课徒。孔子云：兴于《诗》，立于礼，成于乐。（《论语·泰伯篇》）乐舞在西周超越了艺术本身的功能，使用乐舞要分等级，有尊卑之别。通过这个形式，把统治者的思想、道德管制起来。《诗经·小雅》中"宾之初筵"一篇，就生动地记录了西周时期一场酣畅淋漓的宴饮。编钟的使用在这个时期象征着权利和等级地位，它是礼乐中器乐部分的重要组成部分。

青铜器时代之前我国出土有陶钟，大约商代以后就有铜钟了。青铜钟按一定的音列铸造，形状大小不一，排列悬于木梁上，用木槌敲打演奏，就形成编钟。商代的编钟为3、5枚一套；西周后期有8枚一套；东周后有9枚、13枚一套。按发出的音从五声音阶（宫商角徵羽）到六声音阶再到七声音阶。

最为著名的是1978年在湖北随州出土的战国时期曾侯乙编钟（图4-12）。它铸造精美，

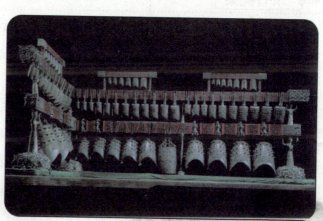

图4-12　曾侯乙编钟

是由 65 件大小不同的青铜编钟组成的庞大乐器，气势恢宏。每钟能发两音，其音域跨五个半八度，十二个半音齐备。这只比音域最宽的现代钢琴少了约一个八度。曾侯乙编钟充分展示出我国在战国时期精湛的青铜铸造技术，更说明了在当时我国已有精密的音律学，这在世界音乐史上被中外学者称之为"稀世珍宝"。曾侯乙编钟 65 件中包括甬钟、钮钟、镈钟三个类型。甬钟顶端有甬，就是柄；最上层的三组体积较小的是钮钟，钟面没有纹饰，但皆刻有与钟梁上音律相对应的铭文。中间最下方圆形的是一件镈钟，镈钟上有铭文，记述了此钟为楚惠王赠送的殉葬品。编钟都是扁圆形的，沈括在《梦溪笔谈》中说过"古乐钟皆扁，如合瓦。盖钟圆则声长，扁则声短。声短则节，声长则曲。节短处皆相乱，不成音律"。这口镈钟因是好友馈赠而属例外，圆形的钟多用于寺庙里，因为身体浑圆，发出的共鸣持久，但这不利于演奏，钟体扁了回响自然就变了，才能更好地演奏。

这套编钟出土后最大的惊喜是历经千年还能演奏，它能演奏出现代国际通用的 C 大调音阶及所有半音。出土至今共公开演奏过三次，其中 1978 年演奏过《东方红》《国际歌》；1984 年中华人民共和国成立 35 周年之际，编钟进京，为各国驻华大使演奏《春江花月夜》《楚殇》《欢乐颂》等中外名曲；1997 年为庆祝香港回归，作曲家谭盾创作出大型交响乐《交响曲 1997：天·地·人》，其中使用编钟进行配乐，这套编钟在国家的特批下再次敲响。

编钟出土以后，重新出现在一些民族乐团当中。武汉民族乐器厂也开始制造仿古编钟。湖北省歌舞剧院还成立了编钟国乐团，编演许多动听的编钟乐曲，多次代表国家出国访问，可以说编钟这件乐器也为我国的文化外交作出了一定的贡献。

经典诵读

《诗经·小雅·宾之初筵》

【先秦】佚名

宾之初筵，左右秩秩，笾豆有楚，殽核维旅。酒既和旨，饮酒孔偕，钟鼓既设，举酬逸逸。大侯既抗，弓矢斯张，射夫既同，献尔发功。发彼有的，以祈尔爵。籥舞笙鼓，乐既和奏，烝衎烈祖，以洽百礼。

余音绕梁

《楚商》

《楚商》是一首极具先秦楚地音乐风格的著名编钟曲。许多古装电视剧和电视节目在表现帝王宴饮时使用这首曲子作为配乐。

曲子一开始就听到古琴曲《离骚》的曲风，它采用了《离骚》的主题"商商羽羽"（rere lala）的旋律走向，其声音如同天籁，展现了先秦时期楚地的音乐特征。静静品味，乐曲把我们带入三秦旧事，六朝烟雨之中，柳絮飘飞，叙述着楚国的荣辱兴衰。曲子的编创，运用了和声、复调等现代作曲技法，结合编磬、笛、笙、埙、瑟进行配器，金石与丝竹之声相结合，大气端庄之余略感到一丝怅惘。乐曲结束时还余音缭绕，回味无穷。

《交响曲1997：天·地·人》与《颁奖音乐》

这两首曲子是作曲家谭盾先生将古老的编钟运用到当代交响作品中的代表之作。说它们是代表之作，不只是因为中西器乐交相辉映，还融合了当代作曲技法，更展现了复杂深邃的中国哲学理念。《交响曲1997：天·地·人》是在1997年香港回归祖国之际创作的。创作者将编钟、大提琴、童声合唱、管弦乐这几种音乐表现形式融为一体。特别要说的是该曲在首演时正是运用了国家特批的"曾侯乙编钟"。沉睡在地下两千多年的编钟再次展现在世人面前，在全世界的瞩目下铿锵奏鸣。大提琴家马友友也亲自操琴，激情演奏，童声合唱与管弦乐交相辉映，对话古今，宛如历史的见证者，叙述着中华民族的辉煌与沧桑，憧憬着中国美好的明天。

十一年后的2008年，我国在举世瞩目中举办了北京奥运会。这首《颁奖音乐》是奥运会上为各国体育健儿颁奖时所播放的音乐。音乐采用了"曾侯乙编钟"的录音资料，与交响乐和中国民歌《茉莉花》的旋律相结合，充满了时空交错的意味。除此之外，还有新制作的100多件编磬参与演奏，给编钟助威，增添光彩。这首曲子"金声玉振"的效果与奖牌"金玉良缘"的设计相吻合，它们是中国精神文化的象征。颁奖音乐每每想起时，中国便向全世界传达着和谐、共存的理念。

日积月累

填空题

1. 古琴在历史上有_____、_____、声乐伴奏等形式。

2. 古琴著名琴曲有《高山》《流水》_____、_____等。

3. 司马迁的《_____》中记载"夫击瓮叩缶，弹筝搏髀，而歌呼呜呜，快耳目者，真秦之声也"。

4. 古筝在演奏时以左手按弦，右手弹奏为主。右手有_____、_____、_____、摇等技巧，左手有按音、滑音、扣弦等常用技法。

5. 琵琶在_____时期飞速发展达到高峰，在演奏技法及制作构造上都得到较大突破。

6. 当代琵琶经过历朝历代的发展统一了形制，由_____、_____、_____三部分构成。

7. 有"竹林七贤"之美誉的是_____、_____、_____、_____。

8. 在阮家族中有大阮、_____、_____和_____，它们分别在乐队弹拨组的低、中、高声部中发挥着各自的作用。

9. 古代箜篌从形制上分为_____、_____、_____三种。

10. 当代排箫的制作材料种类繁多，以_____、_____、_____、玻璃居多。

11. 1978年在湖北随州出土的战国时期曾侯乙编钟，是由_____件大小不同的青铜编钟组成的庞大乐器。

12. 曾侯乙编钟包括_____、_____、_____三个类型。

思考与体验

1. 列举你知道的中国乐器，并说出它们的特点。
2. 用自己擅长的乐器进行演奏。

实践任务

一、任务描述

为了更加深入地了解中国传统乐器的发展过程，增强学生对中国传统乐器的了解，全班同学分组开展"看图说史"活动。每个小组通过书籍或者网络收集关于中国传统乐器的相关资料，结合资料选择一些具有代表性的图片或视频做成PPT。通过PPT讲解中国传统乐器的发展过程，并分析各时期传统乐器的特点及代表曲目。（讲解时间最好不要超过10分钟。）

二、任务实施

（1）全班同学分成若干组，每组5～6人，并选出一名小组组长。

（2）小组组长分配成员完成收集资料、选择代表性图片或视频、制作PPT、讲解汇报等任务。具体执行过程可填写在下方空白处。

（3）将本次活动中遇到的问题、得到的经验等填写在下方空白处。

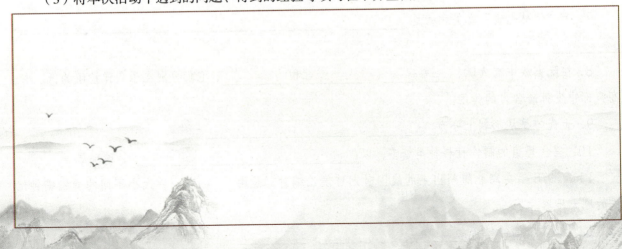

任务评价

各组员根据本章的学习情况及活动情况，完成下面的任务评价。

姓名：_____ 组号：_____ 指导教师：_____

评价项目	评价内容	分值／分	教师评分／分
知识（40%）	了解中国传统乐器的发展过程	10	
	熟悉中国传统乐器的基本构造	10	
	了解中国传统乐器的演奏方式	10	
	了解中国传统乐器的代表曲目	10	
技能（40%）	PPT 版面精美、简洁	**10**	
	内容选取合理、全面	20	
	讲解流畅，有条理	10	
素养（20%）	**具有团队精神**	5	
	准备充分，积极、认真参加活动	5	
	认真学习，按时完成学习、活动任务	5	
	具备独立分析问题、解决问题的能力	5	
自我评价			
教师评价			

第五章　中国古代乐舞

　　晋国上大夫俞伯牙精通琴艺，一天他来到泰山脚下，正遇到大雨，于是躲到一个山崖下，而那里正有一个打柴的樵夫，名叫钟子期。伯牙为了消磨时间，便拿出他的琴来演奏。他看到巍峨的泰山，心里不自觉地在琴音中表现了泰山的高峻，这时子期就说："巍巍乎若泰山！"感叹音乐所表达的内容。伯牙听了就很惊奇，于是又在音乐中表现浩浩荡荡的流水，这时子期又说："洋洋乎若流水！"伯牙不管换什么样的曲子，樵夫钟子期都能准确地说出他演奏的内容。伯牙非常感叹，以钟子期为自己的知音，两人成了好朋友。

　　后来钟子期死了，俞伯牙觉得世上再也没有人懂他的琴音，就把琴摔碎了。后人对此非常感叹，并据此创作了《高山流水》，以表达意境恬淡高邈的知音之情。

　　乐舞是人类历史上最古老的艺术之一，且被称为"艺术之母"，在中国古代原始社会中，最早的乐舞往往是歌、舞、乐三者合为一体。在中国漫漫的历史长河中，乐舞实际上是一种实用性很强的艺术形式。人们往往通过乐舞形式来表达自己对生活的美好祈愿以及祝福，人们既将乐舞用于巫术礼仪，又将乐舞用于伦理教化，而且还将乐舞用来娱乐和享受。

第一节　古代音乐

一、中国古代音乐的起源和发展

（一）远古、夏、商时期的音乐

音乐艺术

　　中国是人类的发源地之一，我们的祖先们在神州大地上繁衍生息，大约有170万年的历史，创造了辉煌的中华文明。同时，我国也是世界上音乐文化发展最早的国家之一，音乐文化可考历史可上溯到新石器时代。当原始人类开始制造工具和进行集体劳动的时候，音乐就在劳动节奏和劳动呼声中萌芽了。古代文献中关于远古音乐的记载大致可以分为两类：一类是以姓氏为名的古乐，如朱襄氏之乐、阴康氏之乐、葛天氏之乐、伊耆氏之乐等；另一类是被尊为古代帝王的黄帝、颛顼、帝喾、尧、舜等时代的古乐。

原始音乐的形式是歌、舞、乐三位一体的乐舞，其中，歌唱和舞蹈有着重要的地位。当时最受尊崇的是奴隶主贵族的祭祀乐舞和宫廷乐，内容多歌颂统治者祖先的功德。从原始社会至夏、商时期，具有代表性的大型乐舞有黄帝的《云门》、尧的《咸池》、舜的《韶》、夏的《大夏》以及商的《大濩》《桑林》等。

（二）周代的音乐

周朝统治阶级非常重视礼乐的教化作用，开始"制礼作乐"，并设立了由大司乐总管的音乐机构，"乐"成为"六艺"之一。教学的课程主要有乐德、乐语、乐舞。乐德是"中和、祇庸、孝友"等伦理道德观念，乐语是"兴道、讽诵、言语"等礼教行为规范，乐舞则包括大舞、小舞等音乐理论，音乐诗篇的唱诵，舞蹈以及前代乐舞的表演。

周代除了宫廷乐舞以外，还有用于重要典礼的大典乐歌（如颂、雅）以及后妃们在内宫侍宴时唱的房中乐（不用钟、磬，只用琴、瑟伴奏），另外还有各地民歌。这表明音乐已经从原始的乐舞中分化了出来。周代宫廷中还有秦、楚、吴、越等地的音乐表演，说明当时各地之间的歌舞有了一定的交流。

周代诸侯国的音乐也非常发达，在河南新郑和湖北随州等地出土的编钟可以代表当时的音乐水平。编钟是大型打击乐器，兴起于西周，盛行于春秋战国直至秦汉。编钟用青铜铸成，常常3枚、9枚或13枚等编为一组，由大小不同的扁圆钟按照音调高低的次序排列起来，悬挂在巨大的钟架上，用丁字形的木槌和长形的棒分别敲打铜钟，能发出不同的乐音。编钟音乐性能完好，音色优美，音域宽广，从最低音到最高音，能够演奏古今中外各种美妙的乐曲。编钟上面刻有铭文或图案。

周代是中国音乐文化发展的重要阶段，当时的一系列成就还从理论上奠定了我国古代乐律学的基础。

（三）秦汉的音乐

秦朝曾经设有专门管理音乐的官署——乐府。汉代扩大了乐府的机构和职能。在汉武帝时期，乐府开始兴旺发达，当时统治阶级非常重视民间俗乐，让乐府四处收集各地民歌，兼收并蓄西域、北狄等边远民族的音乐，引进百戏（各种杂耍技艺）。在广泛收集各地民歌的基础上，宫廷音乐家、文学家进行整理、加工、改编，以供宫中祭祀、宴乐之用。汉乐府的建立，对我国汉族民间音乐的收集整理以及促进汉族和其他少数民族人民之间的文化交流和融合起到了积极的作用。

（四）三国两晋南北朝的音乐

三国两晋南北朝时期，外族、外域的音乐文化同中原音乐文化产生了广泛交流，在音乐史上成为一个承前启后的重要时期，也是南北方各民族音乐文化大融合的一个时期。其中清商乐是对秦汉传统音乐的继承，曹魏政权开始设立清商署，实际上是乐府变体。东晋时，中原音乐与南方音乐互相交流，使清商乐成为包括前朝传下来的相和歌、鼓吹曲以及江南吴歌、荆楚西声的总称，是当时南方乐府民歌的代表。北朝民歌题材远比南方民歌广泛，为北方的羌、鲜卑及汉族人所创作。

（五）隋唐的音乐

隋唐时南北重新统一，人民安居乐业。政治的统一，经济的发展，为隋唐时期音乐文化的繁荣发展创造了有利条件及社会基础。唐代统治者在文化上较为开明，广泛吸收外来音乐，兼容并蓄，使音乐发展达到了高峰。诗歌被纳入演唱的著名歌曲中，文学与音乐融合起来。有的作为民歌在民间长期流传，有的被琴家吸收，以琴歌形式保存下来。

隋唐宫廷燕乐集中地反映了当对音乐文化的最高成就，它来源于对汉族传统音乐的不断积累和汉魏以来其他少数民族音乐的大规模输入，实质上是我国封建社会音乐文化的精华在长期积淀的基础上，在一定的政治、经济条件下的必然产物。隋唐燕乐是汇集在宫廷里的俗乐的总称，包括汉族的和少数民族的、中国的和外国的音乐。燕乐包括各种声乐、器乐、舞蹈乃至散乐百戏之类的体裁和样式，主体是歌舞音乐。歌舞音乐中，大曲（多段的大型歌舞曲，包括法曲）又居于重要的地位，在唐代燕乐中具有突出的艺术成就。燕乐使用的主要乐器有琵琶、箜篌、筚篥、笙、笛、羯鼓、方响等。

（六）宋代的音乐

宋代都市经济逐渐繁荣，市民阶层日益扩大。社会音乐活动的重心从宫廷走向世俗，出现了市民音乐活动场所"瓦舍""勾栏"等。适合市民和文人趣味的词调音乐、说唱音乐、百戏、歌舞音乐、戏剧音乐等得到了迅速发展。戏曲、曲艺和其他民间音乐艺术的流行，在百姓中产生了广泛的影响。宋代在科学技术上的重大成就，对当时音乐文化的发展起了巨大的推动作用。宋代同样是音乐与文学交融的重要阶段，是词体歌曲创作的黄金时代。

（七）元明清的音乐

元明清时期，随着手工业和商品经济的突出发展，市民音乐逐渐成为音乐艺术的主要成分。自娱性的民歌小曲、民间歌舞音乐以及带有商业性质的说唱、戏曲音乐，都获得了前所未有的艺术成就。文人提高了对民间文艺的认识，收集民歌的风气逐渐形成。

明清的民间歌舞十分丰富，汉族的民间歌舞较为普遍的就有秧歌、花鼓、采茶、花灯、打连响、跑旱船、竹马灯等，少数民族的民间歌舞中则有维吾尔族的木卡姆、藏族的锅庄和囊玛、苗族的跳月、侗族的玩山等繁多的种类。

元明清时期，音乐科学的重大成就是十二平均律的发明。明代杰出的音乐理论家朱载堉，经过几十年的刻苦钻研以及大量的科学实验和精密计算，创造了"新法密率"，即十二平均律，彻底解决了千百年来旧的三分损益律和旋宫转调的创作要求之间的矛盾，为音乐艺术和音乐科学的发展作出了不可磨灭的贡献。

二、中国古代乐理

（一）基本概念

1. 中国传统音乐

这个概念是 19 世纪末逐渐形成的，也就是近现代才出现的。1840 年之前的中国音乐及 1840 年之后运用传统作曲方式所作的符合传统音乐特征的音乐，例如《二泉映月》虽然在 20 世纪才产生但是仍然属于传统音乐。

2. 基音

物体作整体运动时产生的声音；泛音：物体局部震动产生的声音。

3. 声、音、律

（1）声：个体。"宫商角徵羽，杂比曰音，单出曰声。"（《史记·乐书·集解》）

（2）音：数个"声"的组合，集体。意义接近于今"曲调"。

（3）律：衡量音高的标准。

4. 音阶

声组成音，音按照高低顺序呈阶梯状排列起来，就是音阶。

5. 宫商角（jué）徵（zhǐ）羽

声名，相当于 1 2 3 5 6。

6. 传统乐理中声的分组

由低到高依次是：溍（qì）音——太声（/下声）——中声——少声——少反（/反声），依次可以产生：溍宫、溍商、溍角、溍徵、溍羽、太宫、太商、太角、太徵、太羽。

（二）声

1. 概念

主要指单个的乐音。

2. 五声

（1）涵义：又称"正声"，代表相对音高（对应 do re mi sol la，CDEGA）。

（2）起源：根据《管子》记载，是原始时期人类因动物的不同音色，所引起的听觉印象，然后采用"宫""商"等字作"音名"，以区别声音的高低，并衍生出了算法。

（3）音程关系

音程：音（传统乐理中的声）与音之间的距离。

级数：音程在五线谱上所包含的线与间的数目，用"度"来表示。五线谱的每一线或每一间就叫一度。

音数：音程中所包含的全音或半音的数量。

（4）音高算法——三分损益法

三分损益法：用改变律管的长度来改变其振动频率，以产生不同的音（短则音高，长则音低）。

"三分损一"：将原有长度作 3 等分，减去其中 1 分，也就是原长度的三分之二。

"三分益一"：将原有长度作 3 等分，增加长度 1 分，也就是原长度的三分之四。

根据《管子》《史记》记载，用"律管"的长度来确定音高，定"宫"的长度是 81 单位，宫三分益一得徵，徵损一得商，商益一得羽，羽损一得角。

（5）文化内涵

五声和五行、五脏等都有对应关系，超出乐律范畴，略。

3. 七声（或七律）

（1）含义：五正声＋两变声（变声：五正声之外的声的统称）。

（2）内容：有两种说法，一说为"变宫""变徵"两声。

（3）算法：变宫："角"三分益一；变徵：变宫三分损一。

（三）音与音阶

1. 概念

声构成音，音按照高低顺序排列起来构成音阶。

2. 五声音阶

由五正声构成的五声音阶通常指"宫商角徵羽"，又成无半音五声音阶。另还有两种包含半音的五声音阶，多出现在少数民族民歌当中。

3. 七声音阶

（1）概念：传统乐学理论中常用"七律""七音"来表示七声音阶的概念。由相邻的七个声排列起来构成。

（2）七声音阶中影响最大、最常用的分为三类：

①正声音阶（雅乐音阶／古音阶，古称"正声调"）——五正声＋变徵变宫，常应用在地方戏曲中，入河南梆子、京剧"二黄"。

②下徵音阶（清乐音阶／新音阶，古称"下徵调"）——五正声＋清角变宫，在七声音阶中应用最为广泛，所以不要以为我们传统音乐没有 4 和 7，在古琴曲中也有应用，例如《忆故人》。

③清商音阶（燕乐音阶／俗乐音阶）——五正声＋清角清羽，在西北地区传统音乐中常用，琴曲中暂时没有找到例子。

（3）七声音阶的省略形式

在传统七声音阶中五声处于主干地位，而"二变"中的四声却可以省略其中"一变"，其形式仅有"六声"，却应视作七声音阶，在地方民歌中也是较为常见的现象。

（四）律

1. 概念

律在传统乐律学当中代表了"音高"的概念。

2. 十二律——正律

（1）起源：传说产生于黄帝时代，至晚产生于先周时期，十二律名最早见于《国语·周语下》，周景王二十三年（公元前 522 年）。

（2）概念：简单地说就是将一个八度划分出的音高不同的十二个声。这十二个声代表的是"绝对音高"。

（3）十二律名：黄钟、大吕、太簇、夹（jiā）钟、姑洗（xiǎn）、仲（zhòng）吕（或中吕）、蕤（ruí）宾、林钟、夷则、南吕、无射（yì）、应（yìng）钟。

十二律吕又分为六律、六吕：

六律（属阳，十二律吕中的单数）：黄钟、太簇、姑洗、蕤宾、夷则、无射；

六吕（属阴，十二律吕中的双数）：大吕、夹钟、仲吕、林钟、南吕、应钟。

3. 变律

正律派生出的其他各律。

在中国传统律学中，有许多超过十二律的律制。例如先秦钟律、京房六十律、蔡元定十八律、清代十四律等，甚至有多达好几百律的。为什么会产生这么多变律？与上面提到的十二律的"死穴"有关。十二律不能实现黄钟律的复生，所以历史上各种律制的重大创造都以黄钟律的复生为其追求目标。

4. 律位

生律序列超过十二个数的律制，凡变律与正律音高相近，在乐学应用中处理宫调关系时可以互相代替使用，称为同一"律位"。这种现象称之为"同位异律"，类似于西方乐理中的"等音"。后来，中国古代音阶发展到7个，即宫、商、角、清角（比角高半音）、徵、羽和变宫（比宫音低半音，也叫闰），分别相当于现代简谱中的1、2、3、4、5、6、7，叫做七声或七律。

第二节　古代舞蹈

一、上古时期的舞蹈

（一）早期的舞蹈

远古时期，诗、乐、舞浑然一体，经历了漫长的发展历程，才各自独立形成。中国原始舞蹈的主要形式跟狩猎、劳动的舞蹈有关。在原始社会，人们崇拜图腾和迷信鬼神，便逐渐产生了沟通人与神之间的"巫"。传说伏羲有乐舞《凤来》，唱《网罟》之歌，反映伏羲氏发明网罟、教百姓捕捉鸟兽的业绩；女娲有乐舞《充乐》，反映女娲制定婚配、教百姓嫁娶的业绩；炎帝有乐舞《扶犁》，唱《丰年》之歌，反映炎帝教百姓播种五谷、发明农业的功绩；黄帝以云为图腾，《云门》是黄帝氏族的图腾舞蹈。远古的乐舞，展现了古代人民改造自然的斗争生活，反映了原始宗教的祈求幻想和巫术礼仪。

（二）周代的舞蹈

周代的统治阶级已经充分地认识到乐舞的政治教化作用，制定出礼乐制度。统治阶级整理了前代遗存的乐舞，包括黄帝的乐舞《云门》、唐尧的乐舞《大咸》、虞舜的乐舞《大韶》、夏禹的乐舞《大夏》、商汤的乐舞《大濩》及周武王的乐舞《大武》，总称为六代舞，用于祭祀。朝廷还设立了大司乐管理乐舞机构，贵族子弟要接受严格的六艺（礼、乐、射、御、书、数）教育。

在举行大祭时，大司乐率领贵族子弟跳六代舞。不同的场合演奏不同的乐舞。西周的礼乐制度是奴隶社会政治文明的重大创造，集周以前古代舞蹈之大成。

春秋战国时期，周王室日益衰落，诸侯争做霸主，礼乐制度已经无法维持，巫舞和民俗祭祀舞蹈仍在流行。

（三）秦汉的舞蹈

秦汉时期，民间俗舞有了显著的发展。秦代已经有了乐府，汉代初年俗乐舞用于宫廷祭祀。汉武帝扩大了乐府机构，大力采集民间乐舞。为了政治上的需要，还演出大角抵招待外国宾客。角抵年年增变，内容日趋丰富，因而又称为百戏。舞蹈在百戏中的比重很大。

汉代乐舞融合众技，兼收并蓄，受杂技、幻术、角抵、俳优的影响，向高难度发展，丰富了传情达意的手段，扩大了舞蹈的表现力。汉代不仅注重舞蹈形式的提高，而且讲求以外在的舞容表现内在的诗意，对舞蹈的意境有所追求，歌舞戏开始出现。

汉代各少数民族乐舞齐集洛阳，表演盛况空前。汉画像石上有胡人表演杂技、幻术和鼓舞的形象。中原舞蹈的优美典雅和西域舞蹈的热烈奔放相交融，形成了新的舞蹈特征。

二、中古时期的舞蹈

（一）三国两晋南北朝的舞蹈

三国两晋南北朝时期，汉族与各少数民族融合的趋势进一步加强，各民族乐舞也继续不断地交流融合。

汉族与各少数民族乐舞的融合，或者是以汉族乐舞为主体，在此基础上添加少数民族乐舞成分，或者是以少数民族乐舞为主体，在此基础上添加汉族乐舞成分。

西晋丧乱，关中人士纷纷避难凉州，带去了汉魏传统乐舞。西域乐与传于凉州的中原旧乐相结合，产生了新型乐舞，如《西凉乐》等。

（二）隋唐的舞蹈

唐代乐舞机构有太常寺、教坊、梨园、宜春院等，集中了大量技艺高超的乐舞伎人，重视舞蹈技巧的培养和训练；唐代继承了隋朝大一统的成果，既有南朝的清商乐舞，又有北朝的西凉、龟兹、高丽、天竺、康国、安国、疏勒等东、西方乐舞，特别是接受了西域各族乐舞的影响，旧乐新声交融，促进了唐代乐舞的发展。

唐代乐舞以规模宏大的三大舞——《破阵乐》《庆善乐》《上元乐》为代表，有的气势雄伟，有的安徐娴雅，有的充满幻想色彩。三大舞是唐代史诗型舞蹈的创造。

小型娱乐性舞蹈中，健舞和软舞艺术风格独特：健舞以《剑器》《柘枝》《胡旋》《胡腾》为代表，软舞以《绿腰》《凉州》《春莺啭》《乌夜啼》为代表。

代表唐代乐舞艺术高峰的是歌舞大曲。唐代大曲是集纵向的继承和横向的借鉴二者之大成。大曲形式在唐代受了西域乐舞的影响，变得更加丰富完美，节奏复杂，曲调丰富，结构严密，具有大型歌舞的高级形式。大曲中有一部分名为法曲，富于优雅情调；法曲中的《霓裳羽衣》被誉为唐代舞蹈之冠（图5-1）。

图5-1 《霓裳羽衣舞》

（三）宋代的舞蹈

宋代舞蹈主要有三类：宫廷队舞、民间队舞和百戏中的舞蹈。宋代有小儿队舞和女弟子队舞，宫廷队舞和大曲中增加了戏剧因素，出现了角色分类、表演，大曲也增加了故事性。

宋代的民间舞蹈十分兴盛，每逢新年、元宵灯节、清明节等节日，民间舞队都非常活跃。

宋代百戏中的舞蹈，在军旅中常有演出。军士化装成假面披发的神鬼、判官等，在烟火弥漫与鼓乐齐鸣、爆竹喝喊声中，表演《抱锣》《硬鬼》《舞判》《哑杂剧》《七圣刀》《歇帐》《抹跄》等，表演者从一两个人到百余人，或戴面具，或用青、绿、黄、白等颜色涂面，金睛异服，两两格斗击刺，摆阵对垒。

北宋春秋圣节三大宴的娱乐节目中，百戏、队舞、杂剧常常相间演出，它们长期并行发展，互相影响，互相吸收。中国戏曲中包含的载歌载舞、武术杂技等种种要素，与中国古代的歌舞大曲、参军戏、歌舞戏等一脉相承。唐代的《柘枝舞》流传到宋代还盛行不衰。宋代的《柘枝舞》与中原的大曲歌舞形式相融合，改变了胡舞的原貌，发展成一种新的民族舞蹈形式。

推荐欣赏

在互联网上观看视频《霓裳羽衣舞》。

三、近古时期的舞蹈

（一）元代的舞蹈

元杂剧中的唱、云、科是艺术表演手段。科主要是做工，包括表情、舞蹈和武功，其中的舞蹈有插入性的。武功技巧也包含许多舞蹈因素，如各种器械舞、对打、翻跟头、扑旗踏跷等。另有一些剧是一种队形舞蹈。元杂剧中其他做工，逐渐演变为程式化的舞蹈动作，用来表现人物情态。元朝最著名的赞佛舞蹈，是元顺帝时创制的《十六天魔舞》，名为赞佛，实为娱人，只准在宫中演出。

（二）明清的舞蹈

明清时期的舞蹈大致可以分为三类：宫廷队舞、戏曲舞蹈和民间舞蹈。

明代宫廷舞多用于各种场合的宴会。清代宫廷宴乐队舞的总名为《庆隆舞》，其中包括介胄骑射的《扬烈舞》和大臣对舞的《喜起舞》。舞的内容含有寓意。

明清的戏曲舞蹈，是戏曲中的重要组成部分，大致可以分为五类：插入性的舞蹈，程式化的舞蹈段子，程式化的舞蹈动作（如水袖功、翎子功、甩发功、髯口功、扇子功、手绢功、长绸功等），刀枪把子，跟头。戏曲舞蹈是在中国古代舞蹈的基础上，根据剧情和人物需要发展而形成的，它不仅具有中国古典舞蹈的特色，并且保存了中国古代舞蹈的精粹。

中国是个多民族的国家，各民族的生活习俗、历史、宗教信仰、文化和风俗不同，产生了丰富多彩的民族民间舞。各民族民间舞蹈绝大多数在明清时期已经定型成熟。

一、填空题

1．原始音乐的形式是＿＿＿＿＿＿、＿＿＿＿＿＿、＿＿＿＿＿＿三位一体的乐舞，从原始社会至夏、商时期，具有代表性的大型乐舞有黄帝的《云门》、尧的＿＿＿＿＿＿、舜的《韶》、夏的＿＿＿＿＿＿以及商的＿＿＿＿＿＿《桑林》等。

2．西汉时期，对我国汉族民间音乐的收集整理以及促进汉族和其他少数民族人民之间的文化交流和融合起到了积极的作用的音乐机构是＿＿＿＿＿＿。

3．我国古代的五声音阶分别为＿＿＿＿＿＿、＿＿＿＿＿＿、＿＿＿＿＿＿、＿＿＿＿＿＿、＿＿＿＿＿＿。

4．周代时期的"六代舞"分别为＿＿＿＿＿＿、＿＿＿＿＿＿、＿＿＿＿＿＿、＿＿＿＿＿＿、＿＿＿＿＿＿、＿＿＿＿＿＿。

5．宋代舞蹈主要有三类：＿＿＿＿＿＿、＿＿＿＿＿＿、＿＿＿＿＿＿。

6．清代宫廷宴乐队舞的总名为＿＿＿＿＿＿，其中包括介胄骑射的＿＿＿＿＿＿和大臣对舞的＿＿＿＿＿＿，舞的内容含有寓意。

7．宋金时代，城市中出现了＿＿＿＿＿＿、＿＿＿＿＿＿等公共的演出场所，成为各类表演艺术的大众化舞台。

二、单项选择题

1．五声音阶的音高是根据下列哪种乐律法制定的？（　　　）

A．三分损益法　　　　B．五度相生法　　　　C．六十律　　　　D．旋宫法

2．法曲中被誉为唐代舞蹈之冠的是（　　　）。

A．《庆善乐》　　　　B．《霓裳羽衣舞》　　　　C．《柘枝舞》　　　　D．《扬烈舞》

3．唐玄宗时，宫廷中设立有教演艺人的专门场所，称作（　　　）。

A．梨园　　　　B．瓦舍　　　　C．教坊　　　　D．勾栏

4．元朝元顺帝时创制的最著名的《十六天魔舞》属于（　　　）。

A．歌舞大曲　　　　B．百戏　　　　C．六代舞　　　　D．赞佛舞

5．明清的民间歌舞十分丰富，下列少数民族的民间歌舞中属于维吾尔族的是（　　　）。

A．《十二木卡姆》　　　　B．《锅庄》　　　　C．《跳月》　　　　D．《玩山》

思考与体验

1．谈一谈七声音阶中有哪几类，并分别列举具有代表性的音乐类型。

2．为大家展示一段你最擅长的舞蹈。

实践任务

一、任务描述

为了更加深入地了解中国古代乐舞的兴起与发展，增强对传统舞蹈文化的认同，全班同学分组开展"看图说史"活动。每个小组通过书籍或者网络收集关于中国古代乐舞的相关资料，结合资料选择一些具有代表性的图片或视频做成PPT。通过PPT讲解中国古代乐舞的发展过程，并分析各时期的乐舞特点。（讲解时间最好不要超过10分钟。）

二、任务实施

（1）全班同学分成若干组，每组5～6人，并选出一名小组组长。

（2）小组组长分配成员完成收集资料、选择代表性图片或视频、制作PPT、讲解汇报等任务。具体执行过程可填写在下方空白处。

（3）将本次活动中遇到的问题、得到的经验等填写在下方空白处。

任务评价

各组员根据本章的学习情况及活动情况，完成下面的任务评价。

姓名：_____　　　　　组号：_____　　　　　指导教师：_____

评价项目	评价内容	分值／分	教师评分／分
知识（40%）	了解中国古代各时期音乐舞蹈的兴起与发展状况	10	
	了解中国古代乐理知识	10	
	掌握中国古代乐舞的基本类型	10	
	掌握中国古代乐舞的基本特征	10	
技能（40%）	PPT 版面精美、简洁	10	
	内容选取合理、全面	20	
	讲解流畅，有条理	10	
素养（20%）	具有团队精神	5	
	准备充分，积极、认真参加活动	5	
	认真学习，按时完成学习、活动任务	5	
	具备独立分析问题、解决问题的能力	5	
自我评价			
教师评价			

第六章　中国传统曲艺和戏曲

1. 了解传统曲艺的发展。
2. 了解古代戏曲的发展历程。
3. 熟悉古代主要戏曲剧种及表现形式。

思政目标

让学生领悟中华民族传统文化价值，激发学生热爱学习、传承文化的热情，树立高度的文化自信，成为中华传统文化自觉的传承者和享用者。

情景导入

汤显祖写《牡丹亭》入了迷，饭不吃，觉不睡。有一次，汤夫人问他饿不饿？他说："我整天都同杜丽娘、柳梦梅、春香打交道，哪里还觉得饿！"

一天中午给他送饭，书房里竟空无一人，急忙派人四处寻找，也毫无影踪，后来忽然发现柴房里隐隐传来痛哭声，夫人进去一看，正是他掩面悲恸。原来《牡丹亭》写到《忆女》一场，春香陪老夫人到后花园祭奠死去三年的杜丽娘，悲从中来，低头看见自己身上的罗裙，恰是丽娘生前穿过的，物在人亡，忍不住失声痛哭起来。他说："我正写到，'赏春香还你旧尼裙'一句，好像自己成了春香，睹物思人，情发于中，忍不住就哭出声来了！"汤夫人把他从柴堆上拉起来，又是埋怨又是关切地说："快回去吃饭，你这个人呢，就是不知道爱惜自己。"直到这时，他才发觉肚子咕咕作响了。

由于汤显祖全身心地投入创作活动，使《牡丹亭》一问世就轰动了当时的文坛，家传户诵，搬上舞台后更受到广大观众的热烈欢迎。

曲艺和戏曲是我国传统文化中的瑰宝，有着悠久的发展历史，是人民群众喜闻乐见的艺术形式，二者彼此汲取营养，有着千丝万缕的联系。曲艺和戏曲虽然联系紧密，但却是两种不同的艺术形式，在很多方面都有不同之处。曲艺是说唱艺术的总称，包括弹词、大鼓、琴书、道情、评话、相声、快板等；而戏曲则是中国传统的戏剧形式，是一门综合类艺术，以歌唱、舞蹈为主要表演手段，包括昆曲、京剧和各种地方戏等。

第一节 中国传统曲艺

一、曲艺艺术发展概述

曲艺历史悠久，古时民间的传说、宫廷中俳优（专为宫廷演出的民间艺术能手）的弹唱歌舞、滑稽表演，都含有曲艺的艺术因素。1957 年击鼓说唱俑出土于四川成都天回山东汉崖墓，俑通高 56 厘米，以泥质灰陶制成，俑身上的原有彩绘现已脱落。陶俑蹲坐在地面上，右腿扬起，左臂下挟有一圆形扁鼓，右手执鼓槌作敲击状。俑人嘴部张开，开怀大笑，仿佛正进行到说唱表演的精彩之处。人物面部的幽默表情被刻画得极为生动传神，使观者产生极大的共鸣（图6-1）。

唐朝时期，随着佛教的传播，僧侣将佛经译成文雅的经文，为向人们进行宣讲，又把经文和其中的动人故事编成通俗文字加以演唱，先用说白（散文）叙述事实，然后用歌唱（韵文）加以铺陈渲染，这种演唱佛经的形式，称为"俗讲"，即通俗讲经之意。俗讲是唐朝说唱艺术的一种，随着俗讲和民间曲调的流行，说话技艺、歌唱技艺逐渐兴盛起来。自此，曲艺作为一种独立的艺术形式开始形成。

宋朝时期，由于商品经济的发展、城市的繁荣、市民阶层的壮大，说唱表演有了专门的场所，也有了职业艺人，说话技艺以及鼓子词、诸宫调等演唱形式极其昌盛。明、清两朝到民国初年，城市数量猛增，大大促进了说唱艺术的发展。

图6-1 击鼓说唱俑

曲艺作为说唱艺术，虽有悠久的历史，却一直没有独立的艺术地位，在中华艺术发展史上，说唱艺术曾归于"宋代百戏"中，在瓦舍、勾栏（均为宋代民间演出场地）表演；到了近代，则归于"什样杂耍"中，大多在诸如北京的天桥、南京的夫子庙、上海的徐家汇、天津的"三不管"、开封的相国寺等民间娱乐场地表演。新中国成立后，这些已经发展成熟的说唱艺术才有了一个统一而稳定的名称——曲艺，并进入剧场进行表演。

（一）相声

相声原指模拟别人的言行，后来相声逐渐从一个人模拟口技发展成单口笑话，名称也随之转变为相声。口技是优秀的民间表演技艺，是杂技的一种。口技源于上古时期，人们通过模仿动物的声音来骗取猎物。战国时期，孟尝君夜闯函谷关，"鸡鸣狗盗"是口技最富有戏剧性的实用记录。到了宋朝，口技已经成为相当成熟的表演艺术，俗称"隔壁戏"，表演者用口、齿、唇、舌、喉、鼻等模拟大自然的各种声音，如飞禽猛兽、风雨雷电等，使听众身临其境。口技在宋朝开始极为盛行，清朝时属"百戏"的一种，是相声产生和发展的主要来源之一。

相声是以说笑话或滑稽问答引起观众发笑的曲艺形式，寓庄于谐，以讽刺笑料表现真善美，以引人发笑为艺术特点，以"说、学、逗、唱"为主要艺术手段。相声主要采用口头方式表演，表演形式有单口相声、对口相声、群口相声三种。单口相声由一个演员表演，讲述笑话；对口相声由两个演员一捧一逗；群口相声又称"群活"，由三个以上演员表演。相声是扎根于民间、源于生活、深受群众欢迎的曲艺表演形式。相声传统曲目以讽刺旧社会各种丑恶现象和通过诙谐的叙述反映各种生活现象为主，代表作有《关公战秦琼》《戏剧与方言》《贾行家》《扒马褂》等。新中国成立后除继续发扬讽刺传统外，也有歌颂新人新事的作品。在相声的发展历史中，涌现出许多著名的相声表演大师，代表人物有马三立、侯宝林、刘宝瑞等。

相声术语

1. 说、学、逗、唱——四大基本功

说：包括说、批、念、讲四种手法。说的内容有吟诗、对对联、猜谜语、绕口令、反正话、颠倒话、歇后语、俏皮话、短笑话、趣闻轶事等。

学：各种口技、双簧，模拟方言、市声以及男女老幼的音容笑貌、风俗习惯礼仪，学唱戏曲、学唱歌等。

逗：就是抓哏取笑，以滑稽口吻互相捧逗，褒贬评论，讽刺嘲谑，制造笑料。

唱：唱太平歌词。太平歌词是相声的本门演唱，其他形式的唱可归纳到学，而非唱。

2. 包袱

相声是通过组织一系列特有的"包袱"来使人发笑的艺术，语言、包袱和笑声是相声艺术的三大要素，缺一不可。包袱是形象化的比喻，是指相声中喜剧性矛盾酝酿、发展的一个过程，是一种组织笑料的方法。一个笑料在酝酿、组织时称"系包袱"，逆发时称"抖包袱"，习惯上也将笑料称为"包袱"。包袱是相声艺术特有的，在相声艺术中处于最重要的地位。

3. 逗哏与捧哏

逗哏是指相声演出时主要叙述故事情节的演员，捧哏是指配合逗哏叙述故事情节的演员。对口相声中，逗哏与捧哏合作，通过捧逗的衬托、铺垫，使叙述中逐渐组成包袱，产生笑料。

（二）评弹

评弹又称苏州评弹、说书或南词，是苏州评话和弹词的总称，是一门古老、优美的传统说唱艺术。评话通常一人登台开讲，内容多为金戈铁马的历史演义和叱咤风云的侠义豪杰。弹词一般两人说唱，上手持三弦、下手抱琵琶，自弹自唱，内容多为儿女情长的传奇小说和民间故事。评弹有说有唱，演员均自弹自唱，伴奏乐器为小三弦和琵琶。2006 年 5 月 20 日，苏州评弹经国务院批准列入第一批国家级非物质文化遗产名录。

（三）徐州琴书

徐州琴书原名丝弦，清代用扬琴伴奏，故又称扬琴。徐州琴书已有 300 多年的历史，起初是徐州地区农闲时的自娱活动，人们在村头场院吹敲碟子，围坐演唱并演奏。徐州琴书演唱韵味独特，艺人坐在中间打板击琴，伴奏者列于左右。唱词源于百姓日常生活，多为家长里短，因而唱琴书又称"唱针线筐"。徐州琴书的表演形式多样，有单人唱、对唱、三人坐唱和多人联唱等。2008 年 6 月 7 日，徐州琴书经国务院批准列入第二批国家级非物质文化遗产名录。

二、曲艺艺术特征分析

曲艺是中华民族各种说唱艺术的统称，是由民间口头文学和歌唱艺术经过长期发展演变形成的一种独特的艺术形式。据不完全统计，至今流传在我国民间的各族曲艺曲种约有 400 个，这些曲种各自独立存在，自有其个性，同一曲种中又有不同的艺术流派，即使是同一流派，也因为表演者的差异各有特色，从而形成了曲坛上百花争艳的繁荣景象。众多的曲艺曲种虽然各有各的发展历程，但都具有鲜明的民间性、群众性，具有共同的艺术特征。

（一）艺术表现手段

曲艺是说唱艺术，以"说""唱"为主要的艺术表现手段。

说：相声、评书、评话等；唱：京韵大鼓、扬州清曲、东北大鼓等；似说似唱：山东快书、快板书、锣鼓书等；又说又唱：山东琴书、徐州琴书、云南扬琴等；又说又唱又舞：二人转、十不闲莲花落、凤阳花鼓等。

正因为曲艺主要是通过说、唱，或似说似唱，或又说又唱，来叙事、抒情，所以它的语言必须适于说或唱，一定要生动活泼、洗练精美并易于上口。

（二）角色和道具要求

曲艺不像戏剧那样由演员装扮成固定的角色进行表演，而是由不装扮成角色的演员，以"一人多角"的方式，即一名曲艺演员模仿多种人物，把形形色色的人物和各种各样的故事，通过说、唱的形式表现出来，传达给听众。因此曲艺表演比之戏剧，具有简便易行的特点。只要有一两个人，一两件伴奏的乐器，或者一个人带一块醒木、一把扇子（评书艺人所用）或一副竹板儿（快板书艺人所用），甚至什么也不带（相声艺人），就可以走到哪里，说唱到哪里，与听众的交流比戏剧更为直接。

（三）表演曲目的特点

曲艺表演的简便易行，使它对生活的反映更为快捷。曲目、书目的内容以短小精悍为主，因而曲艺演员通常能自编、自导、自演。与戏剧演员相比，曲艺演员所肩负的导演职能尤为明显。比如一个曲目、书目，或一个相声段子，在表演过程中故事情节的结构、场面的安排、场景的转换、气氛的渲染、人物的出没、人物心理的刻画、语言的铺排、声调的把握、节奏的快慢等，无一不是由曲艺演员根据叙事或抒情的需要以及对听众最佳接受效果的判断，来对说或唱进行统筹安排和调度，从而导演出一个个令听众心醉的精彩节目的。

（四）曲艺舞台要求

曲艺以说、唱为艺术表现的主要手段，是诉诸人们听觉的艺术。曲艺通过说、唱刺激听众的听觉来驱动听众的形象思维，在听众形象思维构成的意象中与演员共同完成艺术创造。曲艺表演可以在舞台上进行，也可划地为台随处表演，因而曲艺听众的思维与戏剧观众相比，不受舞台框架的限制，曲艺所说、唱的内容比戏剧具有更大的时间和空间上的自由。

（五）演员基本功

为使听众享受到如闻其声、如见其人、如临其境的艺术美感，曲艺演员必须具备坚实的说功、唱功、做功，并要具有高超的模仿力。曲艺演员只有具有动人的技巧，将人物的喜怒哀乐刻画得惟妙惟肖，对事件的叙述引人入胜，才能博得听众的欣赏。而上述坚实功底往往来自曲艺演员对现实生活的观察、体验与积累，以及对历史生活的分析、研究和认识，这一点对一个曲艺演员显得尤为重要。

中国戏曲起源于原始歌舞，是一种历史悠久的综合舞台艺术样式，经过汉、唐，到宋、金才形成比较完整的戏曲艺术，它由文学、音乐、舞蹈、美术、武术、杂技以及表演艺术综合而成，与希腊悲剧和喜剧、印度梵剧并称为世界三大古老戏剧文化。中国各民族的戏曲剧种有300多种，传统剧目数以万计，比较著名的戏曲种类包括昆曲、京剧、越剧、黄梅戏、评剧、豫剧、粤剧、川剧、秦腔、沪剧、河北梆子、湖南花鼓戏等。

第二节 中国传统戏曲

一、中国古代戏曲的发展

（一）萌芽期

我国戏曲具有悠久的历史，它的渊源可以上溯到上古时代的乐舞、巫舞、杂技及俳优们的滑稽表演。它虽然起源很早，但是成熟较晚，这些歌舞经过汉、唐到宋、元的长时期发展，初步形成较完整的体系。

（二）发展期

中国戏曲形成的过程中，唐代是一个重要的时期。唐玄宗时，宫廷中设立有教演艺人的专门场所，称作梨园，排演《兰陵王》《踏摇娘》一类的歌舞戏以及用滑稽对话、动作表演的参军戏。这些表演具有叙事性、情节性，有向戏曲方向发展的趋势。因此后世称戏班为梨园，称演员为梨园弟子，奉唐玄宗为戏曲的祖师。

宋金时代，中国戏曲开始成熟，出现了以讲唱歌舞为主的诸宫调，有人物故事情节的傀儡（木偶）戏，影戏（皮影戏）以及舞、曲、白表演手段完备的戏剧形式——杂剧（南戏）。同时，城市中出现了公共的演出场所"瓦舍""勾栏"，成为各类表演艺术的大众化舞台。

（三）成熟期

元代的北方戏曲在金院本和宋杂剧的基础上进一步发展，形成元杂剧，出现了关汉卿、王实甫、马致远、白朴等优秀剧作家。元杂剧剧目有700多种，其中关汉卿的《窦娥冤》、王实甫的《西厢记》等是元杂剧的代表作。元杂剧和南方的南戏并列，成为南北戏剧的两朵奇葩。

元杂剧有完整的艺术形态，剧本主要由唱曲、宾白和表演三部分组成。在体制上，元杂剧以折为单位，一本通常为四折，个别也有一本五到六折的。每本还加有一场或两场戏，称为"楔子"，位置或在折前或在两折中间，用来介绍人物、情节等。每本在结尾有一对或两对对子，称为"题目正名"。在音乐方面，元杂剧有严格的规定，一折戏只用一套曲子，由同一宫调的不同曲子组成，而且同一套曲子的排列顺序也比较固定。元杂剧用北曲演唱，乐器主要使用琵琶等弦乐，风格豪放激越。

（四）繁荣期

明朝时期，北方的杂剧衰落，南方的南戏吸收了杂剧的优点，演变为传奇。传奇与杂剧虽然有共同的演出形式和结构方法，但是由于二者兴起的地区不同，又各有不同的成长轨迹，所以在体制、唱腔、演出形式等方面有所不同。体制上，传奇不称折而称出，每本戏通常有十出。传奇的曲调比南戏丰富，有弋阳腔、余姚腔、海盐腔、昆山腔四种主要声腔。到了清代发展成五大声腔系统，即高腔、昆腔、弦索、梆子、皮簧，剧目发展到 2000 余种。明代的剧作家汤显祖创作了《紫钗记》《牡丹亭》《南柯记》《邯郸记》四大著名传奇，被誉为"中国十六世纪的莎士比亚"。

清代是中国戏曲发展的繁盛时期。清代中期，由于乾隆皇帝的喜好，昆曲进入北京上演，成为诸多声腔中的佼佼者。后来，弋阳腔、梆子腔、二黄调也先后进京，与昆曲争胜，其代表剧种为秦腔、徽剧与汉剧。各大声腔在演出中互相影响，到道光年间形成了新的剧种——京剧。京剧的发展是近代中国戏曲发展的一个缩影。

二、中国古代主要戏曲剧种

据统计，中国现有的戏曲种类达 300 多个，其中除了昆曲、京剧以外，较大的剧种还有河南的豫剧、陕西的秦腔、四川的川剧、浙江的越剧、广东的粤剧、上海的沪剧、湖北的汉剧、安徽的黄梅戏、江西的采茶戏、湖南的花鼓戏等。它们多数形成于清中叶至近代，具有各自的地方特色。中国五大戏曲剧种为京剧、越剧、黄梅戏、评剧、豫剧。

（一）昆曲

昆曲早在元朝末期（14 世纪中叶）即产生于苏州昆山一带，它与起源于浙江的海盐腔、余姚腔和起源于江西的弋阳腔，被称为明朝四大声腔。昆曲原名昆腔，又称昆剧，是中国传统戏曲中最古老的剧种之一，也是中国传统文化艺术，特别是戏曲艺术中的珍品。2001 年 5 月 18 日，中国的昆曲艺术进入联合国教科文组织首批人类非物质文化遗产代表作名录。

昆曲起初只是民间的清曲、小唱，开始只流传于苏州一带，后来以苏州为中心扩展到长江以南和钱塘江以北各地，于明朝万历末年传入北京。昆曲是明朝中叶至清朝中叶在戏曲中影响最大的声腔剧种，具有最完整的表演体系，是中国传统文化艺术高度发展的成果，在中国文学史、戏曲史、音乐史、舞蹈史上均占有重要的地位。很多剧种都是在昆曲的基础上发展起来的，因此，昆曲被称为"百戏之祖，百戏之师"。

昆曲行腔优美，以缠绵婉转、柔曼悠远见长。在演唱技巧上，昆曲注重声音的控制，节奏速度的顿挫疾徐和咬字吐音的讲究，并有"豁""叠""擞""嚯"等腔法的区分以及备娄角色的性格唱法。音乐的板式节拍，除了南曲"赠板"将四拍子的慢曲放慢一倍外，无论南北曲，都包括通常使用的三眼板、一眼板、流水板和散板。它们在实际演唱时自有许多变化，一切服从于戏情和角色应有的情绪。

早期昆曲属于南戏系统，继承了南戏的角色行当体制，同时兼收北杂剧之长，共有生、旦、净、丑、外、贴七行作为基础角色。早期作品《浣纱记》反映了昆曲初创时期的角色分行法，除遵循南戏的七行之外，还借鉴了元杂剧，增设小生、小旦、小末、小外、小净五行，共十二行。之后，昆曲的角色分工随着表演艺术的发展，也越来越细致，在生、旦、净、末、丑五大行当之下，又细分二十小行，称为"二十个家门"。曲牌是昆曲中最基本的演唱单位。昆曲的伴奏乐器，以曲笛为主，辅以笙、箫、唢呐、三弦、琵琶等。

昆曲有独特的体系、风格，最大的特点是抒情性强、动作曼妙，歌唱与舞蹈的身段结合得巧妙而和谐。昆曲唱腔华丽婉转、念白儒雅、表演细腻、舞蹈飘逸，加上完美的舞台布景，可以说在戏曲表演的各个方面都达到了最高境界。正因如此，许多地方剧种，如晋剧、蒲剧、湘剧、川剧、赣剧、桂剧、越剧、闽剧等，都受到过昆曲艺术多方面的哺育和滋养。昆曲中的许多剧本，如《牡丹亭》《长生殿》《桃花扇》等，都是古代戏曲文学中的不朽之作（图6-2）。昆曲的曲文秉承了唐诗、宋词、元曲的

文学传统，曲牌则有许多与宋词元曲相同，这为昆曲的发展打下了良好的文化基础，同时也造就了一大批昆曲作家和音乐家，梁辰鱼、汤显祖、洪昇、孔尚任、李渔等都是中国戏曲和文学史上的杰出代表。

14世纪至18世纪是昆曲逐渐成熟并日趋鼎盛的时期，在此期间，昆曲一直以一种完美的表现方式向人们展示着世间的万般风情。正是这种富丽华美的演出氛围、字斟句酌的刻意追求，使得昆曲日益走向文雅的境地。

图6-2　昆曲《牡丹亭》剧照

在舞台演出的竞争中，昆曲的艺术元素为各种地方戏剧所吸收，促成了地方戏剧的繁荣和京剧的诞生。新兴的京剧继承了昆曲的部分剧目和曲牌，在很大程度上沿用了昆曲的行当和表演体制，同时克服了昆曲语言的局限性，从而赢得观众的拥戴，成为继昆曲之后重要的戏剧样式。

（二）京剧

京剧是中国五大戏曲剧种之一，腔调以西皮、二黄为主，用胡琴和锣鼓等伴奏，被视为中国国粹。2010年11月16日，中国的京剧艺术被列入联合国教科文组织人类非物质文化遗产代表作名录。

京剧的前身是徽剧。清乾隆五十五年（1790年）起，原在南方演出的三庆、四喜、和春、春台四大徽班进入北京，与来自湖北的汉调艺人合作，同时又接受了昆曲、秦腔的部分剧目、曲调和表演方法，通过不断地交流、融合，最终形成京剧（图6-3），并成为近代以来发展最快、影响最大的戏剧剧种。中国的戏曲中，昆曲曲调高雅，辞章优美，适合士大夫的欣赏口味，被称为戏曲的"雅部"，其余的戏曲被称作"花部"。京剧是后出的剧种，属于"花部"，但是它汇集了众多戏曲的优点，又比昆曲通俗易懂，深受各阶层人士的喜爱，影响很快超过昆曲，成为中国传统戏曲的代表。

京剧表演的四种艺术手法是唱、念、做、打，这也是京剧表演的四项基本功。唱是指歌唱，念是指具有音乐性的念白，

图6-3　京剧表演

做是指舞蹈化的形体动作，打是指武打和翻跌的技艺。

京剧行当的划分，除依据人物的自然属性（性别、年龄）和社会属性（身份、职业）外，主要是按人物的性格特征来分类，在化妆、服装各方面加以一定程度的艺术夸张，这样就把舞台上的角色划分成为生、旦、净、丑四种类型。这四种类型在京剧里的专门名词叫做"行当"，各个行当都有一套表演程式，在唱、念、做、打的技艺上各具特色。京剧唱腔主要分为西皮与二黄两大类。

京剧脸谱的色画方法（图6-4），基本上分为三类：揉脸、抹脸、勾脸。脸谱最初的作用，只是夸大剧中角色的五官部位和面部的纹理，用夸张的手法表现剧中人物的性格、心理和生理上的特征，以此来为整个戏剧的情节服务，可是发展到后来，脸谱由简到繁、由粗到细、由表及里、由浅到深，本身就逐渐成为一种具有汉民族特色的、以人的面部为表现手段的图案艺术了。一般情况下，京剧验谱中：红脸含褒义，代表忠勇；黑脸为中性，代表猛智；蓝脸和绿脸也为中性，代表草莽英雄；黄脸和白脸含贬义，代表凶诈、凶恶；金脸和银脸含神秘，代表神妖。京剧伴奏乐器分打击乐器与管弦乐器。打击乐器有板、单皮鼓、大锣、小锣、铙钹等，管弦乐器有京胡、二胡、月琴、三弦等。

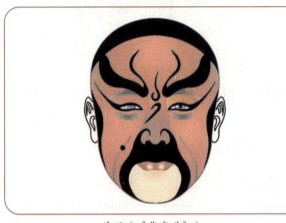

关羽（《华容道》）

程咬金（《贾家楼》）

图6-4　京剧脸谱

京剧形成伊始即迎来了发展繁盛期，出现了一批优秀的京剧演员，深受宫廷喜爱，宫廷优厚的物质条件促进了京剧艺术的成熟。进入20世纪20年代，优秀的京剧演员层出不穷，这个时期也是京剧流派最多的时期。旦行的梅（兰芳）派、尚（小云）派、程（砚秋）派、荀（慧生）派，生行的余（叔岩）派、马（连良）派、麒（麟童）派，净行的金（少山）派、郝（寿辰）派、侯（喜瑞）派，丑行的萧（长华）派等流派拥有一批数量可观的剧目，这个时期也是京剧的繁荣期。

梅兰芳（1894—1961），出生于北京，祖籍江苏泰州，是中国京剧表演艺术大师。梅兰芳在五十余年的京剧舞台艺术中，发展和提高了京剧旦角的演唱和表演艺术，形成一个具有独特风格的艺术流派，世称"梅派"。其代表作有《贵妃醉酒》《天女散花》《宇宙锋》《打渔杀家》等（图6-5）。

图6-5　梅兰芳《贵妃醉酒》剧照

《贵妃醉酒》

　　《贵妃醉酒》又名《百花亭》，由京剧大师梅兰芳倾尽毕生心血精雕细琢、加工点缀而成，是梅派经典代表剧目之一，描写了杨玉环醉后自赏怀春，凸显杨玉环对唐玄宗的柔情。剧中杨玉环从掩袖而饮到随意而饮，梅兰芳以这种饮酒动作的变化来表现杨贵妃从内心苦闷、强自作态到不能自制、沉醉失态的心理变化过程。在梅兰芳的演绎下，繁重的舞蹈举重若轻，像衔杯、卧鱼、醉步、扇舞等身段难度甚高的动作都显得舒展自然，充满了线条美和韵律美。

史事拾微

蓄须明志

　　1941年，日军侵占香港，梅兰芳担心日本人会来找他演戏，便留蓄胡子，不为日本人和汉奸演出。他对友人说："别瞧我这一撮胡子，将来可有用处。日本人要是蛮不讲理，硬要我出来唱戏，那么，坐牢、杀头，也只好由他了。"日本人找梅兰芳，一定要他登台演出几场，以表现日本统治香港后的繁荣，但看到梅兰芳留蓄胡子，气呼呼地走了。

　　梅兰芳在抗战期间断然蓄须明志，不为民族敌人演出，表现了其不屈不挠的精神。这一事件成为神州大地感人的佳话，在中华儿女中广为传颂。

（二）越剧

　　越剧是流传于上海、浙江、江苏一带的地方剧种，是在山歌小调与余姚秧歌班的影响下发展而成的，在国外被称为"中国歌剧"。其发源于浙江嵊州，发祥于上海，在发展中吸取了昆曲、话剧、绍剧等剧种的优点。越剧长于抒情，以唱为主，声音优美动听，表演真切动人，唯美典雅，极具江南灵秀之气，以"才子佳人"题材较多。

　　因越剧早期曾用"绍兴戏剧""绍兴文戏"为名，故有将越剧称为"绍兴戏"的说法，实是因当时无"越剧"之名而借用"绍兴戏"之称，但"越剧"实际上并非"绍兴戏"。越剧被列入首批国家级非物质文化遗产名录。2006年5月20日经国务院批准列入第一批国家级非物质文化遗产名录。越剧《天上掉下个林妹妹》（图6-6）、《手心手背都是肉》、《十八相送》、《梁祝》（图6-7）《桑园访妻》等"名家名段"传唱大江南北。

　　越剧流派包括剧目、唱、念、做等各种艺术因素，集中体现在所塑造的典型艺术形象中，其中，唱腔所具有的独创性最强，特点最突出，影响也最大，因此人们称之为流派唱腔。然而，唱腔虽然重要，流派却并非仅指唱腔，更包含舞台表演艺术等多重内容。通常同一剧目不同流派演绎会有不同风采。

　　越剧流派唱腔由曲调和唱法两大部分组成，在曲调的组织上，各派都有与众不同的手法和技巧，通过旋律、节奏以及板眼的变化，形成各自的基本风格。特别是起调，落调，句间、句尾的拖腔，以及旋律上不断反复、变化的特征乐汇和惯用音调等，更是体现各流派唱腔艺术特点的核心和关键。在演唱方法上，则大都集中在唱字、唱声、唱情等方面显示自己的独特个性，通过发声、音色以及润腔装饰的变化，形成不同的韵味美。有些细微之处，还包括着不少为曲谱难以包容，也无法详尽记录的特殊演唱形态，却更能体现各流派唱腔的不同色彩。

图6-6　越剧《天上掉下个林妹妹》

图6-7　越剧《梁祝》

知识链接

《绿水青山》

2023年4月11日，由浙江省丽水市委宣传部、浙江小百花越剧院共同出品，浙江越剧团演出的越剧现代戏《绿水青山》在北京上演。

全剧以一个家庭的命运为切入点，讲述了青莲村修复生态环境、创造绿色发展的故事，展示了人们在生态环境保护中获得的价值实现和精神升华。

全剧通过音乐、美术、灯光等艺术样式，配合多媒体设计等多种表现手段，将"绿水青山就是金山银山"理念与舞台艺术有机融合，以清幽婉丽的唱腔、真切动人的表演，将生态文明理念与建设成果娓娓道来。浙江小百花越剧院院长、《绿水青山》主演王滨梅表示："我们有责任用戏曲传播方式，将当地生动的生态文明实践呈现给观众。"

据了解，该剧先后入选文化和旅游部新时代现实题材创作工程和剧本扶持工程、浙江文化艺术发展基金2021年度资助项目、浙江舞台艺术重点题材扶持项目。

（来源：《人民日报》（2023年4月12日13版）

（三）黄梅戏

黄梅戏，旧称黄梅调或采茶戏，是与徽剧、庐剧、泗州戏并列的安徽四大优秀剧种之一。黄梅戏源于湖北、安徽、江西三省交界处黄梅县一带的采茶调，曾经被称为淮腔、皖剧。它曲调委婉悠扬，主要有主调、花腔、彩腔三类腔调，其唱腔淳朴流畅，通俗易懂，具有丰富的表现力，表演质朴细致，给人以真实活泼之感。

黄梅戏的表演活动，从业余性到专业性，大略可分为以下四个阶段：

1. 萌芽阶段

只有表演者，没有表演团体。这时期的黄梅戏，用山歌、茶歌等结合旱船、龙舟民间歌舞形式，在庙会上或过年过节时演出、演唱，他们由一人牵头，把自愿者联络在一起，业余时间，自由结合，演唱完毕，各自散去，下次再演唱，重新组合。而这一次的组合，与上一次的人员，就不一定相同了。这种演出、演唱，纯粹是自娱自乐、与人同乐的性质，并不是以此为职业作为谋生的手段。所以说，早期的黄梅戏，还没有形成真正的表演团体。

2. 早期阶段

相对固定、人员很少、形成业余或半职业的班社黄梅戏从山歌、茶歌、采茶灯、凤阳花鼓调的演唱，发展到有简单故事情节的二小戏、三小戏的时候，演唱者们，便不能如先前那样随意演唱了。由于是戏的演出，必须有排练，有服装、道具等戏剧所需要的程序和要求，业余时间则不够，加之，这种演出可能变成表演者的职业或半职业，他们便自然结合成一个团体。这就有了早期相对固定的黄梅戏班子，现在称之为表演团体。

3. 后期阶段

班社迅速发展，剧目增多，行当全，从农村进入了城市。黄梅戏到了清末民初，兼收并蓄，已经发展成比较完整、成熟的剧种。除演二小戏、三小戏外，吸收了青阳腔、楚剧的大本戏。演大本戏，就要求班社要相对的稳定，要具备表演大戏的表现能力。因此这段时期，相继出现了固定的职业性的班社，这种职业性的表演团体，为了生计，为了营业，为了保证收入，剧目要经常翻新，表演也要有一定的质量，人员增加了，行当齐全了，舞台美术（衣箱、幕布、道具、刀枪把子）也有了发展。班子不那么松散了，组织管理上，有了班主，还有了联系演出和管理生活的专职人员，流动性也增大了。这种职业性的表演团体，大约在清咸丰年间就已出现，如在咸丰七年（1857年），清军多隆阿、鲍超曾在冬至这天，在宿松缄"为剧楼，演花鼓戏，邀各营队长泪众文吏聚观"。这里说的花鼓戏就是黄梅戏。

4. 近期阶段

近200年来，黄梅戏艺术从乡村草台登上都市舞台，从民间小戏成长为在全国具有影响的大戏。新中国成立以后，黄梅戏得以迅速发展，风靡大江南北，唱遍长城内外，成为安徽文化艺术中最响亮的品牌和最具标志性的剧种，成为在海内外享有盛誉的艺苑奇葩。

黄梅戏唱腔淳朴流畅，以明快抒情见长，具有丰富的表现力；表演质朴细致，以真实活泼著称。一曲《天仙配》（图6-8）让黄梅戏流行于大江南北，在海外亦有较高的声誉。

图6-8　黄梅戏《天仙配》

（四）评剧

评剧是流传于中国北方的一个戏曲剧种，在河北滦县一带的小曲"对口莲花落"的基础上形成，先是在河北农村流行，后进入唐山，称为"唐山落子"。近代在京剧、河北梆子等剧种的影响下日趋成熟，现在流行于华北、东北一带，有东路、西路之分，但以东路评剧为主（图6-9）。

评剧原分为东路和西路两派。当今盛行的是东路，流行于华北和东三省，在南方也有广大观众。

西路评剧又叫"北京蹦蹦"，是在东路评剧梆子、老调的影响下形成的。它的腔调高亢，板头丰富，别具风格。辛亥革命前后在北京及京西各地演出，很受观众欢迎，以后濒于绝迹，1958年经中国评剧院发掘整理，始重现于舞台。《花亭会》就是经过整理并由青年演员继承下来的一出好戏。

1. 东路评剧的发展过程，大致可分为五个阶段

（1）对口莲花落阶段。

嘉庆以后流行于东滦县、宝坻、迁安、三河等地农村的莲花落已发展为彩扮（对口莲花落）形式。

（2）"拆出"阶段。

对口莲花落因受东北二人转影响，特别是接受了它的"拉场戏"这一表演形式，将"对口"的唱、白拆开，将故事分成场次，并改原来第三人称的叙述为第一人称的表演，称为"拆出"。

（3）唐山落子阶段。

1908年，成兆才、张化文、金菊花等人重整班社，带着莲花落子《开店》，拆出戏《乌龙院》《鬼扯腿》，闯入"北平禁地"，并一度唱红，从此定名为"平腔梆子戏"。

（4）奉天落子阶段。

图6-9 评剧《花为媒》

1919年春，警世戏社部分艺人应邀赴营口、长春、哈尔滨等地演出，受到东北观众欢迎，尤其是在哈尔滨首演成兆才编写的《杨三姐告状》《黑猫告状》等，影响更大，其时又被称为"奉天落子"。

（5）评剧阶段。

1935年起落子艺人大量涌向南方，到上海、杭州、南京等地演出，以后又到重庆、成都、贵阳等地，并在这些地区扎下根。当年年初，上海报纸戏目广告出现"评剧"名称。

2. 西路评剧

评剧的另一支派西路评剧，是20世纪初由西路莲花落演变而来，初名"北京蹦蹦"，后改称西路评剧。西路评剧以河北民歌为基础，唱腔高、甩腔长，多用"依哟嗬，依呀哈"为装饰音和衬字，形成了一套自己的唱腔和唱法。西路评剧兴起时，以"打地摊"或在茶园演出为主要形式。20世纪70年代以来，中国评剧院演出的《吹鼓手告状》《甜蜜的事业》等，也运用了西路评剧的唱腔。

（五）豫剧

豫剧起源于河南，被西方人称为"东方咏叹调"。豫剧的音乐伴奏用枣木梆子打拍，早期称为河南梆子，后来不断被继承、改革和创新。豫剧有豫东调、豫西调、祥符调和沙河调四种流派，其唱腔铿锵大气，抑扬有度，行腔酣畅，吐字清晰，韵味醇美，善于表达人物内心情感。

1. 豫剧的基本特征

（1）豫剧生成、发展具有明显的多源性。

（2）豫剧构建有着明显的多元性。

（3）豫剧在发展过程中善于吸收融化，彰显出包容性。

（4）豫剧剧目、音乐显示出丰富性。而豫剧许多专曲专用的曲牌音乐，又显示出了其程式性。不过在一套程式万千变化和一曲多用的戏曲美学思想影响下，豫剧的许多戏曲程式又可灵活多变地加以运用，这就又显示出豫剧程式的泛用性。

（5）由于长期受中原文化，特别是黄河流域地方文化的影响，豫剧在演出剧目、舞台表演、人物塑造、表述方式、音乐唱腔等方面都形成了独特的河南地方风格和特色，具有浓郁的地域性特征。

（6）豫剧的文学语言，表演、音乐质朴无华，通俗易懂，贴近群众，贴近生活，具有浓郁的河南文化特征，显示了河南文化特有的简约美和质朴美，从而构成了豫剧的简朴性特征。

豫剧的文化品格，是由中原文化哺育而成的。豫剧粗犷豪放、质朴通俗，又流畅明快，热闹红火，散发着较多的艺术魅力。豫剧在剧目生产、剧团数量、观众人数、市场效益等方面，为当代地方戏之翘楚，是当代戏曲叫好又叫座的剧种之一，是中国民族戏曲宝库中的珍贵财富。

知识链接

豫剧六大名旦及代表作品

陈素真、常香玉、崔兰田、马金凤、阎立品、桑振君，这豫剧六大名旦中陈素真是年龄最大、从事豫剧最早、成名最早的豫剧大师。其中，豫剧六大名旦中有五位都以唱为主，而陈素真则是边打边唱，边唱边舞，唱、念、做、打、舞综合运用，首创哑剧、豫剧混合运用，并把中国古典舞蹈融入豫剧中，她把只注重唱而不注重表演的土梆子（豫剧），变得舞蹈化、技巧化、形式美之先河，因此为中国豫剧六大名旦之首。

代表作品：《三上轿》《花木兰》《秦雪梅》《穆桂英挂帅》《投衙》。

三、角色行当

扮演剧中人物分角色行当，是中国戏曲特有的表演体制。行当是戏曲人物艺术化、规范化的形象类型，又是有着性格色彩的表演程式的分类系统。一些性格相近的艺术形象以及与之相应的表演程式、表演手法和技巧便逐渐积累、汇集且相对稳定，于是就形成了行当。生、旦、净、丑等各个行当都有各自的形象内涵和不同的程式与规制。

（一）生

生行扮演男性人物，泛指剧中男主角。根据所扮演人物年龄、身份的不同，分为老生、小生、武生等分支。

（二）旦

旦行是女性角色的统称。根据所扮演人物年龄、性格、身份的不同，大致划分为正旦（青衣）、花旦、武旦、老旦、彩旦等专行。

（三）净

净行俗称花脸。以面部化妆运用各种色彩和图案勾勒脸谱为突出标志，扮演性格、气质、相貌上有特异之点的男性角色，或粗犷豪迈，或刚烈耿直，或阴险毒辣，或鲁莽淳朴。根据角色性格、身份的不同，分为文净和武净，有黑脸、老脸、奸白脸、架子花脸等。

（四）丑

丑行是喜剧角色。面部化妆用白粉在鼻梁眼窝间勾画小块脸谱，又叫小花脸。丑扮演的人物种类繁多，有的心地善良，幽默滑稽；有的奸诈刁恶，悭吝卑鄙。丑的表演一般不重唱工而以念白的口齿清楚、清脆流利为主。按扮演人物的身份、性格和技术特点，大致可以分为文丑和武丑两大支系。

日积月累

填空题

1. 相声以"_____、_____、_____、_____"为主要艺术手段。

2. 徐州琴书原名丝弦，清代用扬琴伴奏，故又称_____。

3. 曲艺是说唱艺术，以"_____""_____"为主要的艺术表现手段。

4. 唐玄宗时，宫廷中设立有教演艺人的专门场所，称作_____。

5. 中国五大戏曲剧种分别为_____、_____、_____、_____、_____。

6. 中国戏曲的行当主要有_____、_____、_____、_____。

7. 元杂剧中，关汉卿的代表作是_____。

8. _____被称为"百戏之祖，百戏之师"，代表作有_____、_____、_____等。

9. 被视为中国国粹的是_____，梅派代表作有_____、_____、_____等。

10. _____是流传于上海、浙江、江苏一带的地方剧种，其代表作有_____、_____等。

11. 安徽文化艺术中最响亮的品牌和最具标志性的剧种是_____。

思考与体验

名称：我家大戏台。

主题：寻找家乡地方戏曲剧种，展示家乡戏曲文化。

内容：通过书籍、网络等方式，搜集家乡本地区域内的代表戏曲剧种的相关资料，包括该戏曲剧中的名称、起源、特征、行当、服饰、化妆、影响程度等。

要求：将所搜集到的内容通过制作PPT、视频或海报等方式展示，可按地域进行分组，以小组为单位向同学们讲解或展演。

一、任务描述

为了更加深入地了解中国传统曲艺和戏曲的发展，领悟中华民族传统文化价值，全班同学分组开展"看图说史"活动。每个小组通过书籍或者网络收集关于中国传统曲艺和戏曲的相关资料，结合资料选择一些具有代表性的图片或视频做成PPT。通过PPT讲解中国传统曲艺和戏曲的发展过程，并分析其艺术特点。（讲解时间最好不要超过10分钟。）

二、任务实施

（1）全班同学分成若干组，每组 5～6 人，并选出一名小组组长。

（2）小组组长分配成员完成收集资料、选择代表性图片或视频、制作PPT、讲解汇报等任务。具体执行过程可填写在下方空白处。

（3）将本次活动中遇到的问题、得到的经验等填写在下方空白处。

各组员根据本章的学习情况及活动情况，完成下面的任务评价。

姓名：＿＿＿＿＿＿＿＿＿＿　　组号：＿＿＿＿＿＿＿＿＿＿　　指导教师：＿＿＿＿＿＿＿＿＿＿

评价项目	评价内容	分值／分	教师评分／分
知识（40%）	了解传统曲艺的发展	10	
	了解古代戏曲的发展历程	10	
	熟悉古代主要戏曲剧种	10	
	熟悉古代主要戏曲的表现形式	10	
技能（40%）	PPT 版面精美、简洁	10	
	内容选取合理、全面	20	
	讲解流畅，有条理	10	
素养（20%）	具有团队精神	5	
	准备充分，积极、认真参加活动	5	
	认真学习，按时完成学习、活动任务	5	
	具备独立分析问题、解决问题的能力	5	
自我评价			
教师评价			

第七章　中国传统医药学

1. 了解中医药学的伟大成就和文化特征、对人类的巨大贡献及历史地位，增强民族自豪感和自信心。

2. 汲取中国传统文化精髓，关爱生命，学会养生兼养心。

✦ 思政目标

培养大学生中医药文化素养、树立中医药思维、坚定中医药文化自信，从而实现中华民族伟大复兴的中国梦、构建人类卫生健康共同体的社会责任感与历史使命感。

✦ 情景导入

中医典故之"坐堂郎中"

"坐堂"原指官吏在公堂上审理案件，因坐于厅堂而得名。现代很多的药店名字会带个"堂"字，中药店为何称"堂"呢？这得从医圣张仲景说起。

相传汉献帝建安中期，张仲景官至长沙太守。当时，湘江一带，瘟疫流行，很多人死于伤寒。张仲景虽医术高明，但他由于政务繁忙，不能经常走村串寨，为患病的老百姓送医送药，心中十分不安。

一天，张仲景正在审理一起盗窃耕牛的案件，一个听差进来对他说："有一位生病的老百姓在外面等候半个多时辰了，要找大人给他看看病。"张仲景一听，马上说："快把病人请进来。"张仲景听病人母亲述说病情和切脉之后又看病人的舌苔，判断是伤寒。他给病人开了处方，最后的落款是"坐堂医生张仲景"。

此后，许多病人来找张仲景看病，他不管在办理什么重大的案件，都会停下先为病人看病，最后在处方落款处名字的前面冠以"坐堂医生"四个字。

张仲景受到世人的崇敬。后来的药店和药铺都以"堂"为荣，以"堂"冠名，如同仁堂、达仁堂、济益堂、仙鹤堂等。医生给病人看病叫"坐堂"。在药铺里给病人看病的中医称为"坐堂郎中"。

中医药是一个反映中华民族对生命、健康和疾病的认识且具有悠久历史传统和独特理论及技术方法的医药学体系。春秋战国时期中医药理论已基本形成，之后历代均有总结发展。清朝末年，现代医学（西医）涌入，中医药学受到巨大挑战。目前，中医药在中国仍然是治疗疾病的常用手段之一。2018年10月1日，世界卫生组织首次将中医纳入其具有全球影响力的医学纲要之中。

与我国悠久的历史相应，中华医学也经历了漫长的发展过程。从纯粹医药经验的积累，经过理论总结形成体系，再经过不断丰富和完善，中医药学在不同历史阶段表现出了不同的发展内容和特点。

第一节　中医药学的成就

中医药学是我国人民长期与疾病作斗争的智慧结晶，积累了丰富的实践经验、系统的理论知识和独特的医疗技术，不仅在历史上为中华民族的繁衍昌盛作出了贡献，而且至今仍然在我国人民的医疗保健事业中发挥着重要作用。中医药学的光辉成就是我国古代文化科学宝库中一颗璀璨的明珠，被称为世界科学史上的奇迹，也是我们中华民族的骄傲。

中医药学的成就

一、中医中医药学的发展史

（一）学术体系的形成时期

从远古到春秋，据历史记载，是中医药学的经验积累由少到多、由个别到一般的时期。这时的医药学没有形成体系，不论经验还是理论认识，都是个别、具体和零散的。在这种经验积累的基础上，从战国到汉代，中医学经过对医药经验的总结提升，形成了中医药学学术体系，其标志就是《黄帝内经》、《难经》（又名《黄帝八十一难经》）、《神农本草经》、《伤寒杂病论》这四部经典著作的著成。

"四大经典"所载的内容，标志着中医药学的理、法、方、药学术体系已经建立起来。举凡中医药学的基本理论、诊断方法、辨证原则、治疗法则、药物理论、配方理论、预防思想等，在"四大经典"中都有了明确具体的论述。尤其是《伤寒杂病论》已将中医药学的理、法、方、药运用到临床实践，对辨证论治给出了完整的示范。"四大经典"在建立中医药学体系的同时，也建立了中医药学的学术范式，在以后的历史发展过程中，中医药学一直依照这一学术范式不断发展演化。

（二）医药学分化发展时期

三国两晋南北朝时期，受追求个体生命价值的玄学以及道教的双重影响，人们比较重视对医药学的研究；唐朝盛世更为医药学的分化发展提供了物质、人才保障和思想沃土。晋、隋、唐时期，广大医药学者在前人的基础上结合临床实践，充实和发展中医药理论，主要表现在以下几个方面：

（1）晋代医家王叔和整理成《伤寒论》，确立了"六经"辨证的纲领，标志着中医"理、法、方、药"体系正式确立；他总结并充实前人脉学知识，完成《脉经》10卷，发展了寸口诊法，分寸、关、尺三部脉法，提出了脏腑分配于手三部的原则，并详述了24种脉象的辨别方法。

（2）临床医学开始朝专科发展。两晋时期，著名针灸学家皇甫谧深入钻研前人著作，择其精要，去其重复，撰写成《针灸甲乙经》，全面论述了脏腑经络学说，发展和确定了349个穴位位置、主治、操作，介绍了针灸操作方法、宜忌和常见病治疗方法，是现存最早的一部针灸学专著。唐代孙思邈在《千金要方》中则更详细论述了妇女的经、带、胎、产诸病。昝殷广泛收集民间单、验方，著有《经效产宝》，为现存最早的妇科专书。

（3）重视并发展药物炮制方法。南朝刘宋时期雷敩《炮炙论》，叙述药物通过适宜的炮制，可以提高药效，减轻毒性或烈性，收录了300种药物的炮制方法。该书是我国第一部炮制专著，也标志着本草学新分支学科的产生。唐显庆四年（659年）颁行了由苏敬等主持编撰的《新修本草》（又称《唐本草》），是我国历史上第一部官修本草。全书共收载药物844种，还增加了药物图谱，并附以文字说明，这种图文对照的方法开创了世界药学著作的先例，无论形式和内容都有崭新的特色，不仅反映了唐代药学的高度成就，对后世药学的发展也有深远影响。

（4）陈藏器编成《本草拾遗》增补了大量民间药物，将各种药物功用概括为十类，即宣、通、补、泻、轻、重、滑、涩、燥、湿十种，为中药按临床功效分类的发端。《唐本草》《千金方》均记载唐代已开始使用动物组织、器官及激素制剂。李珣的《海药本草》，则主要介绍海外输入药物及南药，扩充了本草学的内容，也反映出唐代对外来药物引进的情况和认识水平。

（三）创新发展时期

1. 宋金元时期病因学说更加系统、理论化

宋代陈无择著《三因极一病证方论》，较详细地阐述了"三因致病说"，将复杂的病因概括为内因、外因和不内外因。金元时期，出现各具特色的医学流派，号称"金元四大家"的刘完素、张从正、李杲、朱震亨最具代表性。刘完素以火热立论，提出"六气皆从火化""五志过极皆能生火"论点，用药主张以寒凉为主，故被称为"寒凉派"，其学术观点对瘟病学说启示很大。张从正认为病由邪生，"邪去正自安"，以攻邪著称，并提出"汗、吐、下"三种主要治法，被称为"攻下派"。李杲提出"内伤脾胃，百病由生"的论点，指出治疗以补脾胃为主，被称为补土派"。朱震亨倡导"相火论"，谓"阳常有余、阴常不足"，治病以滋阴降火为主，被后世称为"养阴派"。他们从不同角度深入开展临床研究，丰富了中医药理论与实践。

2. 北宋时期针灸学科飞速发展

王惟一撰成《铜人腧穴针灸图》，刻于石碑供人抄印。他还设计了与真人大小一致的铜人，外刻经络腧穴，内置脏腑，供教学和考试用，使针灸的理论、教学和临床知识系统化，促进针灸学的发展。

3. 宋代儿科学与法医学得到重视

北宋钱乙编撰《小儿药证直诀》，记载了治疗痘疹初起的升麻葛根汤、治疗小儿心热的导赤散、治疗脾虚气滞的异功散及治疗肾阴不足的六味地黄丸等，一直被广泛应用与临床。该书也是我国第一部儿科专著。南宋宋慈编著的《洗冤集录》是世界上最早的法医学专著，成为许多国家审理死伤案件的重要参考书。

4. 宋代沿唐代先例以国家规模进行本草学著作整理，先后刊行了《开宝本草》《嘉祐补注本草》《本草图经》

《本草图经》亦称《图经本草》，所附 900 多幅药图是我国现存最早的版刻本草图谱。而私人撰述的书籍，如唐慎微的《经史证类备急本草》（后世简称《证类本草》），则在此基础上研究整理了大量经史文献中有关药学的资料，内容丰富，载药总数达到 1500 余种，并于各药之后附列方剂以相印证，医药紧密结合。宋以前许多本草资料后来已经亡佚，亦赖此书的引用得以保存下来。它不但具有很高的学术价值和实用价值，而且具有很大的文献价值。

5. 国家药局的设立，推动方剂学和成方制剂的发展

1076 年，在京城开封开设由国家经营的熟药所，其后又发展为修合药所（后改名为"医药和剂局"）及出卖药所（后改名为"惠民局"）。药局的产生促进了药材检验、成药生产的发展，带动了炮制、制剂技术的提高，并制定了制剂规范，《太平惠民和剂局方》即是这方面的重要文献。

（四）汇总集成时期

到明清代，随着科学技术的进步和医药学理论、实践的丰富和发展，中医药学已经进入到新的高度，出现一个比较繁荣的阶段。明清时期中医药的主要特点在于综合与集成，对前人的成果批判地继承和发展。李时珍历时27年编成的医药巨著《本草纲目》是中医药学发展的里程碑，集我国16世纪以前药学成就之大成，对世界自然科学做出举世公认的卓越贡献。

清代汪昂配合临床需要，以符合实用为原则，撷取《本草纲目》精粹，编撰成节要性本草著作《本草备要》。清代赵学敏编著的《本草纲目拾遗》共十卷，载药921种，其中新增药物716种，同时对《本草纲目》已载药物备而不详的，加以补充，错误之处加以订正。

明清时期，传染病不断流行，人们在同传染病做斗争的过程中，形成并发展了温病学派。这一时期，中医在治疗温病（包括传染性和非传染性发热性疾病）方面的代表著作有吴又可的《温疫论》、叶天士的《温热论》、薛雪的《湿热条辨》、吴瑭的《温病条辨》及王士雄的《温热经纬》等。这些著名医家在特定的历史时期又一次驱逐瘟疫，守护了中华民族的健康，这是继东汉时期张仲景成功防治瘟疫之后中医药的再次壮举，所以后世将温病学派与伤寒学派并列，称为中医历史上两个最杰出的学派。

对当代临床中药学的功效分类有重要影响的是《本草求真》，该书载药520种，上篇分述药物的气味、功能、禁忌、配伍和制法等，下篇阐述脏腑病症主药、六淫病症主药、药物总义等内容。由于本书以临床实用为宗旨，因此正文中将药物分为补、涩、散、泻、血、杂、食物7类，每类又分若干子目。为了便于检索，书末附"卷后目录"，按药物自然属性分类。本书采用的按药物主要功效进行分类的方法，较《本经》三品分类、陈藏器"十剂"分类更为先进。

知识链接

多年从事中药和中西药结合研究的屠呦呦，带领团队创造性地研制出抗疟新药——青蒿素和双氢青蒿素，被誉为"拯救2亿人口"的发现，为中医药走向世界指明了一条方向。

2015年12月7日下午，屠呦呦在瑞典卡罗林斯卡医学院用中文发表《青蒿素的发现：传统中医献给世界的礼物》的主题演讲。在演讲中，她回顾了青蒿素的发现过程。并谈道：中国医药学是一个伟大宝库，应当努力发掘，加以提高。中西医药各有所长，二者有机结合，优势互补，当具有更大的开发潜力和良好的发展前景。中医药从神农尝百草开始，在几千年的发展中积累了大量临床经验，对于自然资源的药用价值已经有所整理和归纳。通过继承发扬，发掘提高，一定会有所发现，有所创新，从而造福人类。

"青蒿素——中医药给世界的一份礼物"，随着屠呦呦获得诺贝尔奖，这句话迅速为全世界所知，在中国乃至全世界引发了更多人对中国传统医药的关注和兴趣。

二、中医学理论体系的主要特点

中国传统哲学认为阴阳的对立统一是一切事物运动变化的根本原因，而自然界的天地万物都是普遍联系、相互影响的。建立在传统哲学基础之上的中医理论体系主要有两个特点：整体观念和辨证论治。

整体观念是中医学的主导思想，辨证论治是中医学的诊疗特色。中医理论体系是从整体出发，运用辨证的理论，以鉴别、推断病情。

（一）整体观念

中医学把对人体自身的完整性及人与自然、社会环境的统一性的认识称之为整体观念。一方面，人体是一个有机整体。中医学的整体观念认为，人体是一个由多层次结构构成的有机整体。人体结构的整体性是以五脏为中心，以经络为联系，心、小肠、舌、脉、肝、胆、目、脾、胃、口、肉、肺、大肠、鼻、皮、肾、膀胱、耳、二阴、筋骨相互连通，成为不可分割的有机整体。各脏腑组织生理相互协同、相互制约，维持协调平衡。另一方面，人与环境密切联系。中医学的整体观念认为，人生活在自然和社会环境中，人体的生理功能和病理变化，必然受到自然环境、社会条件的影响。人类在适应和改造自然及与社会环境的斗争中维持着机体的生命活动。这主要表现为人与自然、人与社会的和谐统一。人和自然环境的统一性主要反映在季节气候、昼夜晨昏、地区方域三方面变化对人的生理、病理影响；人与社会环境的统一性主要包括社会的治与乱，个人社会地位、经济状况的变动，生活中重大事件的发生等对人体生理病理的影响。从现代医学模式上来看，现代医学所主张建立"生物—心理—社会"的医学模式，也符合中医学"天人一体观"的内容。

（二）辨证论治

在中医学中，病是指有特定病因、发病形式、病机、发展规律和转归的一个完整的病理过程，反映了某种疾病全过程的总体属性、特征和规律，如感冒、痢疾、疟疾、麻疹、哮喘、中风等。症是指疾病的具体单个临床表现，包括异常主观感觉和异常体征，总称症状，如发热、咳嗽、头痛、眩晕及舌红、苔腻、脉数等。而证则是指在疾病发展过程中某一阶段或某一类型的病理概括，包括病因、病位、病性、病势等内容，反映了疾病发展过程中该阶段病理变化的本质特征，是疾病在不同阶段的表现形式。疾病是人体内某病变的全过程，疾病的本质变化贯穿于疾病整个过程的始终。病在其发展变化过程中，可以分为若干阶段，形成若干不同的证，这些证的症候反映出病在不同阶段的本质变化。故证是反映疾病在某一特定阶段的病理变化实质，是此阶段各种相关因素对病的影响的汇集点。可见病重在全过程，证重在阶段性，而证比病更具体，更具可操作性。

症与病、证之间的关系则是：症是病和证的现象，是病和证的外在标志，是辨识病或证的依据和出发点。病和证都是通过症反映出来的，由症的不同组合，形成不同的病候或证候。临床辨识病和证，主要是从症入手，抓住症的不同组合及其相互关系，辨清病候或证候。

因此，中医学对疾病的诊断和治疗要求"辨证论治"。辨证，即将望、闻、问、切四诊所收集的资料、症状和体征，运用中医学理论进行分析、综合，辨清疾病的原因、性质、部位和发展趋向，然后概括、判断为某种性质的症候的过程。

中医学辨证论治的运用，最大的特点就在于同病异治和异病同治。所谓同病异治，是指同一疾病，由于发病时间或地域不同，或所患疾病的发病阶段或类型不同，或病人的体质有异，故反映出的症候不相同，治法也就不同。例如：感冒风寒证适用祛风散寒（辛温解表）；风热证则选用疏风散热（辛凉解表）；而暑湿证选用祛暑除湿（祛暑解表）等。所谓异病同治，是指几种不同的疾病，在其发展变化过程中出现了大致相同的病机和大致相同的证候，就可采用大致相同的方法进行治疗。例如：胃下垂、肾下垂、眼睑下垂、子宫下垂、久泻脱肛等中气下陷的症候都使用益气升提法治疗。

 **经典诵读**

满庭芳·静夜思
【宋】辛弃疾

云母屏开，珍珠帘闭，防风吹散沉香。离情抑郁，金缕织硫黄。柏影桂枝交映，从容起，弄水银堂。连翘首，惊过半夏，凉透薄荷裳。

一钩藤上月，寻常山夜，梦宿沙场。早已轻粉黛，独活空房。欲续断弦未得，乌头白，最苦参商。当归也！茱萸熟，地老菊花荒。

铭　座
【南宋】辛弃疾

天下本无事，庸人自扰之。

吾身本无患，卫养在得宜。

一毫不加谨，百疾所由兹。

一生快意事，噬脐莫能追。

汝顾不少忍，杀身常在斯。

深居勿妄动，一动当百思。

每食视本草，此意未可嗤。

赋诗置座右，终身作元龟。

三、中医基础理论的主要内容

中医基础理论，是关于中医学的基本概念、基本知识、基本原理和基本思维方法的科学理论，也是阐释和介绍中医学的基本概念、基本知识、基本原理和基本思维方法的科学理论，它是中医的根本，是区别于西医的最主要的方面。

中医基础理论主要包括：医学的哲学基础——精气学说、阴阳学说、五行学说；中医对人体生理的认识——脏腑形体官窍、经络、精气血津液神的生理功能；中医对疾病的认识——病因、发病、病机；中医预防治病原则。

精气学说、阴阳学说和五行学说，是中国古代有关世界本原和发展变化的宇宙观与方法论，也是中医学的重要思维方法。代表文化进步和科学发展的精气学说、阴阳学说和五行学说渗透到医学领域，不仅帮助中医学构筑了独特的医学理论体系，而且构建了中医学的思维方法体系，反映了中医学思维方法的特点。

（一）精气学说

中医学中所指的"精"，又称"精气"，其基本概念有二：

1. 泛指气

气是一种充塞于宇宙之中的无形而运动不息的极细微物质，是构成宇宙万物的共同本原；

2. 专指气中的精粹部分，是构成人类的本原

气，是指存在于宇宙之中的不断运动而且无形可见的极细微物质，是宇宙万物的共同构成本原。中医学把气的运动形式称为气机，主要有升、降、聚、散等。而精气是天地万物相互联系的中介，维系着天地万物之间的相互联系，使它们成为一个整体，使万物得以相互感应。

（二）阴阳学说

阴阳，是中国古代哲学的一对基本范畴，是对自然界相互关联的某些事物或现象对立双方属性的概括。阴和阳，既可以标示一对相互关联又对立相反的事物或现象，又可以标示同一事物或现象内部对立相反的两个方面。

凡是运动的、外向的、上升的、弥散的、温热的、干燥的、明亮的、兴奋的、亢进的都属于阳；相对静止的、内守的、下降的、凝聚的、寒冷的、湿润的、晦暗的、抑制的、衰退的都属于阴。

事物的阴阳属性，是根据其不同的运动趋势、不同的功能属性、不同的所在空间和时间等，与其对立面相比较，以阴阳的特性为标准来确定的。

阴阳学说的基本内容包括：

1. 阴阳对立制约；

2. 阴阳互根互用；

3. 阴阳交感与互藏；

4. 阴阳消长；

5. 阴阳转化；

6. 阴阳自和与平衡。

阴阳五行学说既是哲理，又是最基本的医理；既用以说明普遍问题，也用以说明具体问题。如《素问·阴阳应象大论》说："阴阳者，天地之道也，万物之纲纪，变化之父母，生杀之本始，神明之府也。"《素问·宝命全形论》亦有："人生有形，不离阴阳。"《素问·生气通天论》："阴平阳秘，精神乃治；阴阳离决，精气乃绝。"这些是对生理病理的最高概括。论阴阳的生理关系有："阳化气，阴成形"，"阴在内，阳之守也；阳在外，阴之使也。"病理关系则是"阴胜则阳病，阳胜则阴病"。诊断的首要原则是"察色按脉，先别阴阳"，而"阳病治阴，阴病治阳"，又是必须遵循的治疗方法。

（三）五行学说

五行，即木、火、土、金、水五种物质及其运动变化。五行的特性，是古人在长期的生活和生产实践中对木、火、土、金、水五种物质的直观观察和朴素认识的基础上，进行抽象而逐渐形成的理性概念，是用以识别各种事物的五行属性的基本依据：五行思想最早见于《尚书·洪范》："五行：一曰水，二曰火，三曰木，四曰金，五曰土"，其中五行属性为"木曰曲直"——引申为生长、升发、条达、舒畅；"火曰炎上"——引申为温热、上升、光明；"土曰稼穑"——引申为生化、承载、受纳；"金曰从革"——引申为沉降、肃杀、收敛；"水曰润下"——引申为滋润、下行、寒凉、闭藏。正因为事物之间存在着相生和相克的联系，才使得自然界维持生态平衡。对人体来说，相生相克也属于正常生理现象，使人体维持生理平衡。

（四）藏象学说

藏象学说，是研究各脏腑的形态结构、生理机能、病理变化及其与精气血津液神之间的相互关系，以及脏腑之间、脏腑与五体官窍及自然社会环境之间的相互关系的学说。它是古人通过对解剖学的认识、长期生活实践的观察以及古代哲学思想的渗透和医疗实践经验的积累形成的。

藏象是指藏于体内的内脏及其表现于外的生理病理征象，以及内脏与自然界相通应的事物和现象。藏象学说的主要特点是以五脏为中心的整体观，主要体现在以五脏为中心的人体自身的整体性及五脏与自然环境的统一性两个方面。中医藏象学说还具有从宏观、功能、外象来把握脏腑的特点。

"器官"一词出自《黄帝内经》。书中把人体的器官命名为十二官，其中心为君主之官；肺为宰相之官、肝为将军之官、脾为谏议之官、胃为仓廪之官，五脏六腑各有所职。五行学说还以五脏为中心，一脏一腑，一阴一阳为表里，由经络相互络属推演络绎整个人体的各种组织结构与功能，将人体的形体、官窍、精神、情志等分归于五脏，并将自然界的五方、五气、五色、五昧等与人体的五脏联系起来，建立了以五脏为中心的天人一体的五脏系统，将人体内外环境联结成一个密切联系的整体。

知识链接

《黄帝内经》中的养生格言

◎味伤形，气伤精。精化为气，气伤于味。

◎提挈天地，把握阴阳。呼吸精气，独立守神，肌肉若一。

◎怒则气上，喜则气缓，悲则气消，恐则气下，惊则气乱，思则气结。

◎志意和则精神专直，魂魄不散，悔怒不起，五脏不受邪矣。

五脏六腑中的五脏为心、肺、脾、肝、肾，能够化生和贮藏精气，具有"藏精气而不泻""满而不能实"的特点。六腑为胆、胃、小肠、大肠、膀胱、三焦，具有受盛和传化水谷的功能，器官具有"传化物而不藏""实而不能满"的特点。奇恒之腑则是指形态上中空有腔似腑，功能上贮藏精气似脏，与一般脏腑不同的六种器官或组织，包括脑、髓、骨、脉、胆、胞（习惯上指女子胞，但男女皆有"胞"。"胞"，在男子是指精室，又称精宫），其作用是贮藏精气，特点是"藏而不泻"。因此，一般临床病理上脏病多虚，腑病多实；治疗上五脏宜补，六腑宜泻。

1. 五脏

（1）心在人体之中掌管神明，在五脏中为"君主"，统帅其余腑脏。心在五行中为火。心之有空，人才能明。

（2）肺在五脏中号称"相傅之官"，地位尊贵，肺的主要生理机能是主气（司呼吸）与主行水，主气包括主呼吸之气和主一身之气两个方面。

（3）脾为"谏议之官"，就是说脾脏和其他器官关系都很密切，有督察其他器官的职责。在人体中，脾可以起到预警的功效。脾能够知道人体方方面面的问题都出在哪里，即"知周"。

（4）肝为"将军之官"，肝脏如同威严的大将军，是人体内解毒排毒，防御病毒入侵的重要器官。肝的主要生理机能是主疏泄和主藏血。

（5）肾为"作强之官"，意思是肾是给人体提供力量与智慧的器官。肾的主要生理机能是藏精与主水，主管人体的发育与生殖。

2. 六腑

六腑都是空腔脏器，其病理特征重点是"不通则痛"，主要症状表现为腹痛、腹胀、痞满、便闭、呕吐、小便不通等。因此，临床治疗六腑疾患，主张以疏通为主要大法。六腑的主要生理机能介绍如下：

（1）胆的主要生理机能是贮藏和排泄胆汁。

（2）胃的主要生理机能是主受纳水谷，即胃气具有接受和容纳饮食物的作用。

（3）小肠的主要生理机能是主受盛化物和主泌别清浊。

（4）大肠的主要生理机能首先是主传化糟粕，因此又称"传导之官"。

（5）膀胱的主要生理机能是贮存和排泄尿液。

（6）三焦，是上焦、中焦和下焦的合称，即将躯干划分为3个部位，横膈以上为上焦，包括心、肺；横膈以下至脐为中焦，包括脾、胃；脐以下为下焦，包括肝、肾、大肠、小肠、膀胱。

3. 脏与腑的关系

脏与腑之间的关系是脏腑阴阳表里配合关系。所谓表里，是中医用来划分病位深浅的一对纲领。脏与腑有着不同的阴阳属性，脏属阴为里，腑属阳为表。脏腑的表里由经络来联系，彼此经气相通，互相作用。因此，脏与腑在病变上能够互相影响，互相传变。脏腑之间的关系为：

（1）心与小肠：手少阴心经属心络小肠，手太阳小肠经属小肠络心，心与小肠通过经脉的相互络属而构成了表里关系。两者在生理上，相互为用；病理上，相互影响。

（2）肺与大肠：手太阴肺经属肺络大肠，手阳明大肠经属大肠络肺，肺与大肠通过经脉的相互络属而构成了表里关系。

（3）脾与胃：脾与胃同居中焦，以膜相连，并通过经脉相互络属而构成表里配合关系。

（4）肝与胆：肝胆同居右胁下，胆附于肝叶之间，并有经脉相互络属，构成表里相合关系。

（5）肾与膀胱：肾在五行之中归于水，能调节全身水液。肾与膀胱以"系"相通，并有经脉相互络属，构成表里相合关系。

（五）经络学说

"经络"一词首先见《黄帝内经》，《黄帝内经·灵枢·邪气脏腑病形》中说："阴之与阳也，异名同类，上下相会，经络之相贯，如环无端。""经"和"络"，是经络学说最基本的概念。所谓"经"，是"十二经"和"奇经八脉"的直行主干。所谓"络"，是各"经"分出的支线。"经"和"络"合起来，则称"经络"。

古人在长期的生活与医疗实践中，通过施用砭刺、艾灸、导引、推拿按摩、气功吐纳及药物治疗等方法体验感受，从而发现了经络感传现象。经络的名称与循行是古代医家根据"天人相应"的观点，应用阴阳、五行学说的理论对人体内外、上下、左右脏腑器官，经络气血运行的规律总结出来的。

经络系统由十二经脉、奇经八脉、十二经别、十二经筋、十二皮部，以及十五络脉和浮络、孙络等组成。根据中医学"内为阴、外为阳，脏为阴、腑为阳"的原则将分布于肢体内侧（或腹部）的经脉统称阴经，将分布于肢体外侧（或背部）的经脉统称阳经。阴经与脏腑的关系是属脏络腑，而阳经与脏腑的关系是属腑络脏。

经脉可分为正经和奇经两类。正经有十二条，即手足三阴经和手足三阳经，合称"十二经脉"，是气血运行的主要通道。奇经有八条，即督、任、冲、带、阴跷、阳跷、阴维、阳维，合称"奇经八脉"，有统率、联络和调节十二经脉的作用。十二经别，是从十二经脉别出的经脉，主要是加强十二经脉中相为表里的两经之间的联系，还由于它通达某些正经未循行到的器官与形体部位，因而能补正经之不足。

十二经脉的名称为：手太阴肺经、手厥阴心包经、手少阴心经、手阳明大肠经、手少阳三焦经、手太阳小肠经、足太阴脾经、足厥阴肝经、足少阴肾经、足阳明胃经、足少阳胆经、足太阳膀胱经。

经络的生理功能主要表现在沟通表里上下，联系脏腑器官；通行气血，濡养脏腑组织；感应传导；调节脏腑器官的机能活动。经络将人体的五脏六腑、四肢百骸、五官九窍、皮肉筋骨等连接为一整体。经络是气血分散到人体各部位的通道和媒介，如果经络出现了问题，也就无从谈起气血的运行，人体的各个部位也就无法得到充足的气血供应，从而影响各个器官正常的生理活动。

（六）病因学说

病因学说是中医基本理论的一个重要组成部分，它可以根据患者的发病过程、临床病症，推断出疾病的根源，对症下药，最终达到治疗疾病的目的。病因（亦称为"致病因素""病原""病邪""邪气"等），即指破坏人体阴阳正常水平的相对平衡状态。中医学所说的病因，主要包括六淫、疠气、七情内伤、饮食失宜、劳逸失度、外伤（包括跌打损伤、烧烫伤、冻伤和虫兽所伤等）、诸虫（即寄生虫）、药邪以及痰饮、淤血、结石等。

中医将人体产生疾病的因素归结为外感和内伤两大类。外感主要包括六淫和疠气。六淫（又称为"六邪"），是指风、寒、暑、湿、燥、火（热）六种外感病邪的统称，属于外感病的一类致病因素。疠气，是一类具有强烈致病性和传染性的外感病邪。内伤主要包括七情内伤和饮食失宜。七情内伤，是指喜、怒、忧、思、悲、恐、惊七种引发或诱发疾病的情志活动。饮食失宜主要指饮食不节、饮食不洁、饮食偏嗜所导致的疾病。此外，劳逸失度，即过度劳累或者过度安逸，四体不勤，也会导致疾病。

史事拾微

对症下药

一次，府吏倪寻和李延生病了，他们一同去找华佗诊治。两人的感觉相同，都是头很疼，全身发热。华佗经过望色、诊脉，给他们开出不同的药。倪寻和李延非常奇怪："我俩同一症状，吃的药为什么有那么大的区别？是不是华佗弄错了？"于是，他们向华佗请教。

华佗问道："生病前你们都做了什么？"

　　倪寻说：“我昨天赴宴回来，就感到有点不舒服，今天就头疼发烧了。”

　　李延说：“我好像是昨天没盖好被子受凉了。”

　　华佗解释道：“倪寻的病是由于饮食过多引起的头疼身热，病在内，应当服泻药通肠胃，将积滞泻去，病就好了。李延的病是因为外感风寒受凉引起感冒发烧，病在外，应当吃解表药发汗，风寒之邪随汗而去，头痛也就好了。你们病情表面差不多，但病因相异，治疗的办法理应不一样才对啊！”

　　二人拜服，回家后各自将药熬好服下，很快都痊愈了。

第二节　中华医学的诊疗方法

　　中医学的疾病治疗极具特色，除了辨证论治的原则外，特有的脉诊与针灸、独特的方药理论及使用，都与中国传统文化倡导“宝命全形以贵生”的系统思维方式、哲学思想等关系至为密切。

一、治疗原则

　　中医的治疗原则，总的方针是调和阴阳，扶正祛邪，疏通经络。中医学认为发病的基本原理在于正邪相搏。正气是决定发病的内在因素；邪气是发病的重要条件；邪正相搏的胜负，决定发病与不发病。

　　治疗原则包括：

1. 治标与治本

　　缓则治本，急则治标，标本兼治。

2. 扶正与祛邪

　　扶正是扶助正气，增强体质，提高机体的抗邪及康复能力的一种治疗原则。祛邪是祛除邪气，消解病邪的侵袭和损害、抑制亢奋有余的病理反应的一种治疗原则。

3. 调整阴阳

　　损其有余，补其不足，阴阳并补，回阳救阴。

4. 调理精气血津液，保证人体精气神的旺盛

5. 治疗中，提倡三因制宜

　　即“因时制宜，因地制宜，因人制宜”，根据不同的条件辨证施治。

二、中医诊断方法

　　中医学的诊断方法讲求望、闻、问、切四诊，而脉诊是中医特有的诊断方法，在中医理论体系及诊疗实践中占有非常重要的地位。古代医家在长期的临床实践中，逐步发展了这一诊断方法。我国的脉诊法起源很早，在秦汉以前的古代文献中已有丰富的脉学史料。《黄帝内经》收载了大量秦汉以前的脉学资料，书中论述了40多种脉象，又提出了“三部九候”诊法和“气口人迎脉”诊法。成书

于汉代的《难经》，确立了手腕（寸口）寸、关、尺为三部，每部切浮、中、沉为九候的"三部九候"诊脉法。此法以右手寸部主肺、大肠，关部主脾胃，尺部主三焦、心包络；左手寸部主心、小肠，关部主肝、胆，尺部主肾、膀胱，为后世普遍推行的寸口诊脉法奠定了基础。《难经》对脉理的探讨较为精深，尤其是提出"十二经皆有动脉，独取寸口，以决五脏六腑死生吉凶之法"，且将《内经》的脉学资料系统化，但未形成专书。

至魏晋时期，王叔和对脉学进行了第一次全面的总结，撰成《脉经》一书，这是现存最早的脉学著作，奠定了我国脉学发展的基础。该书确立了"寸口脉诊法"；归纳脉象24种，规范了脉象名称，即浮、芤、洪、滑、数、促、弦、紧、沉、伏、革、实、微、涩、细、软、弱、虚、散、缓、迟、结、代、动等，如描述浮脉"举之有余，按之不足"，弱脉"极软而沉细，按之欲绝指下"，虚脉"迟大而软，按之不足，隐指，豁豁然空"等。

东汉名医张仲景，被称为"医圣"。他根据自己的实践对中医学理论作了发展，认为伤寒是一切热病的总名称，也就是一切外感而引起的疾病，都可以叫作"伤寒"。所著《伤寒杂病论》概括了中医的望、闻、问、切和阴阳、寒热、表里、虚实八纲，以及汗、吐、下、和、温、清、消、补等八种治法。该书理法方药齐备，正式确立了中医辨证论治法则，并具体指导临床实践，为我国临床医学的发展奠定了坚实的基础。

《伤寒杂病论》对方剂组成以及方中药物的加减化裁，均提出了较严格的要求，充分体现了君、臣、佐、使相配合的组方原则。根据病情变化和兼症的不同，处方又有所加减化裁。由此可知，张仲景的组方原则严格而灵活，书中所载方剂大多切合临床实际。如治疗阳明热盛以及暑瘟的白虎汤，治疗黄疸的茵陈五苓散，治疗痢疾的白头翁汤，治疗胸痹心痛彻背的栝楼薤白半夏汤，治疗虚劳和虚烦不眠的酸枣仁汤，治疗妇人经漏的芎归胶艾汤等，都是直至今天仍在普遍应用的行之有效的方剂。书中并载有汤、丸、散、酒、洗、浴、熏、滴耳、灌鼻、软膏、栓剂等不同剂型，创制了大量的经典方剂，收方269首，使用药物达214种，基本上概括了临床各科的常用方剂，因此《伤寒杂病论》被誉为"方书之祖"。

知识链接

中医四诊

中医四诊是指春秋战国时期名医扁鹊提出的"四诊法"：望、闻、问、切。这四种诊法至今依然普遍使用，是中医辨证施治的重要依据。

◎望诊通过观察病人的神、色、形、态、舌象等以测知内脏病变，确定病位、病性。中医通过大量医疗实践，逐渐认识到机体外部特别是面部、舌质、舌苔与脏腑的关系非常密切。

◎闻诊通过听声音和闻气味，以了解病体发出的各种异常声音和气味，诊察病情。

◎问诊通过询问病人或陪诊者，了解疾病的发生、发展，治疗经过、当前症状及其他与疾病有关的情况，以诊察疾病。

◎切诊通过切按病人的脉搏和触按病人的皮肤、胸腹、手足以诊察疾病。

三、中药治疗原理

中医药有着悠久的历史和辉煌的成就。作为过去几千年来人们维护健康、防治疾病的重要手段，在今天更以其独特的优势与现代医学体系互相补充，成为推动健康中国建设的坚定力量。

药物的发现，是与原始人类的植物采集以及农业生产密切相关的，并在不断的临床实践中，根据中医"阴阳五行、天人合一"的整体观念和辨证论治理论体系加以完善。中药有四气五味、升降浮沉、归经、有毒无毒、复方配伍、加工炮制等特点。中药的配伍是指有目的地按病情需要和药性特点，有选择地将两味以上药物配合同用。疾病的发生和发展往往是错综复杂、瞬息万变的，常表现为虚实并见、寒热错杂、数病相兼，故单用一药是难以兼顾各方的。

早在东汉的《神农本草经》中，将药物分为"上、中、下"三品。《神农本草经》阐述了最基本的药物学理论，将药物分四气五味，即药有酸、咸、甘、苦、辛五味，又有寒热温凉四气。根据五行学说，木、火、土、金、水对应肝、心、脾、肺、肾，对应药物的酸、苦、甘、辛、咸，对应相应的六腑、其华、窍等。在治疗中以药之味入其脏腑，例如：乌梅，性味酸、涩、平，归肝、脾。这就是说，医者既要了解药物四气五味及有毒无毒等情况，选择适宜的采集时间，掌握药物的生熟程度，还要了解地理环境对药物的影响。

天然药材的分布和生产，离不开一定的自然条件。自然条件的不同，各地所产，其质量规格也不一样。如四川的黄连、川芎、附子，广东的陈皮，东北的人参、细辛、五味子，云南的茯苓，河南的地黄，山东的阿胶等。药材的采收，应该在有效成分含量最多的时候进行，通常以入药部分的成熟程度作为依据。全草入药的，大多在植株充分成长或开花的时候采集，从根以上割取地上部分，如益母草、豨莶草、荆芥、薄荷、紫苏等；须连根入药的，则可拔起全株，如车前草、柴胡、大蓟、小蓟等；有的须用嫩苗或带叶花梢，如夏枯草、茵陈蒿之类，更要适时采收。根和根茎的采集，古时以二月、八月为佳，认为春初"津润始萌，未充枝叶，势力淳浓"，"至秋枝叶干枯，津润归流于下"，并指出"春宁宜早，秋宁宜晚"。

并不是所有药物都可以配合使用。有的药物合用后，能相互加强作用，有的能抑制另一种药物的毒性，适宜于配合使用，而有的药物合用后，会产生剧烈的副作用，则不应同用。《神农本草经》中对近两百种药物的配伍宜忌予以说明，任何一个方剂，并非药物随意堆砌，而有一定的组方规律。方中既要有君药也要有臣药，还要有协助君、臣药起作用或在整个方剂中起调和、控制或引导作用的佐使药。

南北朝陶弘景著的《本草经集注》，按自然属性将药物分为"玉石、草木、虫兽、果菜、米食、有名、未用"七类，按药性分为"寒、微寒、大寒、平、温、微温、大温、大热"八种，还创立了"诸病通用药"分类法，以主治功效分类药物，列举80多种疾病的通用药物。

唐代大医家孙思邈十分强调用药物预防疾病，他常年潜心修道，以医术及医学著称于世，并被后世尊奉为"药王"。孙思邈传世著作达77种，加上一些节本总共86种。其中最著名的《千金要方》《千金翼方》被后世奉为医学圣典。这两部书详尽地记载了唐以前主要医学著作的医论、医方、诊法、治法、食养、导引等多方面的内容，包括作为一个医生所必备的各种医学理论和实践知识，堪称我国最早的医学百科全书。

成书于明代的《本草纲目》系统总结了 16 世纪以前我国的药物学成就。《本草纲目》以《证类本草》为蓝本，全书共收载药物 1 892 种，其中 1 479 种是将《证类本草》药物剪繁去复而成，另有 374 种系李时珍新增；《本草纲目》提出了当时最先进的药物分类法。李时珍按"物以类聚、目随纲举"的原则将药物依自然属性归纳，即以"水、火、土、金石、草、谷、菜、果、木、服器、虫、鳞、介、禽、兽、人"共 16 部为纲，各部之下又再分为若干类，其排列原则是"从微至巨""从贱至贵"，建立了古代先进的药物分类体系。全书系统地记述了各种药物知识，对药物的记述分 8 个项目（"事"）涵盖了药物的名称、产地、品种、形态、炮制、性味、功效、主治等。尤其是"发明"一项，着重探讨药性疗效及用药要点，主要是李时珍本人对药物观察、研究以及实际应用的理论阐述和经验总结。

李时珍还纠正了以往本草书中的某些错误，书中对药物品种的考订议论精详，如批判了以往记载服食水银、雄黄可以成仙的说法。《本草纲目》不仅对药物学有巨大贡献，还反映了不少与医学以及与药物的形态、生态环境相关的自然科学知识，其中包括环境对生物的影响、遗传与相关变异现象等。

四、中医治疗方法

中医治疗方法按治疗途径可分为外治、内治两大类。外治有针灸疗法、拔火罐疗法、推拿疗法、刮痧等；内治则有各种中草药疗法。除了各种具体疗法以外，中医还有极其重要的治疗思想，如强调营养为主、精神为主、预防为主、整体为主等。中药指在中医理论指导下用于诊断预防、治疗疾病并具有康复与保健作用的药物。中药主要来源于天然药及其加工品，包括植物药、动物药、矿物药及部分化学、生物制品类药物。

现介绍种特有的外治疗法。

（一）针灸

针灸术是中医学中独具一格的治疗方法，从原始社会用砭石为工具刺病开始，作为秦汉以前临证实践最常使用的技术，在《内经》《难经》中已积累了丰富的经验和理论认识，并产生了扁鹊、华佗、涪翁、郭玉等针灸大家。魏晋时期皇甫谧对针灸学进行了首次总结，写成了我国现存最早并以原本形式传世的第一部专著——《针灸甲乙经》。该书系统整理了人体穴位，总结了临床针灸的治疗经验，按病论穴，同时也阐明了针灸操作方法和禁忌。到了南北朝和隋唐时期，针灸学著作不仅数量上有了很大增加，而且内容也更加丰富多彩。宋代医官王唯一在宋仁宗天圣五年（1027 年）编写《铜人腧穴针灸图经》的同时，又在医官院主持监制了最早的两具刻有经脉腧穴的铜质人体模型，叫作针灸铜人。这种铜人除了供教授和学习辨认腧穴外，还可作考试用。铜人体内盛满了水银，外面涂蜡，然后给铜人穿上衣服，让医生试针。如果能准确地刺入孔穴，就可以使水银射出；如果取穴位置错误，针就不能刺入。

（二）拔罐

拔罐疗法，古代典籍中亦称为角法，在我国已有两千多年的历史，并形成一种独特的治病方法。中医认为拔罐可以疏通经络，调整气血。在中医上经络有"行气血，营阴阳，儒筋骨，利关节"的生理功能，如经络不通则经气不畅，经血滞行，可出现皮、肉、筋、脉及关节失养而萎缩、不利，或血脉不荣、六腑不运等。通过拔罐对皮肤、毛孔、经络、穴位的吸拔作用，可以引导营卫之气始行输布，鼓动经脉气血，濡养脏腑组织器官，温煦皮毛，同时使虚衰的脏腑机能得以振奋，畅通经络，调整机体的阴阳平衡，使气血得以调整，从而达到健身祛病疗疾的目的。

（三）推拿

推拿，古代也称按摩、按跷等，是人类最古老的医治疾病的自然疗法之一，也是中医治疗体系中的一个重要组成部分。推拿疗法对伤筋具有独到的治疗作用。伤筋多以疼痛为主要症状，乃经脉受损、气血不通所致，因此在推拿治疗伤筋中将"松则通""顺则通""动则通"三者有机结合，作用于伤痛部位，使经脉畅达，气血通畅，经气周流，宗筋舒缓，从而缓解疼痛，治愈伤筋。

（四）刮痧

刮痧是以中医经络皮部理论为基础，用边缘钝滑的器具，如铜钱、瓷匙、硬币、小陶瓷酒盅或水牛角特制的刮痧板等物，在人体一定部位的皮肤上刮动，使局部出现痧斑或痧痕，让脏腑秽浊之气经腠理通达于外，从而使周身气血得到通畅，以达到治疗目的的方法。其机理在于通过对十二皮部的良性刺激，达到疏通经络、行气活血、调整脏腑机能的作用，是中医独特的治疗方法之一。

> **知识链接**
>
> #### 中国古代名医
>
> 扁鹊，姓秦，名越人，战国时著名医学家，由于医术高超，人们借用黄帝时的神医"扁鹊"的名号来称呼他。扁鹊精于内、外、妇、儿、五官等科，在诊视疾病中，应用了中医四诊法。扁鹊还精于外科手术。扁鹊在诊断、病理、治法上对祖国医学作出了卓越的贡献。
>
> 张仲景，东汉末年著名医学家，被后人尊称为医圣。张仲景广泛收集医方，写出了传世巨著《伤寒杂病论》，对于推动后世医学的发展起了巨大的作用。
>
> 华佗，东汉末年著名医学家。他医术全面，尤其擅长外科，精于手术，并精通内、妇、儿、针灸各科。由于他在治疗中临证施治、诊断精确、方法简便、疗效神速，被誉为"神医"。华佗首创药物全麻术，被尊奉为外科之鼻祖，他创编的《五禽戏》流传至今。
>
> 李时珍，明代著名医药学家，着重药物研究，重视临床实践。李时珍著有《本草纲目》一书，共52卷，收药1892种，被称作"东方医学巨典"。另外他还有多部医学著作流传于世，被后世尊为"药圣"。

第三节　中医养生理论

养生，又称为摄生、道生、保生等。中医养生学是在中医理论指导下，研究人类生命规律，寻找增强生命活力，预防疾病的方法，同时探索衰老的机理以及益寿延年的原则与理论的一门学科。其学说科学实用，是中国医药文化之精粹。

中医养生之道的特点是以传统中医理论为指导，遵循阴阳五行生化收藏之变化规律，对人体进行科学调养，保持生命健康活力。养生是以培养生机、预防疾病、争取健康长寿为目的。中医养生有食养、药养、针灸、按摩、气功等丰富多样的养生技术。如果注意养生，便可长寿，"度百岁而去、终其天年"。如果不注意养生，就会"半百而衰，夭折而去"。人的寿命是有极限的，这是自然规律。

中医养生理论的核心和中医养生之道的措施主要体现在如下几个方面。

一、尊重自然规律、顺时养生

中医学认为，人身就是一个小天地，也就是说，人与自然具有相通相应的关系，不论四时气候、昼夜晨昏，还是日月运行、地理环境，各种变化都会对人体的生理、病理产生重要影响。例如，自然界的四时气候变化就能直接影响到人的情志、气血、脏腑以及疾病的产生。

中医养生学在这一思想的指导下，认为人类必须掌握和了解四时六气的变化规律和不同自然环境的特点，顺应自然，保持人体与外界环境的协调统一，才能达到养生防病的目的。

顺应自然是养生保健的重要环节，它包括两方面的内容：一是遵循自然界正常的变化规律；二是慎防异常自然变化的影响。然而顺应自然规律并非被动地适应，而应在认识自然规律的基础上，体现出人的主观能动性，从而保持健康，免患疾病。

中医所提倡的顺时养生，即顺应四时气候，阴阳变化规律，从精神、起居、饮食、运动等方面综合调养的养生方法。其宗旨是"春夏养阳，秋冬养阴"，防止外邪伤害。所谓外邪，是指六淫之邪（风、寒、暑、湿、燥、火）及其他外伤因素等。祛除外邪，防止外邪侵犯是养生的目的，这一观点始终贯穿于养生的整个过程中。在古人的养生实践中，以气功为主的吐纳导引术、针灸推拿术和以食物、药物为主的养生方式最为常用。

二、形神共养、调节情志

传统健身术养生，即用太极拳、五禽戏、易筋经、八段锦等拳术及各种气功和武术运动等，来炼形、炼意、炼气，使身体"形与神俱"。形体的锻炼可使气血流畅，筋骨劲强，肌肉发达结实，脏腑功能健壮。养生讲究以"动"及"静"，即通过形体锻炼来调节人的精神情志活动，促进人体的身心健康。运动量要适度，循序渐进，持之以恒，不要超强度锻炼，老人的锻炼尤不宜过力。

在中医养生的发展过程中，传统的导引吐纳术与道家的"清静无为"思想、佛道两家的坐禅以及印度瑜伽术相结合，形成了独具中国特色的气功养生理论。道家非常崇尚自然，提倡"返璞归真""清静无为"，要人的思想安静、清闲、少欲，使神志健全，精神内守。儒家从伦理道德的修养来养性长寿，孔子提出"仁者寿"，孟子也提出了"我善养吾浩然之气"。我国古代道家的吐纳、服气、行气、内丹、存思，佛家的禅定、打坐、观想，医家的导引、按跷及相关食饵、医药、起居等，儒家的修身、养气、坐忘等众多养生理论和方法，都属于气功范畴。气功，以其柔和缓慢，老少皆宜，健身效果明显等独特魅力，千百年来一直深受广大群众的喜爱。

中医认为，人的情志即精神世界是非常重要的。精神的调养是养生的又一重要环节。调神养生即调养精神，其方法除四季调神外，还有养静藏神、动形怡神、移情易性等养神之法。避免不良精神刺激，提高自我心理调摄能力，是中医养生遵循的原则之一。《黄帝内经》说："志意和则精神专直，魂魄不散，悔怒不起，五脏不受邪矣。"传统中医学认为，"怒伤肝""喜伤心""思伤脾""忧悲伤肺""恐伤肾"，若任其发展，甚至可能危及生命。因此，许多养生家创立了许多保持精神恬愉、心理健康的"情志"调畅养生法，如精神内守、舒畅情绪、排泄忧闷、积极有为和涵养道德等。

三、合理搭配，调节饮食

中国传统文化讲究"医食同源"，因此饮食与药物养生是传统养生的又一重要手段。饮食养生提倡饮食有节、注意饮食卫生、克服饮食偏嗜和药膳保健等。饮食是供给机体营养物质的源泉，是维持人体生长、发育，完成各种生理功能，保证生命生存不可缺少的条件。食物养生在《黄帝内经》中就有记载，要求根据食物的气味特点，以及人体阴阳盛衰的情况，予以适宜的饮食营养。饮食或以养精，或以补形，既可以补充营养，又可调整阴阳平衡，不但能保证机体健康，也是防止产生疾病的重要措施。饮食当中的"五味"与养生关系十分密切。《黄帝内经·素问·生气通天论》指出："阴之所生，本在五味，阴之五宫，伤在五味。""是以谨和五味，骨正筋柔，气血以流，腠理以密，如是则骨气以精，谨道如法，长有天命。"说明饮食五味和谐，则有助于机体消化吸收，滋养脏腑、筋骨、气血，从而达到健康长寿的目的。《黄帝内经·素问·五藏生成篇》指出："多食咸，则脉凝泣而变色；多食苦，则皮槁而毛拔；多食辛，则筋急而爪枯；多食酸，则肉胝而唇揭；多食甘，则骨痛而发落，此五味之所伤也。"由此可见食味太偏有损健康，强调了五味调和的重要性。

食养关键在于饮食有节，在于"简、少、俭、谨、忌"五字。饮食品种恰当合理，讲究早食常宜早，晚食不宜迟，夜食反多损的原则，强调饮食"守礼"，进食量不宜过饱，每餐所进肉食不宜品类繁多，要十分注意良好的饮食习惯和讲究卫生。

另外，食物还要与年龄、体质、地域环境、季节、天气相适应。中医养生有明确的季节划分。春季养生应该注意的是春天肝气旺、脾气衰，应少吃酸，多吃甜的食物，因酸味属肝，甘味属脾，故需注意调养。夏季阳气在外，阴气内伏，人的消化功能较弱，食物调养应着眼于清热消暑，健脾益气。因此，饮食宜选清淡爽口、少油腻易消化的食物。入秋以后，空气干燥，中医把这种气候特点称为"燥"。秋燥是外感"六淫"的病因之一，人体容易出现口干咽燥、咳嗽少痰等各种秋燥病症。这一时期水果大量上市，可以很好补充人体所缺的水分和营养。冬季自然界阳衰阴盛，寒气袭人，极易损伤人体的阳气，因此冬季是人体进补的大好时机。我们可以适量加入含有优质蛋白和高能量的肉类，还可以多吃黑米、黑豆、黑芝麻、黑木耳、黑枣、乌鸡等黑色食品。

四、动静互涵、练养结合

中医认为"养生在动，养心在静"。运动和静养是中国传统养生防病的重要原则。"动"会让人呼吸加快，血液循环加速，耗氧量增加，肌肉收缩幅度和频率增大，如跑步、拳击、各种球类运动、练肌肉、骑车、爬山等活动；"静"则使人放慢呼吸节奏，放松身心，耗氧量下降，心跳减缓，如打坐、静卧、下棋、静思、休息等状态时的特征。运动能锻炼人体各组织器官的功能，促进新陈代谢以增强体质，并能防止早衰。但并不表示运动越多越好，运动量越大越好。

中医养生学更强调静养的作用，认为躯体和思想的高度静止才是养生的根本大法，以静养生的原则更符合人体生命的内在规律。静养主要强调的是心神宜静。心神与人体健康的关系是十分密切的，只有神气清静，才能健康长寿。由于心神常处于易动难静的状态中，那么清静养神就显得特别重要。静养并不是指饱食终日，无所用心，而是要求精神专一，摒除杂念。正常地用心神，对强神健脑大有益处。

另外，形体的动静状态与精气神的生理功能状态有密切的联系，长时间保持一种姿势易导致精气郁滞，气血凝结。如《黄帝内经·素问·宣明五气篇》指出："久坐伤肉，久立伤骨，久卧伤气，久行伤筋。"宋代浦虔贯在《保生要录·调肢体门》中说："养生者，形要小劳，无至大疲。故水流则清，滞则拧。养生之人，欲血脉常行，如水之流，坐不欲至倦，行不欲至劳。顿行不已，然后稍缓，是小劳之术也。"

运动可以促进精气流通，气血畅达，增强抵御病邪的能力，所以适当的运动是有益的。总之，中医养身强调动静结合，适度运动，要动静兼修，动静适宜。运动时，一切顺乎自然，动于外而静于内，动主练而静主养神。

知识链接

中医药四大经典

《黄帝内经》《难经》《伤寒杂病论》《神农本草经》是中医药四大经典巨著，它们在中医药发展史上具有重要作用，具有里程碑式的意义，对古代乃至当代中医药都有着巨大的指导作用与研究价值。

《黄帝内经》第一次系统讲述了人的生理、病理、疾病、治疗的原则和方法，是中国影响极大的一部医学著作。《黄帝内经》中还有许多与人体健康有关的其他内容，特别是其中的"治未病"思想，对当代中医临床仍然具有非常重要的指导意义。《黄帝内经》蕴藏了很多哲理，医德思想内涵丰富、外延广泛。2011年5月，《黄帝内经》成功入选联合国教科文组织的《世界记忆名录》。

《难经》传为秦越人（扁鹊）所作。《难经》之"难"字，有"问难"或"疑难"之义。全书共八十一难，采用问答方式，探讨和论述了中医的一些理论问题，内容包括脉诊、经络、脏腑、阴阳、病因、病机、营卫、腧穴、针刺、病证等方面。这些内容对后世医学理论的发展有深远的影响。

《伤寒杂病论》的作者是东汉末年著名医学家、被后人尊称为医圣的张仲景。《伤寒杂病论》系统地分析了伤寒的原因、症状、发展阶段和处理方法，创造性地确立了对伤寒病"六经分类"的辨证施治原则，奠定了理、法、方、药的理论基础。它是我国第一部临床治疗学方面的巨著。

《神农本草经》，东汉时期集结整理成书，是众多医学家搜集、总结、整理当时药物学经验成果的专著，是对中国中医药的第一次系统总结，是中医药物学理论发展的源头。

推荐欣赏

观看视频《悬壶济世——中医学发展》。

第四节 中国传统医药学的文化内涵

中医药在形成、发展和壮大的过程中不断汲取中华民族优秀的传统文化思想，兼收并蓄，不断创新，日趋完善，从而形成了具有自身特点的中医药文化。

一、人命至重、以人为本

传统文化的人文精神在于以人为本，强调人的主体地位。基于这种人文精神，中医学认为，"天覆地载，万物悉备，莫贵于人"，强调贵人贱物、珍惜生命、保护生命，治病的同时将人作为活生生的个体来看待，注重人文因素在发病过程中的影响，将治病与医人融洽地结合起来，德术并重，立足于人与自然、社会和谐关系的构建。这不仅是中医药文化的轴心，而且是中国文化的核心。

中医学家在千百年的行医实践中形成了良好的医德医风，把人的生命价值视为医学的出发点和归宿，把不为名利、潜心医术、志存救济、仁爱至尊、认真负责作为医德的标准，这是中国传统文化关于人伦和谐价值观的体现。唐代名医孙思邈在《千金要方》中作了全面总结。他指出，名利思想"此医人之膏肓也"，是医生最应忌讳的，如果行医以收取绮罗财物、食用珍肴佳酿为目的，那就是一种无视"病人苦楚"的"人所共耻""人所不为"的行为。他认为，医生的首要任务，应当是维护和保障病人的健康与生命，把人的生命价值看作是医学的出发点和归宿，把挽救病人的生命看作是医生的最宝贵的财富。

二、天人合一、立足整体

基于中国传统哲学"天人合一"思想，作为中医养生文化开山之作的《黄帝内经》认为，人是大自然的产物，应该与自然、与万物同生共存，和平共处。人遵循自然界变化的内在规律，进行饮食起居、工作运动，并随着四时气候、地理环境以及社会环境的改变而进行调整。那么，顺其自然、融入自然，可以少生疾病、延缓衰老、益寿延年；违背自然、破坏自然，必将受到自然的制约和报应，将会引起疾病，损害机体。

中医学认为，人体是一个以心为主宰，五脏为中心，通过经络"内属于腑脏，外络于肢节"联系的有机整体。

中医在分析疾病的病因病机时，亦立足于整体，着眼于局部病变的整体病理反应，认为任何一个局部的病变，都可以影响整体，因此以"有诸内必形诸外"为理论依据，通过察脉、验舌，以及观察体表的变化，测知内脏脏腑及全身功能活动。通过观察分析形体、官窍、色脉等外在的病理表现，判断内在脏腑的病理变化。

所以临床医疗用药之中，对于局部的病变，中医不是头痛医头、脚痛医脚，而是主张通过整体加以调治。如用清肝的方法，治疗肝火上炎的红眼病；用清心泻火的方法，治疗口舌糜烂、口腔溃疡；用清目的方法，治疗实火牙痛；用宜肺的方法，治疗感冒鼻塞。

三、阴阳平衡、以和为贵

中医学对人体健康状态的基本认识是"阴阳平衡"，认为只有各脏腑功能和谐，情志平和，顺应环境，人体阴阳才能保持动态平衡，从而达到"阴平阳秘"的健康状态。疾病的产生从根本上说是阴阳失衡（偏盛偏衰）、人体五脏系统五行生克制化太过或不及，导致机体失去"中和"状态。中医学还认为平和是健康标志，失和是疾病的根源。而临床诊断关键在于识其偏，在中医整体观、辨证论治思维指导下，找到"失中和"所在。治疗要诀在于"使其和"。《黄帝内经·素问·至真要大论》说："谨察阴阳所在而调之，以平为期。"调整脏腑气血阴阳，最终达到"阴平阳秘"的"平人"状态。可以说中医学所阐明的"阴阳和合""阴平阳秘""生克制化"的生命活动状态，正是传统儒家文化"致中和"思想在中医思维及医疗实践中的最佳体现。

四、未病先防、调治结合

中医讲究"上工治未病"，就是说高明的医生治病往往是施治于疾病萌芽时，事半功倍。这种思想的核心体现在"预防为主"，重在"未病先防，既病防变，愈后防复"。这是传统文化中防微杜渐忧患意识的具体体现。生活方式、环境和健康有着密切关系。现代社会，人们生活压力大，环境污染重，情绪变化剧烈，所以出现了很多疑难杂症，通过情志、劳逸、膳食、起居方面的调理，可以培育正气，提高抗邪能力，从而保健防病。这种方式在防治疾病上的效果远远超过单一的病后治疗，患者和国家都能节省资源。

中医古典医著《黄帝内经》中就提出"不治已病，治未病"的观点，喻示人们从生命开始就要注意养生，才能保健防衰和防病于未然。《淮南子》云："良医者，常治无病之病，故无病；圣人者，常治无患之患，故无患也。"金元时期朱震亨亦说："与其救疗于有疾之后，不如摄养于无疾之先。"人不可能长生不老，也不可能"返老还童"，但防止未老先衰、延长生命是可以办到的，这种防病抗衰思想与中国文化中的忧患意识一脉相承。

知识链接

明清时期的四大药局

我国中医药的发展带动了中药堂、中药铺的兴起，明清时期有四大药局之说。

同仁堂创建于1669年。同仁堂古训：炮制虽繁必不敢省人工，品味虽贵必不敢减物力。同仁堂的自律意识：修合无人见，存心有天知。

时济堂创建于1573年。时济堂在中医临床施治上，讲究"时、药、人"三位一体广治疑难杂症，推行"环保""节约"，独树一帜。

胡庆余堂创立于1874年，全国重点文物保护单位。胡庆余堂的制药技艺非常独特，保存了一批民间的古方、秘方。胡庆余堂沉淀的丰富而独特的文化中，要数"戒欺"最深入人心。

陈李济是全国中药行业著名的老字号，创建于1600年，以"杏和堂"为商号，名噪大江南北。陈李济因诚信立业，陈李济人世代传承"同心济世，长发其祥"的宗旨，悉心研制炮制技术，形成陈李济的特色工艺，保证产品的质量和疗效。目前，陈李济药厂被国家命名为"中华老字号"，"陈李济文化"被列入国家非物质文化遗产名录。

日积月累

一、填空题

1. 唐高宗时期的苏敬等人编修的药物专著_____，是我国古代第一部药典。

2. 被誉为"中药宝库""东方医学巨著"的中药学巨著是_____编写的《_____》。

3. 习近平将中医药学誉为"打开中华文明宝库的_____"。

4. _____朝开始对医生有考核制度。

5. 养生的三大要素是_____。

6. "治未病"的医家被称为_____。

二、单项选择题

1. 哪个时期中医学出现了医学上的分科？（　　　）

A. 秦朝 　　　　　B. 夏朝 　　　　　C. 商朝

D. 周朝 　　　　　E. 汉代

2. "大医精诚"出自我国唐朝孙思邈所著的（　　　）第一卷。

A.《伤寒论》 　　　B.《黄帝内经》 　　　C.《备急千金要方》

D.《金匮要略》 　　E.《本草纲目》

3. 我国第一部病因病机证候学专著是（　　　）。

A.《黄帝内经》 　　B.《难经》 　　　　　C.《诸病源候论》

D.《三因极一病证方论》 　　　　　　　　E.《瘟疫论》

4. 素有"华佗故里，药材之乡"之称的城市位于哪个省份？（　　　）

A. 江苏 　　　　　B. 山西 　　　　　C. 陕西

D. 安徽 　　　　　E. 河北

5. "卢医"是哪位名医的别称？（　　　）

A. 葛洪 　　　　　B. 张仲景 　　　　C. 钱乙

D. 扁鹊 　　　　　E. 孙思邈

6. 标志着中华医学实践理论系统化、规范化的著作是（　　　）。

A.《黄帝内经》 　　B.《神农本草经》 　　C.《易经》

D.《难经》 　　　　E.《伤寒论》

思考与体验

名称：中国传统养生文化知识竞赛。

主题：关爱生命，了解传统养生文化。

内容：调查收集中国传统养生文化知识，并制成竞赛题，在班级以小组为单位进行比赛。比赛方式：分为必答题、观众互动及抢答题3个环节。

一、任务描述

为了更加深入地了解中医药学的伟大成就和文化特征，汲取中国传统文化精髓，全班同学分组开展"看图说史"活动。每个小组通过书籍或者网络收集关于中国传统医药学的相关资料，结合资料选择一些具有代表性的图片或视频做成 PPT。通过 PPT 讲解中国传统医药学的巨大贡献及历史地位。（讲解时间最好不要超过 10 分钟。）

二、任务实施

（1）全班同学分成若干组，每组 5～6 人，并选出一名小组组长。

（2）小组组长分配成员完成收集资料、选择代表性图片或视频、制作 PPT、讲解汇报等任务。具体执行过程可填写在下方空白处。

（3）将本次活动中遇到的问题、得到的经验等填写在下方空白处。

任务评价

各组员根据本章的学习情况及活动情况，完成下面的任务评价。

姓名：_____　　　组号：_____　　　指导教师：_____

评价项目	评价内容	分值／分	教师评分／分
知识（40%）	了解中医药学的成就	10	
	了解中华医学的诊疗方法	10	
	理解中医养生理论	10	
	理解中国传统医药学的文化内涵	10	
技能（40%）	PPT 版面精美、简洁	10	
	内容选取合理、全面	20	
	讲解流畅，有条理	10	
素养（20%）	**具有团队精神**	5	
	准备充分，积极、认真参加活动	5	
	认真学习，按时完成学习、活动任务	5	
	具备独立分析问题、解决问题的能力	5	
自我评价			
教师评价			

第八章　中国传统节俗

学习目标

1. 熟知中国传统节日民俗，掌握中国传统节日的文化内涵。

2. 能感受中国传统节日的文化底蕴，珍视传统节日文化，增强对传统节日的认同和保护传统节日文化的使命感，担当起在现代社会继承和发展中国传统节日文化的责任。

思政目标

深刻了解中国传统节日的内涵，深度挖掘传统节日对自身成人成才的引导意义，不断丰富自己的传统文化知识内涵，树立正确的文化观，不断增强学生的文化自信和担当意识。

情景导入

提到春运，有无数的话题涌出来，如"春运故事里的感动""摩托车返乡大军"。

每年春运的开始为何是腊月十六这天？

腊月十六就是"尾牙"，最早是以祭祀福德正神（土地神）为节点（每月的初二和十六），因腊月十六为每年的最后一次祭祀，所以才称为"尾牙"。在旧社会，尾牙代表一些商家店铺营业的结束，在祭祀福德正神的同时，用丰盛的食物犒劳伙计这一年的辛劳。这也就是现在许多商业企业尾牙宴的来历。

尾牙宴结束后，剩下的事就是把伙计们遣散回家，然后商铺店家也歇业，人们正式准备迎接新年。因此在旧社会，尾牙代表一年所有活动的尾声，也是过年的开始。当然了，时代在发展进步，商业与人们生活联系更密切，这一文化习俗必然会有所变化。

人们常说"过了腊八就是年"，更有"进入腊月就是年"的说法，由此可见人们对年的期待、对家的向往。长久以来民间观念的沉淀，也决定了人们从腊月十六开始动身真正地去"迎年"。可以说，每年春运的开启定在这个时间，是和人们普遍的观点相吻合的。

中国传统节日是在中华民族长期的文明发展史中积淀、凝聚而成的。这些节日清晰地记录了古代丰富多彩的社会生活文化内容，是弥足珍贵的历史文化遗产，是中国传统文化的一个重要组成部分。

中国传统节日形式多样、内容丰富，有的源于原始的欢庆活动，有的源于重大的历史事件，有的源于宗教传说，承载着神话、传说、天文、地理、术数、历法等人文与自然文化内容，反映了中华民族的传统习俗、道德风尚和宗教观念。人们通过庆祝节日的方式，来寄托整个民族对未来的憧憬和希望。

第一节 中国主要传统节日

我国是一个节日众多、节日文化丰富多彩的国家。节日作为民众生活中一项特定的内容，几千年传承不断、历久不衰，成为民族文化中最为精彩的一部分，并且深刻地反映出一定时代广大民众的生活方式、心理特征、审美情趣和价值观念。在历史长河中，各民族的节日风俗互相渗透，形成了共同的节日。

一、主要传统节俗、节气

中国传统节日大多采用传统的历法和二十四节气来确定。按照二十四节气来确定的节日，直接用节气命名，比如清明、冬至等；按照历法来确定的节日，大多依据月亮的圆缺（朔望）来确定，如元宵、中秋等；按照农历日期来确定的节日，如春节、端午、七夕、重阳等；按照宗教活动、民间传说来确定的节日，如腊八、祭灶等。在这些传统节日中，为了增添节日的气氛和乐趣，有一些特定的活动和应节的食品，以此构成浓郁的节日风情。这些节日活动在漫长的历史进程中，传承了积极的意义，摒弃了消极的因素，形成了节日的一系列习俗，至今为人所遵循，成为中华民族优秀传统文化的重要组成部分。

（一）新春佳节

在漫长悠久的历史岁月中，春节从萌芽到定型，不断发展，形成独具中华民族特色、丰富多彩的习俗。春节期间，我国的汉族和很多少数民族都要举行各种活动以示庆祝。这些活动均以祭祖敬老、感恩祈福、阖家团聚、除旧布新、迎禧接福、祈求丰年为主要内容，带有浓郁的民族特色。

1. 祭灶神

新年习俗祭灶，是我国民间影响很大、流传极广的习俗。旧时，差不多家家灶间都设有"灶王爷"神位。传说他是玉皇大帝封的"九大东厨司命灶土府君"，负责管理各家的灶火，人们称这尊神为"司命菩萨"或"灶君司命"，被作为一家的保护神而受到崇拜。民谣中"二十三，糖瓜粘"，指的就是每年腊月二十三日或二十四日的祭灶，有所谓"官三民四船家五"的说法，也就是官府在腊月二十三日，一般民家在二十四日，水上人家则在二十五日举行祭灶。

传说到了腊月二十三，灶王爷便要升天，向玉皇大帝禀报这家人一年的善恶，玉皇大帝根据灶王爷的汇报，再将这一家在新的一年中应该得到的吉凶祸福的命运交与灶王爷之手。送灶神的仪式称为"送灶"或"辞灶"，百姓供上红烛、糖瓜，以隆重的礼节送灶神上天，祈望灶神"上天言好事，下界降吉祥"。如今，农村很多地区还沿袭这种风俗。

2. 扫尘

"二十四，扫尘日。"迎新首先要除旧。扫尘就是年终大扫除，北方称"扫房"，南方叫"掸尘"。在春节前扫尘，是我国民间素有的传统习俗。扫尘之日，全家上下齐动手，用心打扫房屋、庭院，擦洗锅碗、拆洗被褥，干干净净迎接新年。其实，人们借助"尘"与"陈"的谐音表达除陈、除旧的意愿。

3. 贴春联

贴春联这种春节期间的活动从宋代开始盛行，每到过年时家家有贴春联的习俗。春联，俗称"门对"，又名"春贴"，是对联的一种，因在春节时张贴，故称春联。春联的一个源头是桃符。最初人们以桃木刻人形挂在门旁以避邪，后来画门神像于桃木上，再简化为在桃木板上题写门神名字。春联的另一来源是"春贴"，古人在立春日多贴"宜春"二字。春联真正普及始于明代，与朱元璋的提倡有关。

据史料记载，有一年过年前，朱元璋曾下令每家门上都要贴一副春联，以示庆贺。原来春联题写在桃木板上，后来改写在纸上。桃木的颜色是红的，红色有吉祥、避邪的意思，因此春联大都用红纸书写。春联堪称中华民族独创的艺术奇葩，它以雅俗共赏的特性深受世代人民喜爱。有人曾这样概括春联："两行文字，撑天柱地；一副对联，评古涵今。"贴春联，是重要的年节民俗。春节前夕，家家户户都要贴上红红的春联，一副副透着喜庆和热烈的春联表达了人们迎新纳福、企盼新生活的美好愿望。

4. 贴年画

年画和春联一样，起源于"门神"。随着雕版印刷术的兴起，年画的内容已不仅限于门神之类，而渐渐把财神请到家里，进而在一些年画作坊中产生了《福禄寿三星图》《天官赐福》《五谷丰登》《六畜兴旺》《迎春接福》等彩色年画，以满足人们喜庆祈年的美好愿望。因明太祖朱元璋提倡春节贴春联，年画也受其影响随之盛行开来。江苏苏州桃花坞、天津杨柳青和山东潍坊杨家埠，是我国三个重要的年画产地。民国初年，上海出现了将月历和年画二者结合起来的一种新形式，以后发展成为今天的挂历（图8-1）。

图8-1　年画

5. 除守踩岁

除夕是指一年最后一天的晚上，与春节首尾相连，是"一夜连双岁，五更分二年"的重要时刻。"除"是"去"的意思，除夕的意思就是"月穷岁尽"，表示旧岁至此而除，来年另换新岁。除夕之夜是年节的第一个高潮。守岁，俗称"熬年"，是从吃年夜饭开始。年夜饭是一年中最具家庭亲情、充满温馨祥和的家宴，此时，人们不仅享受着满桌佳肴，更享受着浓浓的亲情和节日的喜庆。年夜饭之后，除了年幼的孩子外，全家人开始守岁，共同辞旧迎新。在晋代就有除夕守岁习俗，南北朝时已很普遍，进入隋唐后守岁很盛行，宋代沿袭唐风更盛。另外，汉代已有除夕夜晚饮椒柏酒（用草药配制的药酒）以驱邪祛病的习俗，后世改为饮屠苏酒，王安石有诗"春风送暖入屠苏"。现如今，我国南方仍有年节时全家老小欢聚酣饮屠苏酒的风俗。除夕夜，我国民间还要举行踩岁活动，即在院内将芝麻秆粘上用黄纸卷成的元宝形，攒成一捆，谓之"聚宝盆"。然后，全家人用脚将其踩碎，以"碎"谐"岁"，并借用芝麻开花节节高之吉祥寓意，祝愿家道兴旺，表达对新的一年的祝福和祈盼。

6. 压岁钱

除夕守岁之时，长辈要给晚辈压岁钱，也叫压胜钱。因为"岁"与"祟"谐音，长辈们希望压岁钱能驱邪免灾，保佑孩子平平安安。压岁钱寄托着长辈对晚辈的殷切希望和深情关爱，因此，同学们不要相互攀比压岁钱的数量，而应该注重它的情感价值。同时，要合理使用压岁钱，把它用在学习上或做一些有意义的事情。

7. 放爆竹

中国民间有"开门爆竹"一说，即在新的一年到来之际，家家户户开门的第一件事就是燃放爆竹，以噼噼啪啪的爆竹声辞旧迎新。燃放鞭炮是中国节日的一种娱乐活动，可以给人们带来欢愉和吉利，在中国至今已有2000多年历史。据史料记载，最早的爆竹是用竹竿之类的易燃品制成的火炬。因为我国南方盛产竹子，这个习俗首先是从南方流行起来的。当竹子燃烧时，竹节里空气膨胀，引起竹腔爆裂，发出噼噼啪啪的响声，爆竹的名称也由此得来。大约到了唐代，人们把火药装在竹筒里点燃。宋代人们已经普遍使用内装火药的纸卷代替竹筒，也就是现在的炮仗了。

8. 拜年

拜年，是春节期间的重要活动，它与除夕夜的团圆饭一样，是最能体现"年味"的春节习俗。在过去家庭拜年顺序为一拜天地，二拜祖宗，三拜高堂。一般大年初一晚辈给长辈拜年，祝愿长辈福如东海、寿比南山。新年后给亲戚拜年，一般的规矩是初一拜本家、初二拜岳家、初三拜亲戚。在同学、同事、朋友、合作者、邻里之间也要相互拜年。在"过年好"的道贺声中，拉近了心与心的距离，增进了人与人的感情。正如古语所说，拜年"以联年谊、以敦乡情"。

如今，信息社会，拜年方式更加丰富多彩，传统的团拜、登门拜访依然沿袭，但电话拜年、短信拜年、微信拜年、网上拜年等新兴拜年方式也越来越时兴。这些方式虽然不如登门拜年直观、感性，但非常方便、高效，人们可以更随意、更恰当地把握拜年时间，适合现代人的生活观念和生活节奏，是古老的年节民俗与现代信息化生活方式相结合的产物。同时，短信拜年把拜年内容与优美诗意的文采、真诚幽默的情感巧妙精致地结合，内容极富个性，或轻松幽默，或充满情趣，或极富哲理，或谆谆教诲，或温馨浪漫，或真诚祝福，形成拜年民俗中一道亮丽的风景线。其实，不管过去、现在，还是未来，无论拜年形式怎么变化，发自人们内心的春节祝愿和祝福是永远不变的。

9. 逛庙会

逛庙会，是大多数中国人的春节情结，更是不可或缺的年俗。春节庙会最早是民间的宗教仪式，庙会之时，通常由僧人、道士做"法事"或"道场"以祭祀神佛，人们也要进香朝拜、许愿、还愿、求福。庙会期间，也少不了商贩叫卖、民间艺术表演。庙会上有许多历史悠久深受老百姓喜爱的传统项目，比如，舞狮、舞龙、扭秧歌、踩高跷、跑旱船等。

10. 中国结

中国结又称盘长结，每一个结都是从头到尾用一根红绳编结而成。中国结发源于远古时期，当时还没有文字，人们为了记住某些事情，在一根绳上盘上不同的结以示记忆，这就是"结绳记事"。当时，人们用这种方法除了记住生产和生活中的重要事情之外，还是年轻人用于表达爱情的物品。作为一种装饰艺术品，中国结给人以淳朴、吉祥的印象。它内含浓郁的民族乡土气息，外形又很雅致，既体现远古时代的神秘，又体现中国人的灵秀。因此，它很快成为人们在春节期间室内悬挂，或互相赠送的物件。优美的造型、古色古香的韵味给传统佳节增添祥和、吉利的气氛。

史事拾微

熬年守岁

守岁，就是在旧年的最后一天夜里不睡觉，熬夜迎接新一年的到来的习俗，也叫除夕守岁，俗名"熬年"。探究这个习俗的来历，在民间流传着一个有趣的故事：太古时期，有一种凶猛的怪兽，散居在深山密林中，人们管它们叫"年"。它的形貌狰狞，生性凶残，专食飞禽走兽、鳞介虫豸，一天换一种口味，从磕头虫一直吃到大活人让人谈"年"色变。后来，人们慢慢掌握了"年"的活动规律，它是每隔三百六十五天窜到人群聚居的地方尝一次鲜，而且出没的时间都是在天黑以后，等到鸡鸣破晓，它们便返回山林中去了。算准了"年"肆虐的日期，百姓们便把这可怕的一夜视为关口来煞，称作"年关"，并且想出了一整套过年关的办法：每到这一天晚上，每家每户都提前做好晚饭，熄火净灶，再把鸡圈牛栏全部拴牢，把宅院的前后门都封住，躲在屋里吃"年夜饭"，由于这顿晚餐具有吉凶未卜的意味，所以置办得很丰盛，除了要全家老小围在一起用餐表示和睦团圆外，还须在吃饭前先供祭祖先，祈求祖先的神灵保佑，平安地度过这一夜，吃过晚饭后，谁都不敢睡觉，挤坐在一起闲聊壮胆。就逐渐形成了除夕熬年守岁的习惯。守岁习俗兴起于南北朝，梁朝的不少文人都有守岁的诗文。"一夜连双岁，五更分二年。"人们点起蜡烛或油灯，通宵守夜，象征着把一切邪瘟病疫照跑驱走，期待着新的一年吉祥如意。这种风俗被人们流传至今。

（二）元宵花灯

元宵节又称上元节、小正月、元夕或灯节，是春节之后的第一个重要节日。正月十五日是一年中第一个月圆之夜，正月即农历的元月，夜也称"宵"，所以把正月十五这天称为元宵节。因元宵节的主要节俗活动有燃放花炮烟火、张灯、赏灯等，故称"灯节"。此外还有耍狮子、舞龙灯、猜灯谜、吃元宵等习俗。元宵节张灯习俗起源于汉代，在南北朝时蔚然成风。当时已有油灯、漆灯及燃香、点蜡等，灯明如昼，如有月色，灯月交辉，观灯则更具乐趣。谜语在我国早已流行，秦汉时期已较普遍。宋代开始把谜语贴在花灯上，称作灯谜，让人猜测，增加节日的雅趣。元宵在南方多叫水团、汤团，成为民间重要节日食品与点心，至今民间仍认为吃汤团有家人团圆、幸福吉利、新一年圆满顺遂之意（图8-2）。

图8-2 元宵

（三）春景清明

清明属于我国二十四个节气之一，也是传统节日，节期在公历每年4月4—6日之间。我国传统的清明节大约始于周代，已有两千五百多年的历史。清明最开始是一个很重要的节气，清明一到，气温升高，正是春耕春种的大好时节，故有"清明前后，种瓜种豆""植树造林，莫过清明"的农谚。

后来，由于清明与寒食的日子接近，而寒食是民间禁火扫墓的日子，渐渐的，寒食与清明就合二为一，而寒食既成为清明的别称，也变为清明时节的一个习俗，清明之日不动烟火，只吃凉的食品。

1. 戴柳插柳

清明节植树的习俗，发端于清明戴柳插柳的风俗。是什么原因使得平凡的柳条有了如此非同寻常的身价？有三种传说。最古老的传说，是说为了纪念教民稼穑耕作的祖师——神农氏，后来由此发展出祈求长寿的意蕴。稍晚点的传说与介子推有关。更晚点的传说是唐太宗赐给大臣柳圈，以示赐福驱疫。这三种说法有一点是相通的，那就是都相信柳枝具有灵性，可以避邪。

2. 扫墓祭祀

十里不同音，百里不同俗。清明节扫墓祭祀活动各地风俗也不同。以山西为例，清明节上坟，山西南部多数地方不燃香、不化纸，要将冥钱等物悬挂坟头，有"清明坟头一片白"的说法。原因是寒食节习惯禁火，而清明节又在寒食节期间。山西北部如大同等地习惯白日上坟，晚上将冥钱等物全部烧尽，理由是不烧尽就转不到先人家中。晋西北的河曲等地，旧俗上坟要带酒肴，祭毕祖先，便在坟地里饮食，寓意与先人共饮共食。晋南的闻喜等地，上坟时要用嵌枣糕在坟堆上滚来滚去，传说是为死去的老人抓痒痒。晋中的介休等地，上坟时供品为面饼，形如盘蛇，回家后将面饼放在院里，吹晒干以后再吃，老人们说这样可治病。这大概是出于寒食禁火的缘故。晋南地区上坟后，回家时要拔些麦苗，并在门上插松枝柏叶或柳条以辟邪。晋北地区多插柳条。还有的地方在坟上也插一些柳条。

3. 清明节美食

清明节民间要蒸大馍，中夹核桃、红枣、豆子之类，称为子福。取意子孙多福，全凭祖宗保佑。家家还要做黑豆凉粉，切薄块灌汤而食。铲葳蕤草，在炕席上搓拉，名曰驱邪。晋东南地区，人人头上插柳枝枯叶。妇女要用描金彩胜（头饰）贴在两鬓。晋北地区，习惯生黑豆芽，并用玉米面包黑豆芽馅食用。晋西北地区讲究用黍米磨面作饼，俗称"摊黄儿"，吕梁地区在清明后一天要接女邀婿，俗称"清新火"。

4. 清明节其他活动

清明节期间，春回大地，自然界到处呈现一派生机勃勃的景象，正是郊游踏青的大好时光。除此之外，古代还盛行斗鸡游戏、蹴鞠比赛以及荡秋千、放风筝等活动。这些活动不仅可以使身体健康，还可以培养人们之间的感情，据说还能除病消灾，给自己带来好运。

史事拾微

源于"节气清明"说

西汉时期的《淮南子·天文训》中说："春分后十五日，斗指乙，则清明风至。""清明风"即清爽明净之风。《岁时百问》则说："万物生长此时，皆清洁而明净。故谓之清明。"虽然作为节日的清明在唐朝才形成，但作为时序标志的清明节气早已被古人所认识，汉代已有了明确的记载。

二十四节气是中国古代天文学家和民众在生活与生产实践中总结出来的气候规律，比较适宜地

反映了一年四季气温、物候、降雨等方面的变化，对人们依时安排农耕、蚕桑等活动有不可或缺的指导意义。到了清明，气温变暖，降雨增多，正是春耕春种的大好时节。所以清明对于古代农业生产而言是一个重要的节气。农谚说："清明前后，种瓜点豆""植树造林，莫过清明"，正是说的这个道理。东汉崔寔《四民月令》记载："清明节，命蚕妾，治蚕室……"说的是这时开始准备养蚕。其中的"清明节"还只是一个节气，不是节日。清明节气在时间和天气物候特点上为清明节俗的形成提供了重要条件，该节气被看作清明节的源流之一。

（四）阳盛端午

"五月五，端午到，家家门上插艾蒿，驱虫辟邪最重要，五色八锁儿身上绕，娘大给孩戴香囊，旮低旮儿抹雄黄，软米粽、江米粽，除了吃还互相送，炸油糕、煮麻糖，街坊邻居都尝一尝，吃饱喝足一拨来手，去看丹河赛龙舟。"孩子们拿着艾草，唱着儿歌，争抢着戴五线绳。最欢腾的时候就属包粽子，孩子们学着奶奶的样子拿出两片一大一小的粽叶，折出一角，再在折好的角筒上放入一点已浸泡好的糯米，塞上几个红枣，再盖上糯米裹好粽叶，最后拿粽绳包扎好。这一天就是中国民间的传统节日——农历五月初五端午节。

1. 戴五色线

五色线，由象征五方五行的青、红、白、黑、黄五色线编制而成。应劭的《风俗通》记载："五月五，日以五彩丝系臂，名长命缕，一名续命缕，一名辟兵缯，一名五色缕，一名朱索，辟兵及鬼，命人不病瘟。"在端午节清晨，各家大人起床后第一件大事便是在孩子的手腕、脚踝、脖子上拴五色线。系线时，忌儿童开口说话。五色线不可随意毁断或丢弃，只能在夏季第一场大雨或第一次洗澡后抛到河里。据说，戴五色线的儿童可以避开蛇蝎类毒虫的伤害，扔到河里意味着让河水将瘟疫、疾病冲走，儿童由此可以保安康。

2. 插艾叶

端午到、插艾蒿。艾蒿味辣，是一种芳香化浊的药物，具有杀虫和防治植物病害的功效。蚊子、苍蝇往往避其味而远逃。端午节，家家户户要在门上插一束艾蒿以辟邪。晋北习惯将艾蒿编成人形，悬于门楣，称为艾人。晋南习惯将艾蒿编成虎形，悬于门首，称为艾虎。曲沃等地是用纸剪成老虎、粘艾叶，贴在门上，称为贴门虎。万荣等地是采制茶叶悬挂门楣。一些靠河水草盛的地方，习惯在门上插菖蒲。

艾叶和菖蒲都是中草药，有消毒、驱虫的功效。端午节的时候，家家户户要在门首屋檐插上艾叶，还会制作成香包给小孩子们戴。香包里的艾叶、白芷和其他香草药一起散发出好闻的味道，大概就是"端午的味道"了吧。

3. 饮雄黄酒

饮雄黄酒，也是民间端午节的重要习俗。其来历与吃粽子有相似之处，主要用于防病和祛毒。中药典籍记载，"五月五日饮菖蒲、雄黄酒，可除百疾而禁百虫"。雄黄是一种中药材，具有解毒、杀菌、辟邪之功效。菖蒲亦为药材，有镇静、安神之功能，并具芳香气味，可做香料。在端午节前，人们要用菖蒲根和雄黄泡酒，以备节日饮用。

4. 吃粽子

粽子，又叫"角黍""筒粽"，最初用作祭祖及神灵。东晋范注《祠制》说"仲夏荐角黍"，说明当时有夏至以角黍祭祀祖先神灵的习俗。角黍，即角形的粽子。所谓"角"，是指古代祭祀时最高级的供品——牛，粽子的形状代表牛角；"黍"就是一种黄黏米。用谷物制成的"角黍"代表"阳"；包角黍用的"菰叶"（粽叶）为"阴"，阴阳结合，有驱邪纳福、祈求平安的意思。

包粽子习惯在端午节的头一天。传统粽子以黍米为馅，佐以红枣，外包芦叶，吃时拌糖；现在亦有配以各种豆类、麦类以及江米为馅的，佐料加柿饼、栗子、果脯、肉类等，口味更是甜、咸、辣味皆有，形状也有角、锥、筒形等。晋北地区民间包粽子，浸米时水里要放些艾叶。晋南地区则要将一些粽子用五色线捆绕。其用意都在辟邪。一些地方习惯在端午节太阳未升起时，将特定形式和数目的粽子投山或置水以纪念屈原。

粽子的寓意，除了纪念屈原，也有"人丁兴旺"之意。"粽子"是"众子"的谐音，人们会互赠九子粽，寓意求子。九子粽是粽子的一种，即为九只粽连成一串，有大有小，大的在上，小的在下，形状各异，并用九种颜色的丝线扎成，五彩缤纷，非常好看。九子粽大多是作为馈赠亲友的礼物，如母亲送给出嫁的女儿、婆婆送给新婚儿媳妇的礼物等。

粽子还有"高中功名"之意。因为"粽"和"中"音近，取"功名得中"之意，在古时寓意文士考中功名。古代科举考试通常都在秋天，因此在端午节时，想考取功名中第的人吃粽子有祈求高中之意。

史事拾微

端午节传说

据《史记》"屈原贾生列传"记载，屈原（约前340—前278），名平，字原，战国末期楚国丹阳（今湖北宜昌秭归）人，是春秋时期楚怀王的大臣。

相传，屈原倡导举贤授能，富国强兵，力主联齐抗秦，遭到贵族子兰等人的强烈反对，屈原遭谗去职，被赶出都城，流放到沅、湘流域。他在流放中，写下了忧国忧民的《离骚》《天问》《九歌》等诗篇。前278年，秦军攻破楚国郢都，屈原眼看自己的祖国被侵略，心如刀割，但是始终不忍舍弃自己的祖国，于五月五日（农历），在写下了绝笔作《怀沙》之后，屈原抱石投汨罗江自尽，以自己的生命谱写了一曲壮丽的爱国主义乐章。

（五）浪漫七夕

在我国，农历七月初七是人们俗称的七夕节，也有人称为"乞巧节"或"女儿节"，这是中国传统节日中最具浪漫色彩的一个节日，也是过去姑娘们最为重视的日子。

女孩们在这个充满浪漫气息的晚上，摆上时令瓜果，朝天祭拜，乞求天上的女神能赋予她们聪慧的心灵和灵巧的双手，让自己的针织女红技法娴熟，更乞求爱情婚姻的姻缘巧配。过去对于女子来说婚姻是决定一生幸福与否的终身大事，所以女子都会在这个晚上，对着夜空祈祷自己的姻缘美满。

（六）中秋月夕

农历八月十五是中秋节，也称月夕、仲秋节、八月节、团圆节等。据中国的历法，农历八月在秋季中间，为秋季的第二个月，称为"仲秋"，而八月十五又在"仲秋"之中，所以称为"中秋"。

中秋节始于唐朝初年，盛行于宋朝，至明清时，已成为与春节齐名的中国主要传统节日之一。中秋节以月圆比喻人团圆，祈盼丰收、幸福，寄托了思念故乡、思念亲人之情，成为丰富多彩、弥足珍贵的文化遗产。中秋节自古便有祭月、拜月、赏月、吃月饼、饮桂花酒等习俗，流传至今，经久不衰。

1. 祭月神

《礼记》中就记载有"秋暮夕月"，即祭拜月神。按照习俗，每逢中秋之夜，当皎洁的月亮冉冉升起时，要举行祭祀月神的活动。八月十五这天晚上，人们在月下摆好桌子，置好月饼、水果和毛豆角（毛豆角是让月中兔子吃的），烧香祭祀月神。

家庭祭月一般由当家主妇主持，主妇祭拜完毕，全家人依次跪拜，然后由主妇按全家人数平均切开月饼，还要留一份月饼祭拜灶王爷。祭月后，全家人共吃月饼、水果，饮桂花酒，赏月。

2. 赏月

民间中秋赏月约始于魏晋时期。每逢中秋，人们便摆出果品，把酒问月、庆贺美好的生活，祝福亲人。中秋赏月的风俗在唐代极盛，许多诗人的名篇中都有咏月的诗句，宋代、明代、清代宫廷和民间的拜月赏月活动更具规模。我国各地至今遗存着许多"拜月坛""拜月亭""望月楼"等古迹。拜月后全家人围桌而坐，边吃边谈，共赏明月。

史事拾微

中秋节的来源

1. 源于"嫦娥奔月"说

中秋节源自《嫦娥奔月》的故事。据史书记载："昔嫦娥以西王母不死之药服之，遂奔月为月精。"嫦娥此举所付出的代价是罚作苦役，并终生不能返回人间。李白为此颇为伤感，写有诗句："白兔捣药秋复春，嫦娥孤栖与谁邻？"嫦娥自己虽觉月宫之好，但也耐不住寂寞，在每年八月十五月圆夜清之时，返回到人间与夫君团聚，但在天明之前必须回到月宫。后世人每逢中秋，既想登月与嫦娥一聚，又盼望嫦娥下凡一睹芳容。因此，许多人在焚香拜月之时，祈求"男则愿早步蟾宫，高攀仙桂……女则愿貌似嫦娥，圆如皓月"。年复一年，人们把这一天作为节日来庆祝。

2. 源于"唐明皇赏月"说

唐代《开元遗事》一书中记载：中秋夜，唐明皇偕杨贵妃在月下游玩，游到兴处，二人径自登入月宫，唐明皇还在月宫学得半部《霓裳羽衣曲》，后来补充完整，成为传世之作。唐明皇念念不忘这月宫之行，每年到此时刻，必要赏月一番。百姓也来效仿，月圆之时欢聚一堂，享受人间美景。久而久之，成了一种传统沿袭下来。

3. 源于"农业生产"说

中秋节源于农业生产。秋天是农作物收获的季节，"秋"字的解释是："庄稼成熟曰秋。"八月中秋，农作物和各种果品陆续成熟，农民为了庆祝丰收，表达喜悦的心情，就以"中秋"这天作为节日。"中秋"就是秋天中间的意思，农历的八月是秋季中间的一个月，十五日又是个月中间的一天。

经典诵读

元　日

【北宋】王安石

爆竹声中一岁除，春风送暖入屠苏。

千门万户曈曈日，总把新桃换旧符。

清　明

【唐】杜牧

清明时节雨纷纷，路上行人欲断魂。

借问酒家何处有？牧童遥指杏花村。

渔家傲·五月榴花妖艳烘

【北宋】欧阳修

五月榴花妖艳烘。绿杨带雨垂垂重。五色新丝缠角粽。金盘送。生绡画扇盘双凤。

正是浴兰时节动，菖蒲酒美清尊共。叶里黄鹂时一弄。犹瞢忪。等闲惊破纱窗梦。

和　端　午

【北宋】张耒

竞渡深悲千载冤，忠魂一去讵能还。

亡身殒今何有，只留离骚在世间。

水调歌头·明月几时有

【北宋】苏轼

丙辰中秋，欢饮达旦，大醉。作此篇，兼怀子由。

明月几时有，把酒问青天。不知天上宫阙，今夕是何年。我欲乘风归去，又恐琼楼玉宇，高处不胜寒。起舞弄清影，何似在人间。

转朱阁，低绮户，照无眠。不应有恨，何事长向别时圆？人有悲欢离合，月有阴晴圆缺，此事古难全。但愿人长久，千里共婵娟。

（七）重阳踏秋

重阳节又称"九月九""重九"。古时候将数字也分为阴阳，一、三、五、七、九这几个单数为阳数，九是阳数中最大的数字，被认为是最吉利的数字。九月九日恰是月逢阳，日逢阳，双阳重叠，双九重叠，因此称为重阳节、重九节。重阳节在西汉时就已产生，并且在当时就已经有了登高、赏菊、插茱萸、饮菊花酒的习俗。至东汉，重阳节的种种仪式又被涂上辟邪色彩。南朝梁代的吴均在《续齐谐记》载："（东汉）汝南桓景随费长房游学累年。长房谓曰：'九月九日，汝家中当有灾。宜急去，令家人各作绛囊盛茱萸以系臂，登高饮菊花酒，此祸可除。'景如言，齐家登山。夕还，见鸡犬牛羊，一时暴死。长房闻之曰：'此可代也'。"古人认为，九为阳数之极，双九便为老阳，阳极必变，因此，九九乃是由盈转亏、由盛转衰的不言之数，与五月初五同属毒月毒日。茱萸味香浓郁，可驱虫去湿、治风寒、消积食，菊花可清火去毒。所以，古人认为九月初九佩茱萸、饮菊酒、登高山可以避灾免祸。而吃重阳糕则取"步步登高"之意。这一习俗发展到唐宋之后，逐渐演变为给亲朋好友身佩茱萸、携带佳酿、饮酒赋诗、拉弓射箭、登高赏菊等民俗活动。

1. 登高

《易经》中把"九"定为阳数，九月九日，日月并阳，两九相重，故而叫重阳。传说古人崇拜山神，认为山神能使人免除灾害，所以人们在"阳极必变"的重阳日子里，要上山游玩，躲避灾祸。而且此时秋收已经完毕，农事相对比较空闲，山野里的野果、药材之类又正是成熟的季节，所以农民纷纷上山采集野果和药材。久而久之便形成了登高的习俗。

2. 赏菊

菊花是象征高洁之花，重阳节正是菊花盛开之际。据传，赏菊及饮菊花酒，起源于晋朝田园诗人陶渊明。陶渊明以隐居出名，以诗出名，以酒出名，也以爱菊出名，后人效仿，遂有重阳赏菊之风俗。尤其是文人雅士，将赏菊与宴饮结合，以求和陶渊明更接近。

3. 佩茱萸

茱萸是一种常绿带香的植物，可以杀虫消毒、逐寒祛风。重阳节插茱萸的风俗，在唐朝就已经很普遍。重阳这一天，人们采摘茱萸的枝叶和果实，放在用红布缝制成的小囊里，佩戴在身上，认为这样可以避难消灾。事实上，重阳前后，秋雨潮湿，而热气也未退尽，衣物容易生霉，也易滋生蚊虫，而茱萸可以除虫防蛀，这与端午节燃艾的作用差不多。

史事拾微

重阳节的传说

和大多数传统节日一样，重阳节也被附会上一个神话传说作为登高习俗起源。

相传在东汉时期，汝河有个瘟魔，只要它一出现，家家户户就会有人病倒，甚至天天有人丧命，这一带的百姓受尽了瘟魔的蹂躏，惨不忍睹。当时汝南县有个青年叫恒景，有一年瘟疫夺走了他的父母，自己也差点儿丧命。恒景病愈后，辞别了心爱的妻子和父老乡亲，决心出去访仙学艺，为民除害。恒景历经艰险，终于在一座古山里找到了一位法力无边的仙人。仙人为他不辞劳苦、为民除害的精神所感动，决定收他为徒，给他一把降妖宝剑，并秘密传授降妖剑术。恒景废寝忘食，日夜苦练，终于练出了一身非凡的武艺。有一天，仙人把恒景叫到跟前，对他说："明天是九月初九，瘟魔又要出来作恶，如今你的本领已经学成，应该回去为民除害了！"这时，仙人送给恒景一包茱萸叶，一瓶菊花酒，并授以避邪秘诀，让恒景立即骑着仙鹤赶回家去。恒景回到家乡，在九月九日早晨，按照仙人的嘱咐把乡亲们领到附近的一座山上，发给每人一片茱萸叶，一盅菊花酒。中午时分，狂风怒号，北风骤起，天昏地暗，随着几声凄厉的吼叫，瘟魔冲出汝河，扑到山下。就在这时，瘟魔突然闻到茱萸的奇味和菊花酒的醇香，脸色突变，瑟瑟发抖，不敢前行。说时迟、那时快，恒景手持降妖宝剑，立即奔下山来，经过几个回合的激烈搏斗，恒景将瘟魔刺死，瘟疫消除。后来人们就把重阳节登高看作免灾避祸的活动。

（八）腊月腊八

农历的十二月初八，俗称"腊八"，是我国又一个重要的传统节日。腊乃上古时代岁终祭神祭祖的仪式，也称蜡。由于腊祭是在每年的十二月进行，所以汉代人们就把十二月称为腊月。祭祀用的兽肉往往吃不完，人们就在肉上面抹上盐，风干了留着慢慢吃，因为是腊祭剩下的肉，因此叫作腊味。

腊八节的节日食品是腊八粥。腊八粥又名"七宝五味粥"，是由桃仁、松子、栗子、红豆、糯米、红枣等多种原料混合熬制而成的一种节日食品。

二、多彩的少数民族节日

岁时节令习俗，在少数民族中多表现为各种节日。如壮族的歌圩节，白族的三月节，傣族的泼水节，藏族的藏历年，苗族的苗年、赶秋节，水族的端节，瑶族的达努节，侗族的花炮节，彝族的火把节，高山族的丰年祭等，表现形式各有不同，但大多都是以喜庆欢跃为特点。

（一）经久不衰的草原盛会——那达慕大会

蒙古族的那达慕盛会闻名遐迩，深得人们喜爱。经过上千年的发展，那达慕已成为蒙古族文化不可或缺的组成部分（图8-3）。

那达慕，蒙语，意为游戏或娱乐，是集祭祀、竞技、娱乐和祝福于一体的蒙古族体育盛会。在中国北部，东起呼伦贝尔，西到新疆的巴音布鲁克，这一广大的草原上，只要有蒙古族群众生活居住的地方，就有那达慕盛会。

图8-3　那达慕大会

每年农历六月初四开始的那达慕，是草原上一年一度的传统盛会。那达慕或以嘎查（村屯）、苏木（区乡）为单位，或以旗县为单位举行，会期3～5天。

古代和近代的那达慕盛会都要进行男子"三项"比赛——摔跤、赛马和射箭。现在那达慕除了进行男子三项竞技外，还增加了马球、马术、田径、球类比赛、乌兰牧骑演出等新的内容，同时举行物资交流会并表彰先进。举行那达慕时，牧区方圆数百里的牧民穿起节日的盛装，骑着骏马或乘坐汽车、勒勒车络绎不绝地前来参观。那达慕期间帐篷林立，组织广泛的物资交流会，以促进生产。晚上还举行各种形式的文艺活动。锡林郭勒盟地区举办的那达慕已成为全民健身和群众娱乐的重要活动。

那达慕已有近八百年的历史，一直在锡林郭勒草原上流行和发展，深受各族群众的喜爱，成为蒙古族文化传统的重要载体。那达慕上的各项活动是力与美的显现、体能和智慧的较量、速度和耐力的比拼，比较全面地展示了在草原上生活的群众的综合素质。

那达慕是具有广泛群众性和娱乐性的传统民俗文化活动，具有广泛、深刻的文化内涵，反映了蒙古民族的价值观和审美观。发掘、抢救和保护那达慕，对中国体育史乃至世界体育史的丰富和完善都有着重要价值。

（二）唱和选婿结良缘的三月三"对歌节"

农历三月初三，是广西壮族群众一年一度的民歌盛会，百色、河池、柳州、南宁四个壮族聚居的地区，歌节活动丰富多彩。这天，家家户户都准备丰盛的节日食品，青年男女穿着节日盛装，带上五色糯饭、彩蛋等食品，女青年还带着精心缝制的绣球，从四面八方涌向歌圩（一般为圩场、坡地）尽情对唱，一般以爱情为主题，也有历史、生产、风俗、生活常识等方面的内容，对歌的形式有男女个人对唱和集体对唱，具体有见面歌、邀请歌、盘歌、爱慕歌、盟誓歌、送别歌等。壮族青年能歌善唱、出口成歌，遇上对手能对唱一天一夜，赛得难解难分。歌节上除以歌传情，青年男女还常用抛绣球、碰彩蛋等形式择偶定情。此外，还举行抢花炮、舞龙、舞狮、演戏等文体活动，也有部分地方在三月三这天祭扫祖墓、踏青郊游。三月三歌节流传至今，已有上千年历史，其民族性、多样性的节日内容与形式，充分反映了壮族人民的聪明才智、理想追求和健康向上的审美情趣。

三月三歌节由祭神变为民间节日，有许多美丽的传说。比较流行的说法，是起源于"赛歌择婿"的民间佳话。还有一个传说与怀念"歌仙"刘三姐有关。

（三）东方"狂欢"的傣族泼水节

泼水节是傣族人民的传统节日，也是傣历新年，在公历四月中旬举行，历时三至四天。身着节日盛装的傣族男女老少从四面八方敲着铜锣，打着象脚鼓涌向街头，伴随着"水、水、水"的欢呼声，互相追逐，把一盆盆象征圣洁的水泼向对方，以示美好的祝愿，直至人人全身湿透（图8-4）。

泼水节也是未婚青年男女们寻觅爱情、栽培幸福的美好时节。泼水节期间，傣族未婚青年男女喜欢做"丢包"游戏。姑娘手中用花布精心制作的花包，是表示爱情的信物。丢包那天，姑娘们极尽打扮之能事，然后打着花伞，提着小花包来到"包场"，与小伙子们分列两边，相距三四十步，开始向对方

图8-4　傣族泼水节

丢花包。小伙子若是接不住姑娘丢来的花包，就得把事先准备好的鲜花插在姑娘的发髻上，姑娘若是接不着小伙子丢来的包，就得把鲜花插到小伙子的胸前，就这样渐渐地选中了对方，一段段浪漫的爱情故事就开始了。

划龙舟是泼水节最精彩的项目之一，常常在泼水节的"麦帕雅晚玛"（第三天）举行。人们穿着节日盛装欢聚在澜沧江畔、瑞丽江边，观看龙舟竞渡。江上停泊着披绿挂彩的龙船，船上坐着数十名

精壮的水手，号令一响，整装待发的龙船像箭一般往前飞去，顿时整条江上，鼓声、锣声、号子声、喝彩声，此起彼伏、声声相应，节日的气氛在这里达到了高潮……

傣族人民能歌善舞，泼水节自然少不了舞蹈。大规模的舞蹈主要安排在泼水节的第三天，如象脚舞和孔雀舞等。从七八岁的娃娃到七八十岁的老人，都穿上节日盛装，聚集到村中广场，参加集体舞蹈。象脚舞热情、稳健、潇洒。舞者围成圆圈，合着铓锣、象脚鼓翩翩起舞，一边跳舞一边喝彩"吾、吾"或"水、水"！孔雀舞优美、雅致、抒情，是傣族舞蹈的灵魂，舞蹈以孔雀的各种姿态为基础，在趣与美的再创造中，集中凝聚着傣族儿女们的审美旨趣。还有不少舞者尽情挥洒自己的即兴之作，有的边唱边跳，有的甚至边跳边喝酒，如痴如醉、狂放不拘，连续跳上几天几夜也不知疲惫。

"放高升"是泼水节的又一项保留节目。高升是傣族人民自制的一种烟火，将竹竿底部填以火药和其他配料，置于竹子搭成的高升架上，接上引线，常在夜晚燃放。放高升时，点燃引线使火药燃烧便会产生强劲的推力，将竹子如火箭般推入高空。竹子吐着白烟，发出嗖嗖的尖啸声，同时在空中喷放出绚丽的烟火，犹如花团锦簇，光彩夺目，甚是美妙。地上则欢呼声、喝彩声此起彼伏，议论声、赞美声不绝于耳，好不热闹。

泼水节的节日习俗，既富有浓厚的民族情趣，又充满祥和的欢乐气氛。近年来，傣家的泼水节名扬五洲四海，吸引着众多国内外游客前来观光，他们与傣家儿女一起，欢度这个节日，将它誉为东方的"狂欢节"。

（四）火把节

火把节，是流行于我国云南、四川、贵州等省的彝、白、傈僳、拉祜、普米、纳西、佤、哈尼、布朗等民族的传统节日，节期因地域、民族的不同而有先有后，但大多都会在每年农历六月二十四至二十六之间举行（图8-5）。

图8-5　彝族火把节

"火把节"的由来，因地区、民族的不同而传说不一，但却有一个共同点，那就是不畏强权、群力抗暴，这些都充分地展示了我们中华民族所具有的高尚的民族气节与情操。

"火把节"的内容，尽管因民族、地域、习俗的不同而不尽相同，但节日期间，各族同胞都要身穿节日盛装，举行斗牛、斗羊、赛马、摔跤、射箭、荡秋千等活动。夜晚，人们都要手传小火把，或在村巷相互追逐，打闹嬉戏，共祝吉祥长寿、亲密和睦；或高攀火把，在村子周边、山野田头往来挥舞，形成火龙、火圈、火环等变化多端、令人眼花缭乱的图案，抒发节日欢乐喜庆之情。有些地方、民族，则在家家门前竖一支大火把，在村口或村中广场上竖一枝特大火把，到节日夜晚，人们将这些火把一一燃起，奏起乐器，放声高歌，围着火把尽情舞蹈，通宵达旦饮酒狂欢。不少民族还有"游田"的习俗，人们在夜半时分，高擎火把在田间地头游动，边走边将松香细末撒向火把，火苗忽忽闪闪、一路乱蹿，人们认为能驱虫、辟邪、除害，保佑五谷丰登、人畜兴旺。

近年来，各地不仅保留着这些传统节日习俗，而且增添了放映电影、文艺演出、经贸交流、物资交易等多种文化、经济活动，从而为"火把节"这个古老的传统节日融入了具有当代特色的新亮点。

（五）开斋节

开斋节，是我国回、维吾尔、哈萨克、乌孜别克、塔吉克、塔塔尔、柯尔克孜、撒拉、东乡、保安等少数民族共同欢度的节日，也是我国回族人民的年节。

开斋节那天从拂晓开始就热闹起来。家家户户洒扫庭院，男女老少都要沐浴净身，换上自己喜爱的新衣服。

人们要准备馓子、油香、保子、花花等富有民族风味的传统食品，同时还要宰羊、鸡、兔等，做凉粉、烩菜等，互送亲友邻居，互相拜节问候。随着社会的发展，开斋节也增添了不少新内容，人们除了节日参加会礼外，还参加一些娱乐活动，如耍狮子舞、踩高跷、唱花儿、表演武术、摔跤、打扑克、城市里游公园等。

（六）藏历年

藏历新年是藏族最隆重、热烈的传统佳节，共15天。每年藏历十二月初开始，家家户户就都忙碌起来，准备年货，购置新物，制作"珠素切玛"，培育青稞青苗。

"珠素切玛"，即五谷斗，用木料制成，外部绘有各种吉祥花纹和图案。它从中间隔为两半，分别装有麦粒、炒熟的青稞粒和酥油糌粑，上面插有青稞穗子和一个叫作"孜卓"的酥油饰品（有太阳、月亮、八瑞相等形状，还有酥油羊头）。还要用清水泡上一小盆青稞种子，等到过年时，可以长出一两寸青苗。把它与"珠素切玛"一起供奉在佛龛前，预祝来年风调雨顺、五谷丰登。

除夕这天，要给窗户门楣换上新布帘，在房顶插上簇新的经幡，门前、房上和厨房也要用白粉画上吉祥图案，营造一派喜庆的气氛。入夜，全家老小围坐在一起吃一顿例行的"古突"，类似汉族新年的团圆饭。"古突"是面疙瘩里分别包进石头、羊毛、辣椒、木炭、硬币等物品。谁吃到这些东西必须当众吐出来，每样东西都有寓意，于是大家相互议论，哈哈大笑一场，掀起欢乐的高潮。孩子们放起鞭炮，迎接吉祥的新年。

大年初一这天，一般都闭门谢客，人们只在家里举行庆祝活动。初二开始，亲朋好友开始串门拜年。客人登门必道"洛萨扎西德勒"（新年好），主人则捧起"珠素切玛"到门口迎接客人。这天起，民间艺人也四处活动，演唱藏戏和"折嘎"。街头和村子里，人们还举行群众性的歌舞和藏戏演出活动。

这种相互拜访和自娱性的文艺活动要持续三至五天。随着物质生活的富裕和人们精神文化需求的不断提高，藏历年的内容越来越丰富，形式越来越多样。

（七）瑶族盘王节

瑶族盘王节源自农历十月十六的盘王节歌会。每逢这天，瑶民便汇聚一起，载歌载舞，纪念盘王，并逐渐发展为盘王节。今天的盘王节已逐步发展为庆祝丰收的联谊会。青年男女则借此机会以歌道情，寻觅佳偶。

"盘王节"又称"还盘王愿"，有单家独户举行的，也有全村人举行的。盘王节的期限包括三天三夜和七天七夜两种，其仪式主要分两大部分进行。第一部分是"请圣、排位、上光、招禾、还愿、谢圣"，整个仪式中唢呐乐队全程伴奏，师公跳《盘王舞》（《铜铃舞》《出兵收兵舞》《约标舞》《祭兵舞》《捉龟舞》等）；第二部分是请瑶族的祖先神和全族人前来"流乐"（瑶语意思是玩乐）。这是盘王节的主要部分，吟唱表现瑶族神话、历史、政治、经济、文化艺术、社会生活等内容的历史长诗《盘王大歌》。流乐仪式一般要举行一天一夜。

盘王节仪式由4名正师公主持，各司其职——还愿师、祭兵师、赏兵师、五谷师，每人1名助手，共8人，此外还有4名歌娘歌师、6名童男童女、1名长鼓艺人和唢呐乐队参与盘王节。其传承方式以师承和家传为主。

盘王节作为历史悠久、分布广泛的大众节庆活动，集瑶族传统文化之大成，是一项增强民族向心力、维系民族团结的人文盛典。

📖 知识链接

中国的历法

中国的历法，是随着原始农业生产的发展而逐步建立起来的。什么是历法？就是用年、月、日计算时间的方法。《尚书·尧典》中已经记载了一年分四季，有366天以及闰月。从殷商时起，用六十干支纪日，以月亮的圆缺纪月，此法相传数千年，至汉武帝时才制定了"太初历"，形成了中国第一部完整的历法。此后历代改历，到元代郭守敬创"授时历"，历法基本定型。明代所用的"大统历"，实际上就是郭守敬制定的元历。

为了观测日、月的变化，古人做过许多努力，后来便利用"圭表"。所谓"表"就是直立于地面的杆子或柱子，"圭"则是地面上南北方向平放的尺子，二者垂直，日光照表，投影于圭。当太阳走到最北且位置最高时，杆影最短，此为日北至，即"夏至"；相反，杆影最长，则为日南至，即"冬至"。两个冬至之间的时间就是一个回归年。春秋时期，中国人已将一个回归年的长度确定为365.25日，1199年南宋杨忠辅已将这一数值精确到365.2425。元代郭守敬所制的"授时历"就采用了这一数值。这个数值比地球绕太阳公转一周的实际时间只差26秒，3320年才相差一天，与现代世界通行的公历"格里历"完全相同。

实际上，中国古代历法是一种阴阳合历，平年为12个月，大月各30天，共6个大月；小月各29天，也有6个小月。这样，全年共有354天，比一个回归年少11.25天，积三年即少一个月以上的时间，所以三年要闰一个月。这一年就称为"闰年"，所闰之月即称"闰月"。

古人纪月的方法，一般以序数为纪，但岁首的月份为正月，依次为二月、三月等。从春秋时起，以十二支纪月，称为"月建"。通常以冬至所在十一月配子，称为"建子之月"，十二月为"建丑之月"，以此顺推，再循环往复。关于纪日，殷墟甲骨文中已有用干支纪日的记载。所谓"干支"就是干枝，以天为干，以地为枝，也是一种天地阴阳观念的表现。"天干"十个：甲、乙、丙、丁、戊、己、庚、辛、壬、癸；"地支"十二个：子、丑、寅、卯、辰、巳、午、未、申、酉、戌、亥。天干和地支依次组合为六十个单位，其组合方法是天干的单数配地支的单数，天干的双数配地支的双数，从甲子始，至癸亥终，称为"六十甲子"，每个单位代表一天。六十甲子周而复始，循环不断。这一方法从殷商中叶一直用到1911年，是世界上使用时间最长的纪日方法。

为了让历法更好地配合天象和自然季节，用以安排农业生产，古人还创制了"二十四节气"。所谓"二十四节气"是指根据地球在围绕太阳公转的轨道上的二十四个不同的位置，将一年划分为二十四个时段。每个时段所反映的气温、物候、雨量变化不同，古人以此来确定它们的名称，依次为：

正月立春、雨水，二月惊蛰、春分；

三月清明、谷雨，四月立夏、小满；

五月芒种、夏至，六月小暑、大暑；

七月立秋、处暑，八月白露、秋分；

九月寒露、霜降，十月立冬、小雪；

十一月大雪、冬至，十二月小寒、大寒。

第二节　中国传统节日的文化内涵

岁时节日是传统文化的重要载体，在历时几千年的发展演变当中，它们层层积淀并传承着中国传统文化的信息。

一、永恒不变的祈福纳祥主题

考查各大传统节日的起源与重要的节俗活动，几乎都祈福有关。端午节的插艾，饮菖蒲酒、雄黄酒，重阳节的插茱萸、饮菊花酒，均表达了人们远离灾疫的强烈愿望；传统八大节日中，元宵节、中秋节都以十五月圆为节期，以象征团圆美满的元宵、月饼为美食，再加上春节这一最隆重的节日，都以合家团圆为主旋律；还有在节日中形成的一套吉祥语、祝福语，如"长命百岁""年年有余""步步登高""吉祥如意""六畜兴旺""五谷丰登""风调雨顺""国泰民安"等，无一不表达获得吉祥美满生活的强烈愿望。这成为中国老百姓千古不变的民族文化心态，缭绕萦回于节日民俗生活之中。

二、丰富多样的中华文化的重要载体

中国传统节日文化是一个内容丰富、体系完整的系统，主要包括精神文化层面、行为文化层面和物质文化层面。它们交互作用、彼此依托，构成了中国节庆文化博大精深的独特魅力。在精神文化层面，中国传统节日浓缩着我国数千年文明进程的丰富内涵，集中体现了中华民族优秀的精神风貌，寄托着古往今来中国人的理想情怀，蕴含着人们对美好生活的不懈追求、对大自然的感恩与敬畏、对家庭团圆与世间和谐永恒的企望。在行为文化层面，中国传统节日是各种民俗活动和民间艺术集中展示的平台，这个平台荟萃祭奠、礼仪、表演、技艺、艺术、体育、游戏等丰富多彩的行为文化，构成了一道亮丽的风景线。在物质文化层面，传统节日文化系统中外显的、有形的物质文化也十分丰富，既有四季飘香的节令佳肴，更有纷繁多样的装饰品、吉祥物，还有寄寓着丰富人文内涵的各种植物、花卉等。

三、贯穿始终的伦理道德意识

传统节日活动中，处处渗透着中华民族的传统道德因素，它在传播道德规范、塑造人的品格方面，具有潜移默化的养成作用。

首先，传统节日中渗透着浓郁的敬老爱幼的家庭伦理意识，如年节中给年长者拜年，各种祭祀活动中对祖先的礼敬，节日宴席上长幼座次的排定，新年给孩子买新衣裳，给"压岁钱"，端午节给孩子系五彩线、香荷包，中秋节给孩子买"兔儿爷"等，无不表现出对年幼者的悉心关爱和体贴。七夕节对牛郎、织女的爱情故事的赞美和认同，反映了对爱情忠贞的美德的态度与观念。

其次，传统节日中也渗透着浓厚的人际和谐的群体意识，不仅年节中有亲戚朋友拜年问安的习俗活动，其他节日中还以节令美食为人际往来的最佳馈赠。到了现代，人们还利用卡片、电话、短信、网络邮件、微信等现代化工具进行节日问候。

最后，传统节日中还渗透着浓重的社会道德情感意识，传统节日中有一类是以纪念古圣先贤为主题的节日，如端午节对屈原的纪念，反映出强烈的爱国的道德理念；中秋节关于八月十五送月饼造反的传说，反映了反抗强敌、维护和平的社会道德理想；寒食节对介子推的纪念，反映了人们推崇谦逊不自傲的人格与美德。

四、无法磨灭的农业文明印记

中国传统节日植根于农业社会的土壤中，是农业文明的伴生物。节日日期的选择与设定，是古人依据天时、物候、气候的周期性转换而约定俗成的，都对应着特定的节气和农时，反映了农业社会生活的规律。我国是世界上最早进入农耕生活的国度之一，传统岁节中的"二十四节气"，就是应农业生产的需要确定的，与农事生产息息相关，是古代劳动人民掌握农事季节的经验总结。每当特定节气来临之时，都要举行相应的仪式和庆典活动。在此基础上形成的丰富多彩的节日，也都具有鲜明的农业文明印记。纵观中国传统节日，在时序的安排上宛如一条由自然节气生成而贯穿春夏秋冬的"文化链"。如年节源于上古时候的丰收吉庆活动，清明节突出天气回暖，绿草萌生，具有提醒人们安排春耕生产的意味，其他节日如二月二龙头节，是乞求一年风调雨顺的节日，春秋两季的社日是专门祭祀土神与谷神的节日，都显示着先民尊重自然规律，顺应自然时序，重视农业生产，感悟天、地、人"三才"贯通一气，追求和升华"天人合一"等观念。流传至今的许多关于岁时节日的谚语和民谣都鲜明表现了这一特点，如"干冬湿年，禾谷满田""清明前后、种瓜种豆""清明忙种麦、谷雨种大田"，四时节庆纷至沓来，无一不体现着人们应时而作的农业文明印记。而四季佳节的娱乐庆典和烹饪饮食，也是适时合令、因时而设、应季而生的。

五、周而复始的心理调节契机

纵观节日习俗活动，不难发现，我国各个传统节日不论它最初发源时出于什么目的，但在不断发展演变之后，沉积下来的最重要的主题就是欢乐、放松、追求吉祥如意等，包含了丰富的娱乐、喜庆的内涵和永恒地对美好生活的渴望，即使像端午节祭屈原、清明节扫墓祭祖这样以悼念死去的人为目的的节日，也有龙舟竞渡、郊野踏青这样的娱乐性活动；传统社会禁止男女之间的往来，限制自由恋爱，但是却在七夕节安排了一个闺中少女月下看牛郎织女相会的机会；由于生产力低下，男男女女几乎天天在劳作之中，而在正月里有做活的禁忌，使人们得到休息和调养。总之，在这些节日中，人们日常生活中必须遵循的种种规范，都通过节俗有所松动，使人们得到暂时的放松和心理调节，缓和了紧张的情绪。

六、沉积于心灵深处的民族认同载体

传统节日具有鲜明的民族性特征，它是民族文化的最有代表性的承载体，是民族共同的生活方式、思维方式、心理模式的集中反映，在一定意义上说，传统节日是民族的文化标志和精神纽带，人们通过祭祖、拜年、访亲、联欢等多种节日仪式，共同参与的节日风俗活动来证明自己是民族的一员，传递着人间美好情愫，使传统节日超越时空界限，发挥着凝聚民族情感、融洽人际关系、促进社会和谐的功能。海外华人中，至今仍有许多人保持着中华传统，这也成为他们心向祖国、不忘祖宗的强大精神动力。如美国许多城市的唐人街，始终保持着过中国传统的春节的习俗，当地华人也和国内的同胞一样，春节时守岁、放鞭炮、舞龙灯等，可以这样说，传统节日习俗带给他们的是民族认同感和民族自豪感。中国传统节日是民族情感的凝结，是民众精神情感的重要寄托方式，是维系国家统一、巩固民族团结、促进各民族文化交流与融合的重要精神纽带。

第三节 传承中国优秀传统节日文化的现实意义

中国传统节日作为中国传统文化精神的体现之一，在社会发展中产生过深远的影响，至今仍有深刻的现实意义。

一、体现凝聚力

春节回家，清明扫墓，端午节纪念屈原、伍子胥的传统习俗蕴含敬祖意识、亲情情结、精忠爱国等思想，这些观念最容易唤起人们对亲人、家庭、故乡、祖国的情感，唤起人们对民族传统文化的记忆，唤起人们同宗同源的民族情及对文化同根性的认同。中国有许多俗语，如"一方有难，八方支援""老乡见老乡，两眼泪汪汪"等，这些都是强大文化凝聚力的表现；海外华侨回国祭祀祖先及在异国、异地的游子落叶归根等行为则是传统节日中民族凝聚力的体现。文化凝聚力与民族凝聚力有利于增强民族团结、维系国家统一，有利于加深世界各地中华儿女的亲情，也有利于激励一个民族不断前进、发展、强大。

二、构建和谐关系

中国传统节日中的"天人合一"思想为人们提供了亲近自然、融入自然的机会，在踏青、观星、

赏月、登高等活动中，人们放松心情，找回童真，发现乐趣。在亲近自然的活动中，骨肉情深或天伦之乐得到体现，形成一种与人为善、和谐相处的人际关系。

当今世界，随着科技与工业的日益发达，人与自然、人与人之间的关系发生了许多变化，如由于人类无限制地征服自然而带来的一系列环境问题，再如人际关系的日益冷漠、势利等。现在当我们重新对照中国传统节日中人与自然、人际间的和谐关系时，应该受到启迪。所幸的是，保护生态环境，构建人与人、人与社会和谐关系已经成为人们的共识，这也是对传统节日中"天人合一"思想的肯定。

三、唤起对美的向往

中国传统节日中无论是亲近自然（如踏青、观星、赏月、登高等），还是渴望团圆（如吃饺子、月饼等）的习俗，都体现了人们对美的追求与向往。传统节日中的美，主要指生命与生活之美，在亲近自然、家人团圆、希望有情人终成眷属的传统习俗中，人们体会到了生活之美，也益加珍爱生命。并且传统节日中的行为、愿望都发自于内心，充满了感情，因此，即使有时希望不能实现，结局未必圆满，但因为这些行为、愿望来自心灵，它们也是美的。

中国传统节日有几千年的历史，在长期发展过程中，不断与其他文化交汇，消极的东西逐渐消亡，美好的东西日益凸显，体现出强大的包容性，表现为同化力、融合力、延续力和凝聚力，这正是传统节日具有强大文化生命力的表现。这凝聚着全体民族成员情感、知识、智慧和伦理规范的传统节日，也必将构成我们时代生活的重要部分。

日积月累

一、填空题

1．关于七夕的诗句，"七月七日长生殿"的下一句是_____。

2．傣族最盛大的节日是_____节，也是傣历的新年，时间大致在傣历的六月六日或七日，即公历四月中旬。

3．"爆竹声中一岁除"是_____《元日》中的名句，意思是在鞭炮声里，一年又过去了。这里的"元日"，指农历正月初一，即春节。

4．王维的诗句"遥知兄弟登高处，遍插茱萸少一人"，诗中描述中国传统节日_____节。

二、单项选择题

1．踏青不仅仅是端午的习俗，也是（　　）的风俗习惯。

A．重阳节　　　　　B．中秋节　　　　　C．清明节　　　　　D．元宵节

2．端午节的"端"是什么意思？（　　）

A．端正　　　　　B．初开端　　　　　C．末端　　　　　D．端着，拖着

3．盘王节是哪个民族的节日？（　　）

A．汉族　　　　　B．土家族　　　　　C．傣族　　　　　D．瑶族

4. "月上柳梢头，人约黄昏后"，描写的是哪个传统节日？（　　　）

A. 中秋节　　　　　B. 元宵节　　　　　C. 端午节　　　　　D. 七夕节

5. 中国有一个传统习俗，农历腊月二十三日或二十四日要过"小年"，通常人们要吃（　　　）。

A. 元宵　　　　　B. 饴糖　　　　　C. 腊八粥　　　　　D. 饺子

6. 蒙古族的那达慕大会是在（　　　）。

A. 丰收年景的农历六月　　　　　B. 每年秋天

C. 清明后 10 天　　　　　D. 端午前 3 天

思考与体验

名称：家乡的传统节日文化。

主题：介绍家乡一个或几个节日的内容及其文化内涵，体会中国传统节日文化源远流长、内涵丰富的特色。

内容：调查收集了解家乡有特色的传统节日民俗活动，阐释对中国传统节日文化特征的理解。

要求：可分组抽签选定节日（各组最好不重复），将成果制作成PPT，并向同学展演讲解。

实践任务

一、任务描述

为了更加深入地了解中国传统节日的文化内涵，珍视传统节日文化，全班同学分组开展"看图说史"活动。每个小组通过书籍或者网络收集关于中国传统节俗的相关资料，结合资料选择一些具有代表性的图片或视频做成PPT。通过PPT讲解中国传统节俗的由来，并感受中国传统节日的文化底蕴。（讲解时间最好不要超过 10 分钟。）

二、任务实施

（1）全班同学分成若干组，每组 5～6 人，并选出一名小组组长。

（2）小组组长分配成员完成收集资料、选择代表性图片或视频、制作PPT、讲解汇报等任务。具体执行过程可填写在下方空白处。

（3）将本次活动中遇到的问题、得到的经验等填写在下方空白处。

（空白处）

任务评价

各组员根据本章的学习情况及活动情况，完成下面的任务评价。

姓名：_____　　　　组号：_____　　　　指导教师：_____

评价项目	评价内容	分值／分	教师评分／分
知识（40%）	熟知中国主要传统节日民俗	10	
	掌握中国传统节日的文化内涵	10	
	了解中国传统节日的来源	10	
	理解传承优秀中国传统节日文化的现实意义	10	
技能（40%）	PPT 版面精美、简洁	10	
	内容选取合理、全面	20	
	讲解流畅，有条理	10	
素养（20%）	具有团队精神	5	
	准备充分，积极、认真参加活动	5	
	认真学习，按时完成学习、活动任务	5	
	具备独立分析问题、解决问题的能力	5	
自我评价			
教师评价			

第九章　中国传统礼仪

学习目标

1. 了解中国传统礼仪的形成与演变过程。
2. 了解中国传统礼仪习俗。
3. 明确中国传统礼仪的现代价值。

思政目标

引导大学生掌握符合社会要求的各种行为规范，培养大学生适应社会生活的能力，提高他们传承传统文化的自觉性。同时，通过以古鉴今，摒弃道德败坏行为，倡导与弘扬我们优秀的文化传统。

情景导入

"千里送鹅毛"的故事发生在唐朝。当时，云南一少数民族的首领为表示对唐王朝的臣服，派特使缅伯高向太宗进贡天鹅。

路过沔阳河时，好心的缅伯高把天鹅从笼子里放出来，想给它洗个澡。不料，天鹅展翅飞向高空。缅伯高忙伸手去捉，只扯得几根鹅毛。缅伯高急得顿足捶胸，号啕大哭。随从们劝他说："已经飞走了，哭也没有用，还是想想补救的方法吧。"缅伯高一想，也只能如此了。

到了长安，缅伯高拜见唐太宗，并献上礼物。唐太宗见是一个精致的绸缎小包，便令人打开，一看是几根鹅毛和一首小诗。诗曰："天鹅贡唐朝，山高路途遥。沔阳河失宝，倒地哭号啕。上复圣天子，可饶缅伯高。礼轻情意重，千里送鹅毛。"唐太宗莫名其妙，缅伯高随即讲出事情原委。唐太宗连声说："难能可贵！难能可贵！千里送鹅毛，礼轻情意重！"

这个故事体现着送礼之人诚信的可贵美德。今天，人们用"千里送鹅毛"比喻送出的礼物单薄，但情意却异常深厚。

中国素有"礼仪之邦"之称。"礼"字在古汉语中与"履"字相通，意思是鞋子。鞋子既不能太大，也不能太小。"礼"也是如此，既不能无礼，也不能表现得太过。"礼"在社会中无时不在，出行有礼，坐卧有礼，宴饮有礼，婚丧有礼，寿诞有礼，等等。这里的"礼"包含了礼制的精神原则与礼仪行为两大部分，二者关系密切。

第一节　中华传统礼仪的起源与演变

中国古代的"礼"和"仪"是两个不同的概念，"礼"是制度、规则和一种社会意识观念；"仪"是"礼"的具体表现形式，它是依"礼"的规定和内容形成的一套系统而完整的程序。而将"礼"和"仪"连用则始于《诗经·小雅·楚茨》："为宾为客，献酬交错，礼仪卒度。"所以，从本质上说，中国古代的"礼仪"更偏重于政治体制上的道德教化。

传统礼仪

一、中国古代礼仪的起源

礼仪起源于原始社会，它是伴随着原始宗教的产生而产生的。有了原始宗教，就有了原始宗教的祭祀活动形式，在祭祀活动的历史发展中，逐渐地完善了相应的规范、制度，宗教礼仪应运而生。这就形成了人类社会最初的礼仪。

人类最初的"礼仪"，主要是对神秘不可知的自然界表示敬畏和祈求。而当人们发现对自然的祈求并不能带来福音时，又把这种敬畏逐渐扩展到人类自身。

由崇拜自然物转而扩展到人类自身，有两种模式：一种是转到那些在人类与自然界斗争中创造奇迹、对人类作出了贡献的先贤先哲那里。例如，中国古代，人们崇拜伏羲氏和神农氏，是因为他们教会人们种植农作物；崇敬大禹，是因为他为人民治水；崇敬尧、舜，是因为他们率领人们与自然斗争，并且形成了人类最初的"社会秩序"，因此，在当时人们心目中，他们成了超然于人类之上的"神"，而为人们所广为崇敬。另一种是由对龙的崇敬扩展到对君王的崇敬。龙是由于古人对自然界的恐惧和崇拜而想象出来的一种图腾。这种图腾崇拜，从进入奴隶社会开始，就被统治阶级所利用。统治者借助龙这种图腾来维护自己的统治，总把皇帝称作真龙天子，编造出种种相应的神话故事，于是形成了对统治者、对皇帝的崇拜和敬畏，一系列符合当时人们需要的礼仪规范也应运而生。

在原始社会中、晚期（约旧石器时期）出现了早期礼仪的萌芽。例如，生活在距今约1.8万年前的北京周口店山顶洞人就已经知道打扮自己。他们用穿孔的兽齿、石珠作为装饰品，挂在脖子上。而他们在去世的族人身旁撒放赤铁矿粉末，是迄今为止在中国发现的最早的葬仪。

公元前1万年左右，人类进入新石器时期，不仅能制作精细的磨光石器，并且开始从事农耕和畜牧。在其后数千年岁月里，原始礼仪渐具雏形。例如，在今西安附近的半坡遗址中，发现了生活距今约5000年的半坡村人的公共墓地。墓地中坑位排列有序，死者的身份有所区别，有带殉葬品的仰身葬，还有无殉葬品的俯身葬等。此外，仰韶文化时期的其他遗址及有关资料表明，当时人们已经注意尊卑有序、男女有别。而长辈坐上席，晚辈坐下席；男子坐左边，女子坐右边等礼仪日趋明确。

二、中国古代礼仪的演变

礼仪文明作为中国传统文化的一个重要组成部分，其发展大致可以分为礼仪的形成时期、礼仪的发展和变革时期、礼仪的强化时期。礼仪的形成和发展，经历了一个从无到有、从低级到高级、从零散到完整的渐进过程。

（一）古代礼仪的形成时期

礼仪的形成在夏、商、周时期。中国历史开始从原始社会末期向早期奴隶社会过渡。在此期间，尊神活动逐渐升温。人们敬畏"天神"，于是祭祀"天神"。"礼"的繁体字"禮"，左边代表神，右边是向神进贡的祭物。因此，汉代学者许慎提出："礼，履也，所以事神致福也。"（《说文解字》）

推翻殷商王朝并取而代之的周朝，对礼仪建树颇多。朝廷设置礼官，专门掌管天下礼仪。特别是周武王的弟弟、辅佐周成王的周公，对周代礼制的确立起了重要作用。他制作礼乐，将人们的行为举止等统统纳入一个尊卑有序的模式之中。礼仪的特征，已从单纯祭祀天地、鬼神、祖先的形式，跨入了全面制约人们行为的领域。全面介绍周朝制度的《周礼》，是中国流传至今的第一部礼仪专著。

《周礼》初名《周官》，学者一般认为是战国人所作，全书共六篇，包括《天官冢宰》《地官司徒》《春官宗伯》《夏官司马》《秋官司寇》和《冬官考工记》，主要记载古代的设官分职及各官的职权，并详细地叙述了各种典章制度，使自夏以来的传统之礼得到了极高程度的理论提升，为中国成为"礼仪之邦"奠定了坚实的基础。在汉以后两千多年的历史中，《周礼》一直是国家制定礼仪制度的经典著作，被称为礼经。

（二）古代礼仪的发展、变革时期

西周末期，王室衰微，诸侯纷起争霸。公元前770年，周平王东迁洛邑，史称东周。承继西周的东周王朝已无力全面恪守传统礼制，出现了所谓"礼崩乐坏"的局面。

春秋战国时期是我国的奴隶社会向封建社会转型的时期。在此期间，相继涌现出孔子、孟子、荀子等思想巨人，发展和革新了礼仪理论。这一时期，学术界形成了百家争鸣的局面，以孔子、孟子、荀子为代表的诸子百家对礼教给予了研究和发展，对礼仪的起源、本质和功能进行了系统阐述，第一次在理论上全面而深刻地论述了社会等级秩序划分。

孔子是中国古代大思想家、大教育家，他删《诗》《书》，定《礼》《乐》，赞《周易》，修《春秋》，为历史文化的整理和保存作出了重要贡献。他编订的《仪礼》，又名《士礼》，或称《礼》，是根据当时社会上流传的一些古礼汇辑编订而成，分《士冠礼》《士昏礼》等17篇，详尽地叙述了上古贵族生活的各种主要礼节仪式。

孟子是战国时期儒家主要代表人物。在政治思想上，孟子把孔子的"仁"学思想加以发展，提出了"王道""仁政"的学说和民贵君轻说，主张"以德服人"；在道德修养方面，他主张"舍生而取义"（《孟子·告子上》），讲究"修身"和培养"浩然之气"等。

荀子是战国末期的大思想家。他主张"隆礼""重法"，提倡礼法并重。他认为，"礼者，贵贱有等，长幼有差，贫富轻重皆有称者也"（《荀子·富国》）。荀子指出，"礼之于正国家也，如权衡之于轻重也，如绳墨之于曲直也。故人无礼不生，事无礼不成，国家无礼不宁"（《荀子·大略》）。荀子还提出，不仅要有礼治，还要有法治。只有尊崇礼，法制完备，国家才能安宁。荀子重视客观环境对人性的影响，倡导学而至善。

（三）古代礼仪的强化时期

在我国长达2000多年的封建社会里，尽管在不同的朝代礼仪文化具有不同的社会政治、经济、文化特征，但都有一个共同点，就是一直为统治阶级所利用，成为维护封建社会的等级秩序的工具。这一时期的礼仪的重要特点是尊君抑臣、尊夫抑妇、尊父抑子、尊神抑人。

公元前221年，秦王嬴政统一中国，建立起中国历史上第一个中央集权的封建王朝。西汉董仲舒把封建专制制度的理论系统化，提出"唯天子受命于天，天下受命于天子"的"天人感应"之说（《汉书·董仲舒传》）。他把儒家礼仪具体概括为"三纲五常"。"三纲"即"君为臣纲，父为子纲，夫为妻纲"。"五常"即仁、义、礼、智、信。汉武帝刘彻采纳董仲舒"罢黜百家，独尊儒术"的建议，使儒家礼教成为定制。

汉代时，孔门后学编撰的《礼记》问世。《礼记》，一般指西汉戴圣所编的《小戴礼记》，今传本共 49 篇，是一部先秦至秦汉的礼学文献汇编；此外尚有戴圣之叔戴德所编的《大戴礼记》。《礼记》堪称集上古礼仪之大成，上承奴隶社会、下启封建社会的礼仪汇集，是封建时代礼仪的主要源泉。

东汉末年，郑玄注《周礼》《仪礼》《礼记》，并著《三礼目录》，始"通为《三礼》焉"（《后汉书·儒林列传》），"三礼"之名由此而兴。后来，历代学者从学术、思想和政治的角度对三礼进行了多方面、多角度的研究和阐释，即为"三礼之学"，简称礼学。礼学对中国后世的政治制度、社会思想、文化传统、伦理观念等都有很大影响。

宋代时，出现了以儒家思想为基础，兼容道学、佛学思想的理学，程颢、程颐二兄弟和朱熹为其主要代表。二程认为，"父子君臣，天下之定理，无所逃于天地间"（《二程遗书》卷五），"礼即是理也"（《二程遗书》卷二十五）。朱熹进一步指出，"仁莫大于父子，义莫大于君臣，是谓三纲之要，五常之本。人伦天理之至，无所逃于天地间"（《朱子文集·未垂拱奏礼·二》）。朱熹的论述使二程"天理"说更加严密。

家庭礼仪研究硕果累累，是宋代礼仪发展的另一个特点。在大量家庭礼仪著作中，以撰《资治通鉴》而名垂青史的北宋史学家司马光的《涑水家仪》和以《四书集注》名扬天下的南宋理学家朱熹的《朱子家礼》最著名。

明代时，交友之礼更加完善，而忠、孝、节、义等礼仪日趋繁多。

清代时，礼制日趋复杂化，甚至显得虚浮、烦琐。例如清代的品官相见礼，当品级低者向品级高者行拜礼时，动辄一跪三叩，重则三跪九叩。清代后期，清王朝政权腐败，民不聊生。而伴随着西学东渐，一些西方礼仪传入中国，形成了独特的"大杂烩"式的礼仪。自此，古代礼仪开始走向衰落。

经典诵读

朱子家训

【清】朱用纯

黎明即起，洒扫庭除，要内外整洁。既昏便息，关锁门户，必亲自检点。一粥一饭，当思来之不易，半丝半缕，恒念物力维艰。宜未雨而绸缪，毋临渴而掘井。自奉必须俭约，宴客切勿留连。器具质而洁，瓦缶胜金玉。饮食约而精，园蔬胜珍馐。勿营华屋，勿谋良田。

三姑六婆，实淫盗之媒；婢美妾娇，非闺房之福。奴仆勿用俊美，妻妾切忌艳装。祖宗虽远，祭祀不可不诚。

子孙虽愚，经书不可不读。居身务期质朴，教子要有义方。勿贪意外之财，勿饮过量之酒。

与肩挑贸易，勿占便宜。见贫苦亲邻，须多温恤。刻薄成家，理无久享。伦常乖舛，立见消亡。兄弟叔侄，须多分润寡。长幼内外，宜法属辞严。听妇言，乖骨肉，岂是丈夫。重资财，薄父母，不成人子。嫁女择佳婿，毋索重聘。娶媳求淑女，毋计厚奁。

见富贵而生谄容者，最可耻。遇贫穷而作骄态者，贱莫甚。居家戒争讼，讼则终凶。处世戒多言，言多必失。毋恃势力而凌逼孤寡，勿贪口腹而恣杀生禽。乖僻自是，悔误必多，颓惰自甘，家道难成。狎昵恶少，久必受其累。屈志老成，急则可相依。轻听发言，安知非人之谮诉，当忍耐三思。因事相争，安知非我之不是，须平心遭暗想。

施惠勿念，受恩莫忘。凡事当留余地，得意不宜再往。人有喜庆，不可生妒忌心；人有祸患，不可生喜幸心。善欲人见，不是真善；恶恐人知，便是大恶。见色而起淫心，报在妻女；匿怨而用暗箭，祸延子孙。

家门和顺，虽饔飧不济，亦有余欢；国课早完，即囊橐无余，自得至乐。读书志在圣贤，非徒科第；为官心存君国，岂计身家。守分安命，顺时听天；为人若此，庶乎近焉。

第二节 中国传统礼仪习俗

一、中国古代的五礼

根据《周礼·春官·大宗伯》记载，中国古代的五礼包括吉礼、凶礼、军礼、宾礼和嘉礼。五礼各有其用，以吉礼祀邦国之鬼神祇，以凶礼哀邦国之忧，以军礼同邦国，以宾礼亲邦国，以嘉礼亲万民。这五礼作为我国古代礼仪制度的主要内容历代相袭。

（一）吉礼

吉礼指古代祭祀天、地和祖先的礼仪。吉礼居五礼之冠，足见古人对祭祀的重视。古人祭祀的目的在祈求吉祥。

1. 祭天

古代帝王称"天子"，受命于天，与天有特殊的关系，所以，普天之下，只有天子可以祭天，祭天是一国之中最重大的典礼。在古代中国的阴阳学说中，天为阳，东南西北四方中南方为阳，所以祭天的场所要在国都的南郊；天是圆形的，祭天之坛的形制必须与之相应，所以天坛是圆形的，称为圜丘；一年四季，阴阳轮回，冬至是阴尽阳生之日，所以，祭天的日子必须是在冬至日。

祭祀天时，先要积聚木柴，再在木柴上放置牺牲或者玉帛，然后点火焚烧，让香气飘上天，寓意上天享用了。

2. 祭地

古代皇帝除了祭天外还要祭地。祭地属于大祀，在围都的北郊建方丘进行，时间一般在每年夏至。

祭五岳、四渎、四镇也属大祀。五岳指东岳泰山、南岳衡山、西岳华山、北岳恒山、中岳嵩山。四渎指长江、黄河、淮河、济水四条大河；四镇指扬州的会稽山、青州的沂山、幽州的医无闾、冀州的霍山。五岳、四渎、四镇分散在各地，相隔遥远，故在四郊设坛"望祭"。诸侯只能祭自己封地之内的名山大川，故有"祭不越望"之说。

3. 祭祖

祭祖主要是对先王、先祖的祭祀。按周制，天子七庙，诸侯五庙，大夫三庙，士一庙。天子祭祖有两种规格：一种叫肆献裸，另一种是馈食，前者比较隆重，后者比较简略。祭祀的形式有禘祫和时祭，禘祫是合祭，时祭是四时的祭祀，《诗经·小雅·天保》说："禴祠烝尝，于公先王。"禴、祠、烝、尝分别是春、夏、秋、冬四时的祭名。

（二）凶礼

凶礼是指用于吊慰家国忧患方面的礼仪，带有生者对死者的顾恋悲哀之情。它的主要内容是：以丧礼哀死亡，以荒礼哀凶札，以吊礼哀祸灾，以禬礼哀围败，以恤礼哀寇乱。

按周制，凶礼大致可分为殓、殡、葬、服丧等阶段。给死者沐浴后，便进行"殓"的仪式，先进行小殓，即给死者穿哀衣；大殓是指将尸体放入棺材。入殓之后，便是"殡"，即停棺待葬。殡结束后，便要举行"葬礼"，即将棺材埋入地下，所以又称入葬、下葬、埋葬。之后，要为死者服丧，即在一定时期内戴孝，表示对死者的怀念。

1. 丧礼

在礼仪中，丧礼的产生最早。当与自己有血缘关系或者特殊的社会关系的人死亡之后，要用丧礼来表达哀悼之情，包括服丧、致送助丧的财物等。按周制，天子驾崩，无论是同姓诸侯还是异姓诸侯，都要派使者到首都去会葬和助丧。诸侯国有丧事，友邦也要派人吊唁和助丧。

2. 荒礼

荒是指发生自然灾害，如年谷不熟，疫病流行，民众受到饥馑，国家处境危难，邻国要施以援手。此外，国君与群臣都采取减膳、停止娱乐等措施，以示与民众分忧，《礼记·曲礼》说不杀牲畜、不演奏乐曲、饭食要俭省等。这些体现人道和情感的举措，都是用礼的形式规定下来的。

3. 吊礼

邻国遭遇水火之灾，友邦要派使者前往吊唁慰问，而且给予必要的帮助，称为"吊礼"。吊礼表达的是休戚与共之道。据《左传》记载，有一年宋国发生了水灾，鲁庄公马上派人去慰问。《礼记》记载说，有一次孔子家的马厩失火，乡人闻讯赶来询问情况，表示关切，孔子则一一拜谢，此也为吊礼。

4. 禬礼

禬是聚合财物的意思。邻国发生祸难，民众遭受重大物质损失，此时友邦应该聚集财物，以相救助，使之尽快恢复正常生活。

5. 恤礼

恤是忧的意思。邻国发生了内乱、政变、恶斗或是受到外来侵略，虽然财产损失不大，但人心不安，此时友邦应该派使者前往慰问，以示分忧。

（三）军礼

军礼是指有关军事方面的礼仪，包括校阅、用兵、田猎等活动时的礼仪。《周礼》中的军礼包括大师之礼、太均之礼、大田之礼、大役之礼、大封之礼五种。军旗是军礼的重要内容，军旗在古代战争中还起着发布号令的作用，它往往成为军队的核心，代表着军队。除军旗外，鼓、金（金属制打击乐器，后多指锣）也作为军礼的组成部分，指挥行军作战。各种军礼几乎都离不开鼓、金。

1. 大师之礼，用众也

就是天子亲自率领军队出征的时候举行的礼仪，天子御驾亲征，表示必胜的决心，激发将士的义勇之志。

2. 大均之礼，恤众也

上古兵农合一，出则为兵，入则为民，应征的士兵必须自备车马、盔甲等。意在平摊军赋，使民众负担均衡。唐宋以后废。

3. 大田之礼，简众也

古代诸侯都亲自参加四时田猎，分别称为春搜、夏苗、秋狝、冬狩。定期狩猎，意在弯弓骑射，练习战阵，检阅军马。

"四时田猎"是军礼的又一项重要内容，也称田猎、狩猎、围猎，即打猎。自周朝开始，凡国内不发生战争、动乱、王位继立及严重的自然灾害等大事，帝王每年都要在四季进行田猎活动，届时也将动用军队参加，因此田猎实际也起着训练和检阅军队的作用，列入军礼范畴。这种结合打猎活动而进行的军事训练，可使军队常备不懈，因而为历代所沿袭。军队平时训练的典礼称为"行军田役"，在鼓、金有节奏的敲击声中，兵士进行此基本功的训练，诸如前进、后退、疏散、集中等。平时训练一般不在郊野，而在专门的练兵场——校场上进行。

4. 大役之礼，任众也

营造宫邑、堤防等需要征调民力，要求根据民力的强弱分派任务。

5. 大封之礼，合众也

诸侯征战，当某个诸侯的领土在失而复得之后要举行仪式，确认原有的疆界，聚集失散的居民，这个仪式叫作大封之礼。古代疆界都要封土植树。

（四）宾礼

宾礼是天子、诸侯接待宾客的礼仪，指诸侯朝见天子，以及各诸侯国之间相互交往时的礼节，包括朝、聘、盟、会、遇、觐、问、视、誓、同、锡命等一系列的礼仪制度。朝，是诸侯按规定的时间拜见天子的礼节。聘，是国与国之间遣使访问的礼节。盟，本义是立誓缔约，后引申为缔约时举行的仪式和依信约结成密切联系的组织。锡命，又作赐命，赐，是古代上对下的给予，赐命则专指帝王赐予臣僚爵位、服饰、车仗等的赏命。会、同，通常合在一起，即为"会同"，泛指古代诸侯朝见天子，也指诸侯会合。遇，指诸侯或官吏在非规定的时间、地点突然相遇的礼节，通常较简单。

六服之内的诸侯，要按照季节的顺序轮流进京朝见天子，据《周礼》讲，宾礼有六种："春见曰朝，夏见曰宗，秋见曰觐，冬见曰遇"；如果有不臣服的诸侯，王要会集其他诸侯进行征讨，这类临时出现的会见，称为"时见"，即"时见曰会"。如果天子十二年没有巡守，四方诸侯就要前往京师朝见，称为"殷见"，即"殷见曰同"。

1. 朝礼

朝礼是指朝廷议政的礼仪，包括君臣之位、服饰、仪仗、乐器以及君臣出入、揖让、登降、听朝等的礼仪。西周时，王每日都要上朝，与群臣议政。西汉宣帝时，改为五日一上朝。东汉时曾减为一年只有六月朔和十月朔两次上朝，其后又以六月盛暑为由，一年仅十月朔上朝。魏晋南北朝朔、望临朝。朔、望日的上午，公卿在朝堂议政；午后，天子与群臣共议。隋文帝勤于政事，"每旦临朝，日昃忘倦"（《隋书·高祖本纪》）。唐代规定，九品以上的官员每月朔、望上朝；文官五品以上每日上朝，故称常参官；武官三品以上三日一朝，称九参官；五品以上五日一朝，号六参官。

2. 相见礼

相见礼是指古代人际交往的礼仪，并非局限于天子、诸侯之间，在士与士之间也有相应的礼仪。《仪礼》有《士相见礼》，士相见，宾见主人要以雉为贽；下大夫相见，以雁为贽；上大夫相见，以羔为贽。历代相见之礼，下级拜见上级时要行拜见礼，官员之间行揖拜礼，公、侯、驸马相见行两拜礼，下级居西先行拜礼，上级居东答拜。平民相见，依长幼行礼，幼者施礼。外别行四拜礼，近别行揖礼。

3. 藩王来朝礼

"藩"指古代分封的附属国，他们每逢元旦、天子寿诞等节日，都要派使者来祝贺。使者入境后，用什么样的礼节接待，到京城后下榻在什么地方以及如何接见、如何回赠礼物等，都有一定之规。据《明集礼》记载，洪武初年制定藩王来朝礼。

（五）嘉礼

嘉礼是和合人际关系，沟通、联络感情的礼仪。嘉礼的内容最为庞杂，涉及日常生活、王位承袭、宴请宾朋等多种内容。它的主要内容有饮食之礼、婚冠之礼、宾射之礼、燕飨之礼、脤膰之礼、贺庆之礼、巡守之礼、即位改元礼。以婚礼、冠礼、飨礼、宴礼、贺庆礼、射礼最为重要。婚礼，即男女结合为夫妻时的礼仪。冠礼，是古代男子年满20岁时所行的一种典礼，即加冠以示成年（女子15岁时行笄礼以示成年）。飨礼，是设酒食款待宾客的一种礼仪。宴礼，古代君臣宴饮之礼。飨与宴内容上有差异，但都同属宴饮之礼，后代经常合称飨宴。贺庆礼，是对国家有福事或节日时所行的一种礼节。射礼，是古代贵族男子进行射箭时的礼仪，古人在进行一些重大的活动时，常以射箭作为活动中的一项内容，以此体现习武、尚武的风尚。

1. 饮食之礼

饮食之礼是指国君宴请下级官员、四方来宾，以联络和加深感情，所以说"以饮食之礼，亲宗族兄弟"。

2. 婚冠之礼

婚冠之礼是指婚礼和成年礼。古代男子二十而冠，女子许嫁，十五而笄，有冠笄之礼，表示成年。成年男女用婚礼使之恩爱相亲，所以说"以昏冠之礼，亲成男女"。

3. 宾射之礼

古代乡有乡射礼，朝廷有大射礼。射礼必立宾主，故名。射礼主为亲近旧知新友，所以说"以宾射之礼，亲故旧朋友"。

4. 燕飨之礼

"燕飨"同"宴享"。四方前来朝聘的诸侯，是天子的宾客。天子要通过燕飨的方式，与之相亲，所以说"以燕飨之礼，亲四方之宾客"。

5. 脤膰之礼

脤膰是宗庙社稷的祭肉。在祭祀结束后，将脤膰分给兄弟之国，借以增进彼此的感情，所以说"以脤膰之礼，亲兄弟之国"。

6. 贺庆之礼

有婚姻甥舅关系的异姓之国有喜庆之事时，要派使者致送礼物，以示庆贺，所以说"以贺庆之礼，亲异姓之国"。

7. 巡守之礼

古代天子要定期到地方巡守，了解民情，省方、观民、设教。巡守之礼也因此被作为一种礼制规定下来。

8. 即位改元礼

古代实行帝王纪年，某帝王在位多少年，则称某帝王多少年，如万历十五年、康熙五十年等。如果先代帝王逝世，太子继位后要改元，当年都不改年号，要到第二年元旦才改。即位改元是一件大事，要举行非常重大的仪式，广告天下。

嘉礼还包括正旦朝贺礼、冬至朝贺礼、圣节朝贺礼、皇后受贺礼、皇太子受贺礼、尊太上皇礼、学校礼、养老礼、职官礼、会盟礼等。

综上所述，五礼的内容相当广泛，从反映人与天、地、鬼神关系的祭祀之礼，到体现人际关系的家族、亲友、君臣上下之间的交际之礼，从表现人生历程的冠、婚、丧、葬之礼，到人与人之间在喜庆、灾祸、丧葬时表示的庆祝、抚恤凭吊之礼，可以说是无所不包，这充分反映了古代中华民族的尚礼精神。

以五礼为主要内容的礼仪制度，自西周正式形成后，历朝历代在相袭沿用的同时，又不断进行改革和完善，从而使五礼所涉及的范围不断扩大，内容日渐增多，两宋时期五礼已达112种，所涉及的内容几乎包括一切社会活动及人们的日常生活。由此可见，礼仪与社会和个人的联系极为密切，潜移默化地规范着人们的行为方式和思维方式。

二、中国传统婚姻习俗

婚姻即嫁娶之事，是男女双方结合的一种社会现象。在我国古代，"婚姻"二字的产生，应是在父权制度完全确立以后的事。

（一）婚制

1. 原始杂婚时期

在远古时代，人类群居野外，没有什么婚姻概念，男女混杂在一起，混乱而自由地结合。《列子·汤问》载："长幼济居，不君不臣；男女杂游，不媒不聘。"这显然属于杂婚时期。《吕氏春秋·恃君览》载："昔太古尝无君矣。其民聚生群处，知母不知父，无亲戚兄弟夫妻男女之别，无上下长幼之道，无进退揖让之礼。"那时由于没有婚制，所以不可能有确定的长幼关系，也就只知其母不知其父了，这是人类社会最初的婚姻形态。

2. 血缘群婚时期

血缘群婚产生和存在于原始社会，是从最初的毫无限制的两性关系中逐渐演变而来的。在距今20万～30万年的旧石器时代中期，中国结束了原始杂婚阶段，进入到血缘群婚阶段。所谓"血缘群婚"就是由血缘关系构成的一种群婚现象。这种婚姻是在家庭内部，一群直系与旁系的兄弟姐妹互相通婚。其特点是一对配偶的子孙中每一代都互为兄弟姐妹，也互为夫妻。在亲属称谓上，无母系父系之分，祖父与外祖父、姑母与舅母等都用相同的称呼。它排斥了祖辈与孙辈、父母辈与子女辈的通婚，较人类原始的杂婚状态要进步。

3. 对偶婚制

对偶婚制又称"偶婚"，是指不同氏族的一男一女在或长或短的时间内保持相对稳定的偶居生活的婚姻形式。随着原始社会的发展和文明的进步，人类逐渐认识到血缘婚姻的危害，排除血亲通婚的禁例越来越严格，后来终于摒弃了任何形式的群婚制，代之以族外的对偶婚制，就是在互婚的男女群中各有一个主要配偶，但不严格。当时的经济单位依然是以母权制为中心的氏族，所以对偶婚仍以女子为中心，成婚后定居于女方，所生子女归女方。对偶婚虽然具有相对稳定的性质，但并不是男女双方的牢固结合，社会也没有施以增强这种结合的有力规范。它仍然是介于群婚和个体婚之间的过渡形态，带有双重特点或过渡性质。我国原始社会的对偶婚制大约确立于仰韶文化晚期。20世纪西南一些少数民族中残存的"走婚""不落夫家"等习俗，反映了对偶婚制的历史遗风。

4. 一夫一妻制

一夫一妻制是指一男一女结为夫妻的婚姻形式，亦称"单偶婚"或"个体婚"。一夫一妻制是在父系氏族社会中产生的，由对偶婚发展而来。我国的"婚姻"概念也正是在这个阶段产生的。这一婚姻形态从仰韶文化中晚期到龙山文化时期开始出现和发展，一直持续到现在。建立这种婚姻的目的在于确保所生子女出自一个父亲，以继承家庭的财产。中国的龙山文化就出现了一夫一妻的合葬墓。到了后来，主要是封建礼制完善之后，一夫一妻制写进了律法。《唐律疏议·户婚》明确记载："一夫一妇，不刊之制。"对于后世讲的一夫多妻，可能是将妻、妾混淆了。在古代，妾是不能和妻相提并论的。《唐律疏议》中对妻、妾、婢的地位做了明文规定："妻者，齐也，秦晋为匹。妾通卖买，等数相悬。婢乃贱流，本非俦类。"所以，平民百姓实行的是一夫一妻制，而在官僚富豪那里实质上执行的是一夫一妻多妾制（这里的妾包括了媵、婢等）。

（二）婚礼

一夫一妻制的婚姻形成以后，随之产生了媒人和婚礼。这是因为当时的社会和家庭都认为婚姻是"上以事宗庙，下以继后世（《礼记·昏义》）"的大事，必须经过"父母之命、媒妁之言"，才能组成合乎上述宗旨的婚姻。

媒人的最早产生，大约在周代。《诗经·卫风·氓》载："匪我愆期，子无良媒。"《诗经·齐风·南山》又载："析薪如之何？匪斧不克；取妻如之何？匪媒不得。"可见，最迟在周代，已经要靠媒人从中牵线，男女方可完婚。据《周礼·地官》载，周代已设有专门负责男女婚姻的官员"媒氏"，其职责是"掌万民之判，凡男女自成名以上，皆书年、月、日、名焉"。"判"同"半"，意为男女各半，相配成婚。

婚礼属于中国传统五礼中的嘉礼，历来备受重视。根据秦蕙田的《五礼通考》，自后齐以来，不管天子庶民，婚礼"一曰纳采，二曰问名，三曰纳吉，四曰纳征，五曰请期，六曰亲迎"，这就是古代婚礼所分的六个阶段，俗称"六礼"。

1. 纳采

纳采是议婚的第一阶段，男方请媒提亲后，女方同意议婚，男方备礼去女家求婚，礼物是雁。因为男属阳，女属阴，大雁南迁北返顺乎阴阳，象征男女和顺；同时还因雁雌雄固定、有类夫妻，雁失配偶，不再择偶，象征爱情忠贞。后世因雁不易捕得，改用鸡、鸭、鹅代替。

2. 问名

问名是求婚后，男方托媒人送信给女方，求问对方的名字及出生年月，女方复信具告。这是准备合婚的仪式。

3. 纳吉

纳吉是把问名后占卜合婚的好消息再通知女方的仪礼。问名之后要将男女双方的生辰八字进行卜卦，卜得吉利即可相配；卜得凶兆，双方解除婚约。古人迷信，这一礼至关重要。按古俗，要用雁作为婚事已定的信物，后发展到用首饰、彩绸、礼饼、礼香烛，甚至羊、猪等，故又称送定或定聘。

4. 纳征

男方给女方正式下聘礼的仪式叫纳征，这是成婚阶段的仪礼。这项成婚礼又俗称完聘或大聘、过大礼等。历代礼物不同，但不外乎金银布帛茶。女方接受聘礼，这一门婚事就定了。后来，这项仪式还采取了回礼的做法，即将聘礼中食品的一部分或全部退还，或受聘后将女家赠男方的衣帽鞋袜作为回礼。聘礼的多少及物品名称多取吉祥如意的含意，数目取双忌单。

5. 请期

请期是送完聘礼后，选一吉日，男方备礼到女家商定行婚礼之日的仪式。请期往往和纳征结合起来，随过大礼同时决定婚期。

6. 亲迎

"亲迎"是成亲那天，新郎奉父母之命亲自到女家迎娶的仪式。迎娶一般用花轿，分双顶或单顶。扶亲妇上轿的"送亲嫂"，陪新郎至女家接人的"迎亲客"，都各有要求。回到男家以后就要举行结婚仪式，要一拜天地，二拜高堂，然后夫妻对拜，最后饮合卺酒（或交杯酒），后来又发展成合髻的仪式，即夫妻并坐，将二人一缕头发束在一起，"结发夫妻"一词由此而来。这项礼仪往往被看作婚礼的主要程序，而前五项则当成议婚、订婚等过渡性礼仪。这些形式中有一部分出于社交关系的需要，如女家的"添妆"，到男家时的"开揖""闹洞房"等，都是确立社会关系的礼仪。

（三）婚俗

我国民族众多，各民族在历史发展中形成了富有自身特色的婚俗。下面简略介绍几种少数民族曾流行过的婚俗。

1. 转房婚

转房婚又称收继婚，是出嫁的女子，在其丈夫死后，不能改嫁其他家族或回娘家，只能在丈夫的家族内转房，成为丈夫家族内另一位男子的妻子或小妾。古代在西南地区和东北地区的部分少数民族，都曾较长时间地流行过"转房婚"。南宋徐梦莘编撰的《三朝北盟会编》记载：女真人"父死则妻其母，兄死则妻其嫂，叔伯死则侄亦如之，故无论贵贱，人有数妻"。人们熟知的王昭君出塞，那时的匈奴通行"转房婚"。王昭君先嫁呼韩邪单于为阏氏（即单于之妻），生一子；呼韩邪单于死后，长子继位为单于，又以昭君为妻，生下二女。

2. 阿注婚

流行于云南泸沽湖畔的一支纳西族和一支普米族。"阿注"是纳西语，意为伴侣、朋友。阿注婚的特点是：男不娶，女不嫁，只要不是同一母系血统的成员及其后裔，都可以互为阿注。男女双方，各居母家，男子夜间到女家居住，白天回到母家，所生子女由母家抚养，父亲不抚养孩子，他抚养的是自己的外甥，而他的孩子又由阿注家舅舅抚养。这种阿注关系，结合自愿，解除自由。在时间上，可以保持关系十多年、几年、数月乃至一两夜；在人数上，一个人终生既可以和几个、十几个异性发生关系，也可以同更多异性偶居。

3. 抢夺婚

云南地区的部分少数民族都曾实行过抢夺婚。它是男子通过抢夺手段与女子成婚。抢夺婚有真抢和假抢之分。有新娘愿意的，亦有非新娘所愿的。真抢有的是由于女方父母反对，姑娘便与男方私下约定时间、地点，由男子来抢亲；有的是姑娘已私下有约被父母发觉且父母不同意，父母就另选他人并约其来家抢亲；还有的是女方中途变心，男方便趁姑娘外出不备之机来抢亲。抢亲到家，一进门就放鞭炮，当即拜堂成亲，任何人再无权娶走。假抢则实际上是一种婚仪，双方提前选定好成亲日子，在迎亲那天，男方组织一帮人，隐蔽在约定的地点，等到新娘一到，一拥而上，将新娘抢回家，新娘佯哭，新娘家人佯追，如有人围观，则以放鞭炮告知事情真相。

三、中国传统丧葬习俗

在中国传统礼仪文化中，丧葬也是一个重要的礼节，丧葬仪式往往是比较隆重的，称为"葬礼"，属我国五礼中的凶礼之一。

（一）丧葬制度

远古时期，人类处于蒙昧状态，并不懂得人死后要建造坟墓来安葬。《孟子·滕文公上》载："上世尝有不葬其亲者，其亲死，则举而委之于壑。他日过之，狐狸食之，蝇蚋姑嘬之。"

大约在旧石器时代中期，人类开始对死者进行有意的埋葬，这一方面固然是出于对自己部族成员的关怀，眷恋死去的亲人，另一方面也同灵魂观念和原始宗教的产生有关，由此衍生出祭祀与丧葬制度。

人类最初的丧葬方式很简单，即"死陵者葬陵，死泽者葬泽"（《淮南子·要略篇》）。随着母系氏族制度的形成和发展，公共墓地开始出现，同一氏族的死者集中葬在一个墓地。如果氏族迁移，墓地也要迁移，于是有所谓二次葬，或者叫"复葬"。父系氏族制度确立后，一夫一妻制的婚姻形成，由母系氏族的集体合葬演变为夫妻和家庭合葬。

阶级社会的出现，直接影响到了丧葬的方式，死者的地位高下不同，其丧葬的礼节就有所不同。在奴隶社会，由于奴隶主阶级视奴隶为会说话的工具，所以，当奴隶主死亡后，许多奴隶被从葬，从葬人数的多少是根据奴隶主的等级来决定的。这就是人类历史上最野蛮、最残忍的人殉制度。这种人殉制度在奴隶社会一直占有主导地位，只是到了奴隶社会的末期，统治阶级出于劳动力损失的考虑，开始改为用模拟的人畜来殉葬，这就是出土文物中常见的"俑"。秦始皇兵马俑的发现，表明至少在秦代已流行用俑殉葬。秦俑之所以同真人真马一样大小，说明它是早期的俑殉。到了汉代，由于社会政治、经济、文化的鼎盛，丧葬礼节也有了一定的改进。从徐州出土的兵马俑和汉阳陵出土的武士俑、仕女俑、动物陶塑来看，体格很小，并非秦代的大小，这说明汉代只是在形式上表示殉葬。但是，人殉并没有完全废止。特别是封建帝王，常以嫔妃、宫女殉葬。这一制度在明代前期还很盛行，直到明英宗时才明令废止殉葬制度。

（二）丧葬礼仪

古代丧葬过程主要有告丧、奔丧、追悼仪式及居丧守孝、清明扫墓等几个环节。

1. 告丧仪式

告丧仪式早在周代的时候就已经形成了。告丧即用发信号的方式把家中有人逝世的消息告诉亲友和村人，即使亲友家已经知道消息，也应告丧。古代中原文化认为，父母死后，子女要迅速通知有关亲属和乡里邻居。唐宋以后，流行以放鞭炮的方法向乡邻报丧致哀。

2. 奔丧仪式

在外的儿女接到父母的丧讯后，应首先以哭来回报使者，然后详问父母死因，问毕又哭，哭毕即应上路奔丧；奔丧路上，应该吃素；早上见星而行，晚上见星始止；临到家乡时，应"望乡而哭"。若是奔国君丧，则"望都而哭"。因病残、临产、坐月子等不能奔丧的子女，则应寄物以吊。

3. 追悼仪式

入葬之前举行的追悼仪式，古代多由族长等主持，一般都要介绍死者一生的功绩，并祈求死者保佑子孙后代发达兴旺。

4. 居丧守孝

在埋葬死亡亲属后，还有居丧守孝之俗。居丧期间，不能唱歌跳舞，不能娶妻纳妾，不行房事。孝子应在父母墓旁搭棚而居，在棚内要求做到"言而不语""对而不答""不与人座"；前三日不饮食，前七天内只能吃粥，七天后才能吃蔬菜水果，过"二七"十四天后才能吃肉。一般认为，居丧三年之内都不宜饮酒。三年期满，要举行一次隆重祭祀，然后方能起灵除孝。

5. 清明扫墓

扫墓又称"挂青""上坟""挂纸"，实际上是古代祭祀制度的遗存。扫墓时，较富有的人家往往抬着一席丰盛的酒菜到墓地，恭敬地陈列在祖墓前，一面焚化纸锭，一面叩头行礼，然后或在墓地吃掉酒菜，或抬回家再吃；家境稍差的人家，则端一两碗酒菜到墓地，并焚化纸锭；贫苦的人家则只焚化纸锭，或掘几把泥土，捧堆在坟顶上，再折几支嫩绿新枝插在坟上。

（三）丧葬形式

丧葬的实质是通过不同的方式处理逝者的尸体。下面简略介绍几种古代丧葬形式。

1. 土葬

在中国历史上，土葬是汉族最主要的丧葬方式，认为入土为安是死者的最好归宿。不过，等级身份的不同，其丧葬的方式就有很大的差异。平民的葬礼一般称"薄葬"；贵族的葬礼可称为"厚葬"，即死者生前使用的器物、喜欢吃的食物以及衣物都要随葬。封建帝王公卿的墓穴结构大多复杂，内部设置众多的墓室，一方面模仿生前的宫室住处，另一方面也是为了放置他们的随葬品，这就是中国大片土地下面埋藏了无数珍宝的原因。众多历史博物馆内收藏的历代文物出自古墓中的比例不小，充分地说明了土葬的历史风俗。

2. 火葬

火葬是以火焚尸的丧葬方式，据《墨子》《荀子》等书的记载，早在先秦时代就有火葬的方式，当时实行火葬的先民是生活在西北地区的民族，如氐族，后来融合于汉族。佛教传入中国以后，信仰佛教的王公百姓也有实行火葬的。但中国的儒学重视伦理道德，认为火葬有碍孝道，所以封建统治者还是明令禁止火葬的。

3. 石棺葬

按照习惯，"土葬"一般都用木棺。但我国古代还有一种"石棺葬"，即东北的松花江流域、四川西部的岷江和金沙江流域以及云南境内的一些地方居住的民族，他们用石板或石块构筑成长方形的棺材，置于地面，即为死者的墓地。这一葬法起于商周，盛行于战国到两汉，延续到明代。人们用"石棺葬"，据说最早是起源于人们对石的崇拜，在中国古代封建帝王将相和皇亲国戚的陵墓中出现的石椁、石门、墓碑等都包含了一定的崇拜因素。

4. 悬棺葬

发现于福建省武夷山、江西省贵溪市和四川省兴文县、珙县的"悬棺葬"是我国古代的又一种丧葬方式。它是崖葬的一种，即把形似小船的棺木高高悬于崖壁的木桩上或洞穴里。这种悬棺离地面有的几十米，有的上百米。据说，采用这一葬法的古代少数民族，认为把棺木放得越高，灵魂就越容易升天，所以悬置越高，表示对死者越是尊敬。

5. 陶器葬

陶器葬又称为"直葬"或"冲天葬"。即在人死后，用六尺高的坛罐，将死者放入站直，埋在土里，垒成坟堆。云南有的少数民族历史上曾实行过这种葬法。当地人认为是祖先传下来的，人是站着走的，也要站着死，头顶青天，脚踏大地，活着如此，死了也如此。

经典诵读

幼学琼林（师生篇）

【清】程允升

马融设绛帐，前授生徒，后列女乐；孔子居杏坛，贤人七十，弟子三千。

称教馆曰设帐，又曰振铎；谦教馆曰糊口，又曰舌耕。

师曰西宾，师席曰函丈；学曰家塾，学俸曰束脩。

桃李在公门，称人弟子之多；苜蓿长阑干，奉师饮食之薄。冰生于水而寒于水，比学生过于先生；青出于蓝而胜于蓝，谓弟子优于师傅。

未得及门，曰宫墙外望；称得秘授，曰衣钵真传。

人称杨震为关西夫子，世称贺循为当世儒宗。

负笈千里，苏章从师之殷；立雪程门，游杨敬师之至。

弟子称师之善教，曰如坐春风之中；学业感师之造成，曰仰沾时雨之化。

第三节　中国传统文明礼仪的现代价值

中国几千年来创造了灿烂的文化，形成了完整的礼仪规范，中国被世人称为"文明古国，礼仪之邦"当之无愧。礼仪文明作为中国传统文化的一个重要组成部分，对中国社会历史发展产生了深远的影响，其内容十分丰富。礼仪所涉及的范围十分广泛，几乎渗透于古代社会的各个方面。但中国古代的礼仪是为了适应当时社会的需要，是从宗族制度、贵贱等级关系中衍生出来的，因而带有明显的历史时代特征。随着人类进入 21 世纪，国学教育已成为中华民族走向世界的重要工具。尊老敬贤、仪尚适宜、礼貌待人、容仪有整等是中国传统文明礼仪中最具积极性和普遍性的礼仪规范。这些文明的礼仪规范对于当今社会个人素质的提高，人际关系的协调，和谐文明社会风气的塑造，社会主义精神文明的建设，都具有一定的现代价值。

一、尊老敬贤

中华民族是一个勤劳勇敢的民族，自古以来就尊老敬贤。尊老敬贤是一种精神状态，也是一种社会风尚，能陶冶人的情操，帮助人树立正确的和谐观念。在构建和谐社会的今天，尊老敬贤不仅是民族优良传统，更是一种社会美德。古往今来，那些尊老敬贤、爱老养老的贤人君子，为世人所传颂，成为道德的楷模。

尊老是中国传统文化中的一大特色，即孝敬父母、尊敬老人和长辈，是一种美德，也是一个文明人的象征。第一，中国原始社会到封建社会的人际政治伦理关系是以氏族、家庭的血缘关系为纽带的，所以在家遵从祖上、在外尊敬长辈早已成为人们生活的一种习惯。第二，中国古代社会"儒家"思想的主导地位，使"礼治"和"仁政"为历代封建统治者所推崇，敬贤成为一种历史的必然要求。《孟子·告子下》说："养老尊贤，俊杰在位，则有庆。""庆"就是赏赐。古代的敬老，并不是只停留在思想观念和说教上，也并不仅止于普通百姓的生活之中。从君主、士族到整个官绅阶层，都在身体力行，并且形成一套敬老的规矩和养老的礼制。《礼记·祭义》说："古之道，五十不为甸徒，颁禽隆诸长者。"就是说，50 岁以上的老人不必亲往打猎，但在分配猎物时要得到优厚的一份。对于同长者说话时的声量，也作了明确的要求。如《养蒙便读·言语》说："侍于亲长，声容易肃，勿因琐事，大声呼叱。"《弟子规》又说："低不闻，却非宜。"总之，上至君王贵族，下达庶人百姓，都要遵循一定的规矩，用各种方式表达对老者、长者的孝敬之意，因为这是衡量一个人有修养的重要标志。任何形态的社会，都需要尊敬老人。不仅因为老人阅历深、见闻广、经验多、劳动时间长、对社会贡献大，理应受到尊敬，同时也是因为他们在体力和精神上较差，需要青年人的体贴、照顾和帮助。这种传统礼仪，对于形成温情脉脉的人际关系以及有序和谐的伦理关系，不管是古代还是现代，都起着重要作用。

由于中国古代社会推崇礼治和仁政，敬贤已成为一种历史的要求。敬贤就是崇敬品德高尚的人、有才能的贤达之人，也就是敬贤纳士。敬贤是一个人的品德，也是一种美德。在我国古代，开明而又

有远见的统治者都很重视人才，他们敬贤纳士的例子举不胜举。周文王访贤时，在渭河边亲自寻找姜子牙。三国时候有个典故，叫"三顾茅庐"，说的是刘备仰慕诸葛亮的才能，要请他帮助自己打天下，便不厌其烦地亲自到诸葛亮居住的草房请他出山。一而再，再而三，诸葛亮才答应。从此，诸葛亮的雄才大略得以充分发挥，为刘备的事业"鞠躬尽瘁，死而后已"。纵观中国古代历史，历来有作为的君主，大多非常重视尊贤用贤，视之为国家安危的决定因素，敬贤者因此也成就了一番伟业。平时不敬贤，到了紧急关头，贤才就不会为国分忧。不是贤才不为国家着想，而是国家缓贤忘士，如此"而能经其国存者，未曾有也"（《墨子·亲士》）。今天我们提倡发扬古代"敬贤之礼"，须赋予现代新人才观的内容，就是要尊重知识，尊重人才。

当今社会，各种竞争越来越激烈。种种竞争，归根到底是人才的竞争。大至国家民族，小到公司企业，要在激烈的竞争中保持优势地位，都必须拥有强大的人才队伍。只有从思想观念到具体行动上尊重、爱护人才，使全社会形成一个尊重知识、尊重人才的良好环境，形成足够强大的人才队伍，才能立于不败之地。

尊老敬贤是社会主义精神文明建设的重要组成部分，它对于提高公民的道德水准，促进社会新风气的形成，具有积极的作用。今天，必须发扬尊老敬贤的优良传统，更好地促进社会和谐。

二、仪尚适宜

中华民族素来注重通过适合的形式，表达人们内心丰富的情感。在中华民族的传统美德中，"尚"是尊崇、注重的表征，仪尚适宜就是要人们通过比较适合的形式，来表达人们内心丰富的情感，这种情感是理智感、美感和道德感有机结合的产物，在表现形式上，激情、应激和心境的有机结合始终决定着情感的强与弱，决定着情感的两极性。"仪尚"的实质就在于有效地表现其自身与事物发展的适合度。"仪尚适宜"是一个人甚至一个民族最起码的道德水准。当人们遇到重大节日和发生重要事件时，人们就有许多约定俗成的仪规，比如获得丰收，就要欢歌庆贺；遇到喜事，就要设宴款待。久而久之，在历史的长河中就形成了许多节庆及礼仪形式，如春节、元宵、中秋、重阳等。事实上，每一个重大节日都有其特定的礼俗。

揭开中国古代史，婚、丧和节庆等活动都是社会生活中的大事，透视其过程可见每一种活动的礼仪都规定得格外详尽而周密，从服饰、器皿到规格、程序和举止的方位，都有具体的规定。这些规定的可贵之处就在于"适宜"上。宋代《二程集》说："奢自文生，文过则为奢，不足则为俭。"即仪式的规模在于得当，适当的文饰是必要的，但文饰过当就会造成奢侈浪费，偏离礼规的要求；而过于吝啬、妨碍到仪式的实行也是不得体的。这句经典论述，对我们今天举行的各种仪式具有极其重要的借鉴与指导作用。把握好各种仪式的规模，坚持适度的原则，有机地将历史形成的必要的仪规同信息化时代的现代文明相结合，使我们的仪礼活动既隆重，又不至于华而不实，使每一种活动都能体现出中华民族几千年的传统美德。

三、礼貌待人

礼貌待人是中华民族发展中人与人、群体与群体、民族与民族、国家与国家和谐相处的精神支柱，是中华民族重要的道德规范之一，在中华民族辉煌灿烂的历史长河中铸就了一座巍峨的道德大厦，反映了中华民族的精神面貌。遵循礼规、礼貌待人是中华民族几千年来文明史的真实写照，透视其辉煌灿烂的发展过程，每一个真实的典故都给人们以启迪与反思，充分说明了中华民族在世界文明中所承担的重要地位与角色。

（一）与人为善

中华民族历来非常重视遵循礼规、礼貌待人。其中许多耐人寻味的经验之谈，无论过去和现在，都给人以启迪。中华民族的发展史最突出的一个字就是"善"，正因为"善"，我们的民族才兴旺发达。"善"是我们推动社会发展的动力之所在。与人相处，为善当先。而这个"善"，应是出自内心的诚意，是诚于中而形于外，而不是巧言令色和徒具形式的繁文缛节。《礼记·曲礼上》说："夫礼者，自卑而尊人。"如果表面上恭敬热情，而内心虚伪，或是仅仅内心尊敬，而毫无表情，都是不够的。应该表里一致，才能从根本上消除人与人之间的隔阂、摩擦，进而互敬互爱，友好相处。尊重他人，就要平等待人，不分贵贱等级，一视同仁。如果只对上层人士献其礼敬，以财势取人，以利益交人，其实是小人所为。《论语·子罕》载：孔子看见穿丧服、戴礼帽穿礼服的人和盲人，相见时，即使这些人年轻，孔子必定站起来。行过别人面前时，一定快步走过，以示敬意。古人敬人的方法，也有值得借鉴的地方。首先要尊重他人的意愿，体谅别人的需要和禁忌，不能强人所难。不苛求别人做不能做的事，不强求别人接受不喜欢的东西。古人说："不责人所不及，不强人所不能，不苦人所不好。"（《文中子·魏相》）"己所不欲，勿施于人"（《论语·颜渊》），就是这个意思。

在与人的交往中，幽默与善意的玩笑往往给人带来轻松愉快，但决不可戏弄取乐。如果拿别人姓名作为笑料，或给人起不雅的绰号，都是十分不敬的。宋代宰相王旦与人为善的高尚情操令人崇敬，他的"善"不仅消除了与副相寇准的彼此隔阂，化解了同僚间的相互摩擦，确保了政坛稳定，而且"善"出了政绩卓著的一代名相——寇准。

（二）礼尚往来

中华民族是一个崇尚"礼尚往来"的民族。礼尚往来，是礼貌待人的一条重要准则。《礼记·曲礼上》说："礼尚往来，往而不来，非礼也；来而不往，亦非礼也。"这就是说礼节上应该有来有往，换句话说，就是接受别人的好意，必须报以同样的礼敬。这样，人际交往才能平等友好地在一种良性循环中持续下去。对于受恩者来说，应该滴水之恩，涌泉相报。在古人眼中，没有比忘恩负义更伤仁德的。孔子说，"以德报德，则民有所劝"；"以怨报德，则刑戮之民也"（《礼记·表记》）。可见，"以德报德"，有恩必报，是待人接物的基本道德修养。当然，往来之礼，也该适度，过度和不及都是不合适的。送礼的本意，在于表达敬意或谢意，所谓礼轻意重，并非越多越好。正如《庄子·山木》篇说所说："君子之交淡若水，小人之交甘若醴；君子淡以亲，小人甘以绝。彼无故以合者，则无故以离。"

在中华民族几千年的历史长河中，形成了许多礼貌的称呼，如称老师"恩师"、称对方的父亲"令尊"、称晚辈"贤侄"等。有多少名人志士以礼待人的故事至今还被人们广泛传颂，"孔融让梨""三顾茅庐"的故事更是家喻户晓，妇孺皆知。尊重别人，做到与人说话的态度诚恳和气，举止大方得体，在生活中讲文明礼貌，它比最高的智慧、一切的学识都重要。礼貌待人体现了一个人对别人的尊重和友善，是中华民族宝贵的精神财富。

四、容仪有整

一个人的仪表、仪态，是其修养、文明程度的表现。古人认为，举止庄重，进退有礼，执事谨敬，文质彬彬，不仅能够保持个人的尊严，还有助于进德修业。古代思想家曾经拿禽兽的皮毛与人的仪表仪态相比拟，禽兽没有了皮毛，就不能为禽兽；人失去仪礼，也就不成为人了。

"仪"是指外表、举止和态度，是一个人的容貌风度，而一个人的仪表、仪态是其修养、文明程度的表现。在古代，容仪是指在朝廷、祭祀、军旅、丧纪中应有的四种容仪。汉代贾谊《新书·容经》说："容有四起：朝廷之容，师师然，翼翼然，整以敬；祭祀之容，遂遂然，粥粥然，敬以婉；军旅之容，湢然肃然，固以猛；丧纪之容，怅然慑然若不还。"古人认为，举止庄重，进退有礼，执事谨敬，文质彬彬，不仅能够保持个人的尊严，还有助于进德修业。古人对仪表仪态的要求比较烦琐，其中最重要的有如下三个方面。

（一）衣着容貌

《弟子规》说："冠必正，纽必结，袜与履，俱紧切。"这些传统规范，至今仍然具有很强的规范影响力。事实上，帽正纽结、鞋袜紧切是现代仪表的基本要求。在社会交往中，一个人如果衣冠不整、鞋袜不正，就会使人产生一定的反感与厌恶。个人的衣着打扮，必须适合自己的职业、年龄、生理特征、所处的环境和交往对象的生活习俗，做到得体大方。浓妆艳抹，矫揉造作，只会适得其反，产生消极的影响。

（二）行为举止

《论语·学而》说："君子不重则不威，学则不固。"显然，古人要求在礼节上，举止不可轻浮，不可亵渎，应该庄重、谨慎而又从容，这是因为，只有庄重才有威严。否则，即使学习了，也不能巩固。具体说来，要求做到"站如松，坐如钟，行如风，卧如弓"，就是站要正，坐要稳，行动利索，侧身而睡。在公众场合做到"非礼勿视，非礼勿听，非礼勿言，非礼勿动"（《论语·颜渊》），处处合乎礼仪规范。

（三）言语辞令

语言是人们思想、情操和文化修养的一面镜子。《周易·乾文》说："修辞立其诚，所以居业也。"这里古人将诚恳地修饰言辞看成是立业的根基。《论语》中说："可与言而不与之言，失人；不可与言而与之言，失言。知者不失人，亦不失言。"在交往中，一定要取信于人，不要巧言令色；一定要说话谨慎，当说则说，当默则默。巧言令色的人，是不可能取信于人的。

综上所述，尊老敬贤、仪尚适宜、礼貌待人、容仪有整是中华传统礼仪的精华。虽说时代不同了，但古人对仪容仪表的重视及整洁仪容的要求，是值得今人借鉴的。外在形象是一种无声的语言，它反映出一个人的道德修养，也向人们传递着一个人对整个生活的内心态度。拥有优雅的仪表，无论他走到哪里，都会给那里带来文明的春风，得到人们的尊敬。毫无疑问，传统礼仪文明对我国社会历史发展产生着积极影响。社会上讲文明礼貌的人多了，社会便更加和谐、安定。

如果每一个人都教养有素，礼貌待人，处事有节，我们的生活就会更多一些愉悦，而国家、社会更多一些有序与和谐。从这一点来讲，礼仪对社会起着政治、法律所起不到的作用。在今天的社会主义精神文明建设中，我们应立足于吸收民族文化中的精华，使传统文明礼仪古为今用，这对建立一套新的现代文明礼仪具有极其重要的借鉴和启示意义。

推荐欣赏

观看电影《大鱼海棠》，了解其中的中国元素及其含意。

日积月累

一、填空题

1. 古代婚礼六礼是指"_____""_____""纳吉""纳征""请期""亲迎"六种礼节。

2. 对对方父亲的尊称是_____。

3. 古代女子成年礼谓_____，俗称"上头""上头礼"。笄，即簪子。自周代起，规定贵族女子一般在_____以后出嫁之前行笄礼。

二、单项选择题

1. 中国古代有"拱手礼"，表示对长者的尊敬，一般来说，男子行拱手礼时应该（　　）。

A. 左手握拳在内，右手在外　　　　　　　B. 右手握拳在内，左手在外

C. 两者均可

2. "非礼勿视，非礼勿听，非礼勿言，非礼勿动"，这句话是（　　）说的。

A. 荀子　　　　　　B. 孟子　　　　　　C. 孔子　　　　　　D. 老子

3. （　　）是我国流传至今的第一部礼仪专著。

A.《论语》　　　　B.《道德经》　　　　C.《礼记》　　　　D.《周礼》

4. "良言一句三冬暖，恶语伤人六月寒。"出自下列哪本书？（　　）

A.《增广贤文》　　B.《论语》　　　　C.《孟子》　　　　D.《礼记》

5. 古人的婚礼在什么时间举行？（　　）

A. 早上　　　　　　B. 中午　　　　　　C. 傍晚　　　　　　D. 下午

6. 四书包括：《论语》《大学》《孟子》（　　）。

A.《礼记》　　　　B.《中庸》　　　　C.《周易》　　　　D.《春秋》

思考与体验

名称：我知道的中国传统礼仪。

主题：深度发掘传统风俗礼仪，践行"以礼相待、礼尚往来"。

内容：通过网络查找，询问亲友，收集各地节庆时或红白喜事时的风俗和礼仪文化。

要求：分组讨论，将与风俗礼仪文化相关的图片、文字、视频制作成PPT，也可以把相关的物件带入课堂，在课堂上讲述你所了解的传统风俗礼仪。

一、任务描述

为了更加深入地了解中国中国传统礼仪的形成，提高传承传统文化的自觉性，全班同学分组开展"看图说史"活动。每个小组通过书籍或者网络收集关于中国传统礼仪的相关资料，结合资料选择一些具有代表性的图片或视频做成 PPT。通过 PPT 讲解中国传统礼仪的的形成过程，并分析中国传统文明礼仪的现代价值。（讲解时间最好不要超过 10 分钟。）

二、任务实施

（1）全班同学分成若干组，每组 5～6 人，并选出一名小组组长。

（2）小组组长分配成员完成收集资料、选择代表性图片或视频、制作 PPT、讲解汇报等任务。具体执行过程可填写在下方空白处。

（3）将本次活动中遇到的问题、得到的经验等填写在下方空白处。

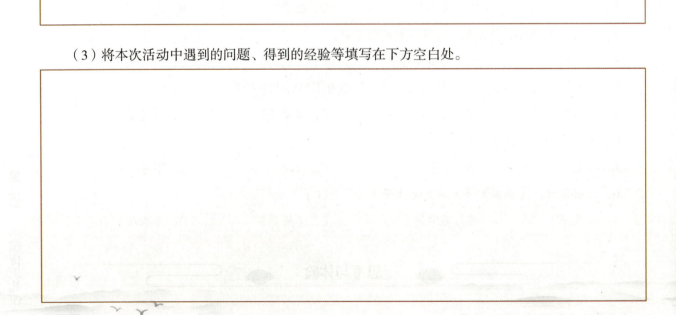

各组员根据本章的学习情况及活动情况，完成下面的任务评价。

姓名：_____　　　　组号：_____　　　　指导教师：_____

评价项目	评价内容	分值／分	教师评分／分
知识（40%）	了解中国古代礼仪的起源	10	
	了解中国古代礼仪的演变	10	
	了解中国传统礼仪习俗	10	
	明确中国传统礼仪的现代价值	10	
技能（40%）	PPT 版面精美、简洁	**10**	
	内容选取合理、全面	20	
	讲解流畅，有条理	10	
素养（20%）	**具有团队精神**	5	
	准备充分，积极、认真参加活动	5	
	认真学习，按时完成学习、活动任务	5	
	具备独立分析问题、解决问题的能力	5	
自我评价			
教师评价			

第十章　中国传统服饰

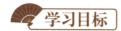

学习目标

1. 了解中华服饰发展史，培养大学生的审美情趣，激发其热爱祖国传统文化的热情。

2. 了解我国各少数民族服饰，提高大学生服饰文化修养，弘扬民族文化。

3. 以"服饰"为切入点，揭示历代服饰演变过程和中国传统文化的深刻内涵。

思政目标

挖掘中国服饰文化中的时代内涵，弘扬中国服饰文化的精髓，增强大学生民族自信心、自豪感，自觉抵御外来异化的思潮与文化，展现新时代大学生乐观、开朗、健康、积极的状态。

情景导入

南北朝汉乐府《木兰诗》里，花木兰替父从军，征战十年，一朝回到告别已久的闺房，第一件事就是"脱我战时袍，著我旧衣裳。当窗理云鬓，对镜贴花黄"。

木兰所贴的花黄，是古代流行的一种女性额饰，又称额黄、鹅黄、鸭黄、约黄等，是把黄金色的纸剪成各式图样贴在额头上起装饰作用，或是在额间涂上黄色。这种化妆方式起源于南北朝，当时佛教盛行，爱美求新的女性从涂金的佛像上受到启发，将额头涂成黄色，渐成风习。

服饰是人类特有的劳动成果，它既是物质文明的结晶，又具精神文明的含意。中国服饰的历史源远流长，以鲜明特色为世界所瞩目，传统服饰主要以汉服为主，另外还有胡服、旗装等。郭沫若同志说过："衣裳是文化的表征，衣裳是思想的形象。"这说明了服饰与文化的关系。世界各民族在各个历史时期的衣着打扮，是这个民族社会物质文明和精神文明的标尺，也是这个民族经济和文化发展水平的标志。

上起史前，下至明清，中华各民族在长期的生产活动和社会实践中，创造了无数精美绝伦的服饰。中国传统服饰是中国传统文化的重要组成部分，是中华各民族创造的宝贵财富，在世界服饰上有着十分重要和特殊的地位。中国服装款式的发展和演变，反映着特定时期的社会制度、经济生活、民俗风情，也承载着人们的思想文化和审美观念等，是一部生动的历史文化百科全书。

知识链接

中国传统服饰特点

商周时期的服饰形式主要采用上衣下裳制。

春秋战国时期的服饰主要包括以深衣为代表的汉族传统服饰和北方少数民族的胡服。

秦代服色尚黑。汉代建立了舆服制度，服饰上的等级差别十分明显。

魏晋南北朝时期宽衣博带成为流行服饰。

隋唐时期服饰形制更加开放，服饰愈益华丽。

宋代基本保留了汉民族服饰的风格，辽、西夏、金及元代的服饰则民族特点鲜明。

明代恢复汉族服饰的传统，明太祖朱元璋重新制定汉服服饰制度。

清代男子服饰以长袍马褂为主，满族妇女以长袍为主，汉族妇女则为上衣下裳式的袄裙。

民国时男子从长袍马褂向中山装和西装逐步过渡，女子服饰变得日益丰富多彩，旗袍广泛普及。旗袍和中山装所蕴含的传统文化和中华民族的包容品质，使其在近代尤为盛行。

第一节　中国传统服饰发展历程

　　服饰作为一种文化形态，贯穿于中国各个历史时期。从服饰的演变中可以看出历史的变迁、经济的发展和中国文化审美意识的嬗变。无论是商朝的"威严庄重"，周朝的"秩序井然"，汉朝的"凝重威严"，还是唐朝的"丰满华丽"，宋朝的"简洁质朴"，元朝的"粗壮豪放"，明朝的"敦厚繁丽"，清朝的"纤巧舒适"，无不体现出中国古人的审美倾向和思想内涵。中国传统服饰文化，从宏观的服饰文化观念到着装、配饰、妆容的搭配法则，都反映着中国几千年的礼乐文化。在中国服饰的发展史上，儒家、道家等思想意识也起到了贯穿始终的作用（图10-1）。

| 秦汉 | 魏晋 | 隋唐 | 唐朝 | 宋朝 | 明朝 |

图 10-1　秦汉制、魏晋制、唐制、宋制、明制服饰

一、中国服饰文化发展的基础

　　在古代，服饰是礼的一种表现，其典型例子就是冠冕制度。

　　先来看冕冠。冕冠就是礼帽，它主要由冠圈、玉笄（jī，古代的一种簪子）、冕綖（tīng，古代佩玉上的丝绥带）、冕旒（古代帝王礼帽前后悬垂的玉串）、充耳等部分组成。盖在顶上的叫冕綖，冕板上黑下红，象征着天地，冕綖略向前倾斜，象征天子勤政爱民。冕綖的前后有两段垂旒，用五彩丝线穿五彩圆珠而成，旒的多少视佩戴者的身份而定，有三、五、七、九、十二之分，以十二旒最为尊贵，是帝王的专用。在两耳不远处，各有一颗珠玉，也称为悬填或充耳，意在提醒王勿轻信谗言。

　　再来说冕服。在周朝，王的冕服有六种，称为六冕制，即在祭天、会宾、大婚等不同场合下分别需要穿不同的冕服，有大裘冕、衮（gǔn）冕、鷩冕、毳（cuì）冕、絺（chī）冕、玄冕六种。其他诸如公、侯、伯、子、男等，其所能穿的冕服依次减少，充分反映了古代的等级与礼制。

　　体现权力的古代服饰还有个特点就是龙凤图案的使用。龙凤图案是中华民族服饰最富有特色的纹样之一，它不仅积淀了深厚的华夏文明，也体现了中华传统文化的核心理念。在中国古代，龙凤图案一直是皇权的专用纹样，象征着权力。

　　龙凤纹样在服饰中的运用始于殷商时期，其造型抽象怪诞；至春秋战国，龙凤纹样变得富有生气，并开始与皇族文化相融合；发展至唐代达到顶峰。凤纹作为帝后服饰中的图案，与皇帝的龙纹相呼应，不仅体现在服饰的刺绣上，也体现在女性的头饰和发饰上。唐宋以后，男性官服上也出现凤凰图纹，成为权力高低的象征。

"凤冠霞帔"被纳入礼服制度是从宋代才开始的，作为婚服则至明代始流行。宋代皇后凤冠上有九龙四凤，四周有花朵装饰，公主、皇妃以及命妇也都按等级各有不同装饰的凤冠。霞帔也称帔帛，因其艳丽如霞，故得此名。宋代霞帔在肩部为左右两条，上面有鸟兽绣纹或龙凤绣帔，按命妇的品级来定。

中国古代的服饰受中庸之道的影响很深。孔子认为，服饰应既不过于突出，也不能过于简陋，要适中，这样才符合礼仪。中国传统服饰讲求一种包藏却又不局限人体的若即若离的含蓄美，于恬淡之中给人以一种平和、内敛之感。例如，汉代服饰独具风格，富于变化，也更有韵味。深衣的衣身曳地，行不露足，既符合儒家的礼制又典雅端庄；衣袖有宽窄之分并多有镶边，衣领较低，有的可以露出三层衣领，也称为"三重衣"，富于层次感和含蓄之美。

经典诵读

诗经·无衣

岂曰无衣？与子同袍。王于兴师，修我戈矛。与子同仇！
岂曰无衣？与子同泽。王于兴师，修我矛戟。与子偕作！
岂曰无衣？与子同裳。王于兴师，修我甲兵。与子偕行！

缭绫

（唐）白居易

缭绫缭绫何所似？不似罗绡与纨绮。
应似天台山上明月前，四十五尺瀑布泉。
中有文章又奇绝，地铺白烟花簇雪。
织者何人衣者谁？越溪寒女汉宫姬。
去年中使宣口敕，天上取样人间织。
织为云外秋雁行，染作江南春水色。
广裁衫袖长制裙，金斗熨波刀剪纹。
异彩奇文相隐映，转侧看花花不定。
昭阳舞人恩正深，春衣一对值千金。
汗沾粉污不再着，曳土踏泥无惜心。
缭绫织成费功绩，莫比寻常缯与帛。
丝细缲多女手疼，扎扎千声不盈尺。
昭阳殿里歌舞人，若见织时应也惜。

二、兼收并蓄的发展过程

从汉武帝时期张骞出使西域开辟丝绸之路，到唐朝鉴真和尚东渡日本，到明朝郑和下西洋，再到近代公派留学生赴国外留学，每一次的对外交流，都会在历史上留下浓墨重彩的一笔。通过与外族的贸易往来和文化艺术交流，中国许多精湛的工艺和精美的商品得以流传到更远的地方，而国外的许多艺术风格和技术也开始在国内广为传播。在中国服饰发展史上，也有许多因对外交流而产生的服饰变革，同时也使我国的服饰文化得以传播到海外，并保存至今。

唐朝是中国历史上的一个全盛时期，是当时世界上最为富庶的封建帝国之一。唐朝的服饰也是中国服饰文化的一个里程碑。唐朝服饰具有雍容大气、兼收并蓄之美，这一方面得益于唐朝对于儒、释、道各家思想的大包容；另一方面也源于当时的民族大融合以及对外开放政策的实施。当时与唐朝友好往来的国家和地区众多，每年都有大批的外国使者、商人、学者来到长安，长安一度成为国际政治、经济和文化中心。

由于当时的长安云集了大量的国外使者、学者、僧人、商人和艺术家等，身着各式服装的人穿梭往来于长安城中，引起了当地民众对他们着装的兴趣和效仿，胡服便是其中之一。前有战国时期赵武灵王推广胡服骑射，改革军队服装，但仅限于军服，像唐朝这般上自王公贵族下至市井小民都穿起胡服的情况实属罕见。

自古以来，由于思想文化的束缚，中国服饰绝少有袒胸和敞开的形式，然而在唐代的服饰中，我们可以看到具有展现人体美的袒露之风的盛行。从许多艺术作品和诗词中都可以看到，唐朝服饰中有许多露出颈肩和胸背的装扮，如周昉的《簪花仕女图》（图10-2）。

这种宽衣裸胸之风的盛行与唐朝开放的对外交流政策、社会风尚以及精神文明程度密不可分，而开放的社会风尚是丝绸之路开通以来外来文化不断渗透，各族文明交融、交汇的结果。

在中国长期的封建社会中，女子着男装极其罕见，然而在唐朝，女着男装一度风靡，不仅是民间妇女，这种潮流甚至影响到了宫内，可见当时社会风尚及思想的开放程度。女着男装的服装形态源于游牧民族服饰，游牧民族粗犷英武的着装风格影响了当时中原的审美意识，因此，女着男装在当时成为时尚潮流也就不足为奇了。

图10-2 《簪花仕女图》（局部）

三、发展中的不断变革

服饰制度的统一不仅仅是规定一个朝代的达官贵人以及市井百姓应该穿什么样的服装这么简单，更是使新政权更加稳固的手段和途径之一。清朝1644年即进行了服饰制度的改革，强硬而坚决。首先是强制剃发，然后是满式服饰的推行，并颁布了服饰令，对服装的款式、面料、色彩及纹样等都进行了详细规定。

清朝的服饰制度繁缛而庞杂，将中国传统服饰制度的等级性发展到了登峰造极的地步。清朝服饰在前朝的基础上也做了很多改良，如"箭衣"。"箭衣"即清朝官宦所着的开衩之袍，袖口为箭袖，这种袖口具有保暖性，同时又方便行动。

清朝的官帽有暖帽、凉帽之分，自皇帝至朝臣朝冠的形式大抵相同，用来区分官阶等级的标志则是顶珠和花翎，即我们常听到的"顶戴花翎"。顶珠为帽顶最高处所镶的宝石，依据官阶的高低宝石材料有所区别。如一品为珊瑚，二品为花珊瑚，三品为蓝宝石和蓝色明玻璃。翎是皇帝特赐的插在帽子上的装饰品，一般是赏给有功的人或对朝廷有特殊贡献的人。赏戴花翎不仅是一种荣誉，也是一种特殊阶层身份的象征，因此清朝对花翎的赏赐制度也是非常严格的。

旗袍是中华民族最经典的传统服饰之一，至今仍然受到许多人的喜爱，它是中国服饰文化的一块瑰宝，是自然美与含蓄美的统一。"旗袍"意为"旗人之袍"，经历了历史的锤炼，通过不断的改良与变革，才演变成今天旗袍的模样。旗袍本是满族人日常所穿的袍子，清朝建立后，旗袍得以发展，甚至出现了"十八镶"这样奢华的装饰，款式也从游牧民族服饰的四开衩变为两边开衩。辛亥革命以后，旗袍开始走进寻常百姓的生活，旗袍的款式也趋于简化，长度缩短，收紧腰身，更加凸显女性的魅力。20世纪三四十年代是旗袍发展最辉煌的时期，受到西方文化的影响，这时的旗袍造型趋于完美，并且蜚声海内外，玲珑的曲线，外加袖口领口的变化，使旗袍在充满中国式的优雅与韵味的同时也更国际化。到了现代，改良旗袍融合中西方元素，新颖而又具有时尚感。

中山装是由近代中国革命先驱者孙中山先生综合西式服装、日式学生装与中式服装的特点，设计出的一种直翻领、有袋盖的四贴袋服装，世人称之为中山装，曾大为流行，一度成为中国男子最喜欢的标准服装之一。

四、汉服

汉服，指汉民族传统服饰，起源于炎黄时代，定型于春秋战国，在汉朝正式形成，遂有汉服之名。此后，历代均有沿革，但其基本特点从未改变。一直到清初，这一服饰制度才崩溃。汉服影响了整个汉文化圈，日本、朝鲜、越南、蒙古、不丹等国的服饰均具有或借鉴汉服的特征。

汉服的基本特征是交领、右衽、系带、宽袖，又以盘领、直领等为其有益补充。汉服有礼服和常服之分，礼服制式严谨，为正式场合穿的服饰；常服一般去掉大袖，适合百姓日常起居。

（一）基本结构

汉服采用幅宽二尺二寸（50厘米左右）的布帛剪裁而成，分为领、襟、衽、衿、裾、袖、袂、带、袯等十部分。取两幅相等长度的布，分别对折，作为前襟后裾，缝合后背中缝。前襟无衽即为直领对襟衣。若再取一幅布，裁为两幅衽，缝在左右两襟上，则为斜领右衽衣。一套完整的汉服通常有三层：小衣（内衣）、中衣、大衣。

衣、裳相连，古称深衣。深衣为上衣下裳，在腰处缝合为一体，领、袖、裾用其他面料或刺绣缘边。深衣这一形制对后世服饰影响较大，历代命妇多以它为礼服，古代男子的袍衫也都采用这种衣、裳连属的形式。

（二）交领右衽

汉服的领型最典型的是"交领右衽"，就是衣领直接与衣襟相连，衣襟在胸前相交叉，左侧的衣襟压住右侧的衣襟，在外观上表现为"y"字形，形成整体服装向右倾斜的效果（图10-3）。衽，本义衣襟。左前襟掩向右腋系带，将右襟掩覆于内，称右衽，反之称左衽。这就是汉服在历代变革款式上一直保持不变的"交领右衽"传统，也和中国古代儒家的"尚右"思想密不可分，这些特点都明显有别于其他民族的服饰。

作为"交领"补充的是"直领"和"盘领"。直领是指领子从胸前直接平行垂直下来，而不在胸前交叉，有的在胸部有系带，有的则直接敞开而没有系带。这种直领的衣服，一般穿在交领汉服的外面，像在穿着罩衫、半臂、褙（bèi）子等日常外衣款式时经常运用。盘领是男装中比较多见的一个款式，领型为盘子状的圆形，在汉唐官服中采用，日常服中也有盘领款式。

图 10-3　交领汉服

（三）褒衣广袖

汉服礼服褒衣博带，常服短衣宽袖，与同时期的西方服装相较，具有毋庸置疑的优势。当西方人用胸甲和裙撑来束缚女性身体发展的时候，宽大的汉服已经实现了放任身体随意舒展的特性。

汉服的袖子又称"袂"，其造型在整个世界民族服装史中都是比较独特的。袖子其实都是圆袂，代表天圆地方中的天圆。汉服的礼服一般是宽袖，显示出雍容大度、典雅、庄重、飘逸灵动的风采。一直以来，除了唐以后在常服中设有敞口的小袖外，汉服袖子的主流一直都是圆袂宽袖。

（四）系带隐扣

汉服中的隐扣其实包括有扣和无扣两种情况。一般情况下，汉服是不用扣子的，即使有用，也是把扣子隐藏起来，一般是采用带子打结的方式来系住衣服。一件衣服的带子有两对：左侧腋下的一根带子与右衣襟的带子是一对，右侧腋下的带子与左衣襟的带子是一对，将两对带子分别打结系住完成穿衣过程。

同时，在腰间还有大带和长带。所有的带子都是用与衣服同样的布料做成。它不仅有实用性、装饰性，而且还是权力等级的象征。

五、民族服饰在地域上的差异

中国疆域辽阔，不论在气候上还是地理环境上都有着较大的南北差异，因此南、北方少数民族有着截然不同的生活方式。北方寒冷干燥、地势平坦、森林草原分布较广，因此北方少数民族多以畜牧业为生；而南方温热多雨，地势以山地丘陵为主，因此南方少数民族主要从事农耕业。

不同的自然环境和生产生活方式，决定了南、北方少数民族的服饰风格各有特点。生活在高原和草原的蒙古族、藏族、哈萨克族等少数民族，其服装以袍为主。例如，蒙古族的服饰便是蒙古袍。因气候寒冷加之以游牧为主，蒙古族的服饰具有御寒性和便于骑乘的特征，长袍、坎肩、皮帽、皮靴是蒙古族服饰最常见的形式，男子腰间多挂刀子、火镰、鼻烟壶等饰物。当然，位于不同地区的蒙古族服饰也会有些许差别，历经元、明、清到现代，蒙古族服饰也在不断丰富和完善。

南方少数民族地区适宜种植棉麻，因此棉布和麻布成为他们服饰的主要材质，湿热的气候也决定了南方少数民族服饰以短窄款为主。以苗族服饰为例，苗服用苗语称为"呕欠"，由女装、男装、童装构成，其中女装又分为便装和盛装，并因地区差别有百余种款式，其中以对襟上衣、百褶裤、长裤为主，纷繁复杂的刺绣以及银饰是苗族服饰的特色。

史事拾微

胡服骑射

"胡服"，是指类似于古代北方少数民族衣短袖窄的服装，不同于中原地区的宽衣博带长袖；"骑射"指游牧部族的人骑在马上射箭，有别于中原地区传统的徒步射箭。

战国时赵武灵王即位的时候，赵国正处在国势衰落时期，在和一些大国进行的战争中常吃败仗，一些邻界小国也经常来侵扰。赵武灵王看到游牧民族的军事服饰是窄袖短袄，生活起居和狩猎作战都比较方便；作战时用骑兵、弓箭，与中原的兵车、长矛相比具有更大的灵活性和机动性。

赵武灵王提出"着胡服""习骑射"的主张，决心取长补短。赵国建立起以骑兵为主体的一支军队，它在战争中的作用很快显示出威力来。不久，赵国国力日益强大。

第二节　中国古代服饰礼制

一、中国古代服饰等级制度

早在新石器时代，人类社会就有了等级观念。由于《周礼》《仪礼》《礼记》（即所谓的"三礼"）在漫长的历史进程中奠定了中国礼仪文化，尤其是服饰文化的大格局，因此我们可以看到中国古代服饰中的等级制度清晰而森严，不同等级人的服饰可谓泾渭分明。

中国古代朝服的样式虽一直在改变，但它所代表的等级含义却一直延续了下来。汉代朝服为冠服，头冠，足履，身着深衣。等级的区别在于冠的不同，如文官戴进贤冠，御史戴法冠等。收录在《后汉书·舆服志》中的冠帽就有 19 种之多。此外，用于区分官员职位高低的，还有他们随身佩戴的印绶的颜色。绶是一种挂于腰间系于印纽的丝绸，和官印一同由朝廷颁发。隋唐朝服实行品色衣制度，以朝服颜色来区分官品尊卑，佩戴的革带所用的材质不同也代表不同的身份。服色除了体现在区分官阶大小上，对百姓也有要求，如平民用白色，屠夫、商人只许用黑色，士兵穿黄色等，任何等级都不可使用其他等级的服装颜色。当时的社会显赫家世者穿紫袍，寒酸者着青衫。白居易的《琵琶行》中有"座中泣下谁最多？江州司马青衫湿"，从"青衫"二字可以看出，白居易当时是一个身份卑微的小官。清代朝服以补子的纹样和冠帽上顶珠的材质来区分官阶。此外，腰带颜色的不同也可看出尊卑，皇帝本支用黄带，伯叔兄弟一支用红带，其他用石青或蓝色。

汉代贾谊在《服疑》中说："是以天下见其服而知贵贱，望其章而知势位。"服饰的等级标识功能用一句话便可表达得清楚、明白：上下有序，君臣有别。服饰早已成为体现礼制最直接的形式。

历朝历代皇帝的服饰都无一例外地强调其威仪庄严、雍容华贵的特质，因为它是一种皇权的物化

象征。再加上官员的服饰也有严格的等级尊卑规定，百姓和下级不可逾越。在这种服饰等级观念的约束和熏陶下，无论是为官者还是百姓，潜移默化中都会服从于天子的统治。古代服饰制度俨然成为一种社会统治手段，成为治乱顺逆的外显标志。

二、中国古代服饰礼俗

（一）冠礼、笄礼的服饰

冠礼、笄礼是中国古代传统的成人礼仪。冠礼是指古代贵族男子到了20岁时举行的一个隆重的加冠典礼，作为成年的标志；相应的，笄礼则是指女子的成年之礼。在冠礼仪式中，对于服饰的讲究可谓一丝不苟，不能有丝毫差池。周制的冠礼为三加，就是要加三次冠，同时换三套衣服：初加缁布冠，象征将涉入治理人事的事务，相应的衣服是玄端；再加皮弁，象征将介入兵事，相应的衣服是皮弁服；三加爵弁，象征拥有祭祀权，相应的衣服是爵弁服。三种帽子中，缁布冠为日常生活中戴的普通冠，皮弁是打猎、战争中戴的冠，爵弁则是祭拜祖先神灵时所戴的冠。三种冠分别象征着成人生活的三个方面，一次为受冠者加上三种冠，是在肯定其作为成人后应尽的义务和应享受的权利，在冠礼结束后平日里几乎不会戴这三种冠，而是改戴玄冠。

冠礼不仅仅是一种形式，更是将冠者带入一个礼制的社会中，戴不戴冠以及戴什么样的冠，都与年龄、身份、所处的环境有着紧密的关系。成为戴冠之人的那一刻起，心中就要谨记礼仪，节制自己的行为，修炼自己的品德。从《礼记·冠仪》中可以看出举行冠礼的内涵：

凡人之所以为人者，礼义也。礼义之始，在于正容体、齐颜色、顺辞令。容体正，颜色齐，辞令顺，而后礼义备。以正君臣，亲父子，和长幼。君臣正，父子亲，长幼和，而后礼义立。故冠而后服备，服备而后容体正、颜色齐、辞令顺。故曰：冠者，礼之始也。是故古者圣王重冠。

也许是因为中国古代男尊女卑的思想，关于女子笄礼的记载十分少见。从《宋志》记载的宋公主笄礼可以了解到，笄礼是女子15岁时举行的礼仪，公主笄礼时的服饰为冠笄、冠朵、九晕四凤冠以及大袖长裙。

（二）丧礼的服饰

古代丧礼时，也有相应的礼制和服饰规范。五服制就是一套完整而系统的丧服制度，主要内容是以血缘亲属关系的远近来规定丧礼中生者为死者所穿的衣服。五服以斩衰、齐衰、大功、小功、缌麻五大类为基础，五种丧服的面料、款式、配件以及制作方法都不尽相同。

除了丧服之外，冠帽也有绳缨、布缨，带有绳带、麻带、布带，鞋有粗草鞋、细草鞋、麻鞋等不同的区分，十分繁复。

五服制度的原则是亲亲、尊尊、男女有别。亲亲是说血缘关系越亲近，服期越长，限制越多，血缘关系越远则反之；尊尊是根据身份地位的尊卑高低作为标准来确定服丧的轻重，幼卑为尊长服重，尊长为幼卑则服轻；男女有别则是说为父服重，为母服轻，妻子为夫服重，丈夫为妻服轻。

（三）婚礼的服饰

在中国传统服饰文化中，婚礼服饰是不可忽视的一部分，其中又以女性婚礼服饰最为夺目。在汉代，皇家贵族之女的嫁衣用色就有 12 种之多，面料为上等的锦罗等。关于首服，史料记载，东汉时期，新娘以纱罗一类的布遮盖面部这一习俗就已经开始兴起，此外因汉代推行重农抑商的政策，因此商人的女儿出嫁只能穿浅黄和浅青两种颜色，可选择的面料也很少。唐代的婚礼服饰融庄重与热烈、喜庆于一体，嫁衣的形式有命妇的翟衣、普通妇女所穿的花钗礼衣等，新娘服色均为青色，此时新娘出嫁障面已经成为一种惯例。除此之外，还流行用扇子遮面，洞房之夜众人退出新娘才缓缓放下扇子，称为"却扇"。到了宋代，婚礼服饰的发展趋于成熟，大多用大袖和霞帔作为婚礼礼服，配饰为花冠，这种花冠在婚礼时会装饰得比平时更加富丽堂皇，有的贵族之女用凤鸟来装饰，因此又称为"凤冠"。宋代女子出嫁用红色纱罗蒙面也是必着的首服，并且此时也认可了士庶在婚礼时可以破例使用命妇的大袖霞帔等服饰。明朝礼制顺从民俗，正式规定庶民在结婚时可以使用九品命妇的凤冠霞帔，只是霞帔上不可绣龙凤纹。自此，凤冠霞帔逐渐成为社会上流行的新娘礼服。清朝满族女性的婚礼礼服以袍和褂为主，是典型的满族服饰特点，首服为朝冠，也属于凤冠的一种。此时，还流行一种服饰叫作云肩，形似如意，披在肩上，具有很强的装饰性，新娘嫁衣也大多会使用。

中国古代女子的婚礼服饰随着每个时期的服饰特点而发展，流露出每个时期的审美趣味及文化背景，对面料和色彩的限制以及在等级制度上的严格规定，都使传统女性婚礼服饰的礼仪功能超越了其实用功能。

史事拾微

庄子见鲁哀公

庄子拜见鲁哀公，哀公说："我们鲁国有很多儒学之士，但很少有人学道学。"庄子说："其实鲁国儒学之士很少。"哀公说："全鲁国有那么多人穿着儒士的服装，怎么说少呢？"庄子说："我听说，儒士戴着圆帽子，说明他知天时，穿方形鞋子，说明他懂得地理，佩戴五彩丝带穿系的玉佩，说明他事至而能决断。其实一个人有没有学问、有没有本事跟穿什么没有关系，穿戴儒士服饰的，未必真的有学问、有本事。如果不信的话，您不妨发一个号令，说没有学问没本事又穿着儒士服装的，要处以死罪！"哀公真的发了这个号令。结果几天以后鲁国几乎没有再穿儒服的人了。唯独有一位男子，身穿儒服立于朝门之外。哀公即刻召见他以国事相问，结果不论多复杂的事情，他都能够一一作答。鲁哀公得意地说："你看鲁国是不是礼仪之邦，是不是不缺绝学的儒士？"所以，庄子说："以鲁国之大其实只有一位儒士，怎能说多？"

第三节　中国服饰文化的内涵

一、中国传统服饰的审美意蕴

（一）适中、和谐的"情理美"

中国传统服饰的含蓄婉约与中国人和平、知足、中庸的取向相一致。"中庸"之"中"和"中国"之"中"，皆强调"不过分而和谐"，这在中国传统服饰文化中有明显体现。中国传统服装的制作者在设计和制作服装的过程中凭借直觉与经验，于"适体"中呈现的是一种含蓄的"情理美"，而非西方那种以数理为基础的精确到尺寸的"理性美"。它倡导一种包藏又不局限人体的含蓄美。"平和性情"自古以来就作为一种美德为中华民族的先辈所推崇，反映在服饰文化中就是讲究随意、闲适、和谐，没有过分的突出、夸张和刻意的造型，于恬淡之中给人以一种含蓄、平和而神秘的美感。

（二）追求意境的"含蓄美"

在服饰文化中，在意"不着迹象、超逸灵动"之美，而不刻意追求数字上的精确性或纯形式的客观美感，崇尚用无穷的意象美来含蓄地表现情感。如旗袍的演变和发展，就是传统服饰文化与现代时尚设计完美结合的典范，它造型完美、结构适体、内外和谐，是兼收并蓄中西方服饰特色而成的近代中国女性服装。旗袍的设计简洁而又内涵丰富、意蕴幽远，展示出东方女子温柔、典雅之美，既衬托出东方女性优美的身段，又显示出其幽雅的心境和悠闲的生活节奏，充分展示出中国传统服饰的含蓄美。

推荐欣赏

观看《国家宝藏（第二季）》节目之"古代服饰艺术再现带你穿越大唐"，领略中国华夏的章服之美，从服饰切入，了解中华民族的发展历程，感受中华优秀传统文化的绚丽多姿。撰写500字的观后感，谈谈你对"知来处明去处"的理解。

二、中国传统服饰文化的三大内涵

服饰构成一个民族的外部特征，不同民族的服饰所反映的文化特征也各有差异。中国传统服饰文化历经数千年的光辉发展历程，内涵极其丰富，最具有代表性的是以下三个方面。

（一）和谐统一是中国传统服饰文化的精髓

纵观中国几千年的服饰发展史，和谐协调与规矩统一是其文化的核心。自中国服饰诞生以来，一直在遵循着物理取暖与审美表现、标识显示与象征表达、个性突出与喜庆吉祥的统一，最大限度地达到服饰与自然、服饰与社会、服饰与人的和谐。情景交融、意象统一的美是中国传统服饰文化最珍贵的品质。

（二）标示突出是中国传统服饰文化的基本元素

这一元素主要表现在人们在长期的生产实践和社会实践中产生的对服饰意念表达中的等级尊卑标示、行业职业标示、行为道德标示以及年龄结构性别的标示上。从原始部落头领与狩猎功臣服饰的标示到封建帝王的官服标示，从文官武官的标示到现代军装、职业装的标示，从官府制度中常服的礼制到今天的便服、晚礼服等，都彰显了其标示突出的文化内涵。标识显示不单是一种"制度"（法制）的要求，更将其作为一种社会道德的规范。这种将服饰标识功能的意念推到了一种登峰造极地步的文化，也大大推进了中国传统服饰文化的发展。

（三）种类多样是中国传统服饰文化的特征

从纵向上看，中国历代服饰文化均有较大的差异。以中国近三千年以阶级社会为形态的服饰"制度形态"演变的轨迹而言，汉服和唐服不同；唐制与清制差别也大，基本上每个朝代都有自己的服饰制度，都有其特定的礼仪要求。从横向上看，由于中国地大域广，民族众多，其对服饰款式的追求上、对服饰色彩的忌讳上、对服饰材料应用的技术水平上，以及对服饰不同时间、不同地点和不同场所的意象表达上，都有很大的差异，有时还反映出极大的对立。这种多样性既反映了中国传统服饰文化的丰富多彩，又反映了与其他国家的不同特征。

中国服装服饰，不仅是民族历史发展的产物，也是民族独特文化传统的结晶。每个民族都有其独特的民族传统文化，这种文化不仅是区别于其他民族的主要标志之一，同时更是这个民族繁衍、生息发展的根本支撑，是一个民族的根和魂。中国传统服装服饰，被赋予了文化内涵，展现了有别于其他民族的精神面貌。这些服装服饰，是广大劳动人民的创造，这是他们在漫长的历史发展过程中摸索出来的、丰富的实践经验的总结，是在本民族特质文化的背景下，每一件都具有不同寻常的艺术特点而又独具风格的艺术珍品。相信随着我们对中国传统文化的日益重视，作为中国传统文化极为重要的载体之——中国传统服饰将得到更好的继承和发展。

📁 史事拾微

黄袍加身

周恭帝即位的时候，年纪太小。任殿前都点检、归德军节度使的赵匡胤，看到夺取后周政权的条件已经成熟，于是精心策划了历史上有名的"陈桥兵变"。

960年，后周朝廷忽然接到紧急战报，说北汉和契丹联合出兵攻打后周。赵匡胤奉命带兵抵抗。当天晚上，大军到了陈桥驿，赵匡胤命令将士就地扎营休息，一些将领却聚集在一起，悄悄商量着拥护赵匡胤做皇帝。几个人把早已准备好的一件黄袍披在赵匡胤身上，跪地磕头高呼"万岁"。接着，把赵匡胤扶上马回到京城。

后周恭帝禅位，赵匡胤即位做了皇帝，国号改为宋，历史上称为北宋。

📁 日积月累

一、填空题

1．汉代的深衣分为_____和_____两种。

2．盛唐以后，胡服的影响逐渐减弱，女服的样式日趋_____。

3．_____是唐代社会开放的表现之一。

4．汉服穿着时，交领_____衣襟压_____衣襟，呈"y"状，称为"交领右衽"。

二、判断题

1．冕服是礼服的一种，上有"十二章纹"，只有天子才能穿着。（　　　）

2．深衣的衣与衫相连在一起，制作时上下分裁，中间有缝连接。因其"衣裳相连，被体深邃"，故称深衣。（　　　）

3．"幞头"，本是男子包头用的一种软巾，后逐渐演变成一种帽子，后代称为乌纱帽。（　　　）

4．石榴裙是唐代襦裙之一种，以其色彩艳红如石榴而得名。（　　　）

三、简答题

1．秦汉服饰有什么特点？

2．介绍一种少数民族的服饰。

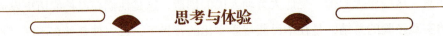

思考与体验

1．2017 年 1 月 25 日，中共中央办公厅、国务院办公厅发布了《关于实施中华优秀传统文化传承发展工程的意见》，旨在建设社会主义文化强国，增强国家文化软实力，实现中华民族伟大复兴的中国梦。文件指出："实施中华节庆礼仪服装服饰计划，设计制作展现中华民族独特文化魅力的系列服装服饰"。

思考：你对中国传统服饰文化的传承与创新有什么感想？请写下你的看法。

_____

_____

_____

2．选择任意三个国家，比较、阐述其学生成人仪式的着装。

实践任务

一、任务描述

为了更加深入地了解中华服饰发展史，培养大学生的审美情趣，全班同学分组开展"看图说史"活动。每个小组通过书籍或者网络收集关于中国传统服饰的相关资料，结合资料选择一些具有代表性的图片或视频做成PPT。通过PPT讲解中国传统服饰的发展过程，并挖掘中国服饰文化中的时代内涵。（讲解时间最好不要超过 10 分钟。）

二、任务实施

（1）全班同学分成若干组，每组 5～6 人，并选出一名小组组长。

（2）小组组长分配成员完成收集资料、选择代表性图片或视频、制作PPT、讲解汇报等任务。具体执行过程可填写在下方空白处。

（3）将本次活动中遇到的问题、得到的经验等填写在下方空白处。

任务评价

各组员根据本章的学习情况及活动情况，完成下面的任务评价。

姓名：＿＿＿＿＿＿＿＿＿　　　组号：＿＿＿＿＿＿＿＿＿　　　指导教师：＿＿＿＿＿＿＿＿＿

评价项目	评价内容	分值／分	教师评分／分
知识（40%）	了解中华服饰发展史	8	
	了解中国古代服饰礼制	8	
	了解我国各少数民族服饰	8	
	理解中国服饰文化的内涵	8	
技能（40%）	PPT 版面精美、简洁	10	
	内容选取合理、全面	20	
	讲解流畅，有条理	10	

评价项目	评价内容	分值／分	教师评分／分
素养（20%）	具有团队精神	5	
	准备充分，积极、认真参加活动	5	
	认真学习，按时完成学习、活动任务	5	
	具备独立分析问题、解决问题的能力	5	
自我评价			
教师评价			

第十一章　中国传统饮食

学习目标

1. 了解中国传统饮食文化的发展历史及基本内涵。

2. 了解中国饮食、酒、茶的历史和文化。

3. 能理解民族性格特征诸多因素影响下的中国传统饮食文化展示出的不同文化品位和使用价值。

思政目标

1. 在中国传统饮食文化的传承与发展过程中，逐渐培养学生正确的价值观和高尚的道德情操。

2. 引导学生提高审美情趣和品位，树立正确的价值观，增强对中国文化的认同感和民族自豪感，加强学生文化自信，自觉践行、发展、弘扬中华优秀传统文化。

情景导入

四大名著之一的《红楼梦》虽然不是专门描写"吃"的书，但曹雪芹在书中提到的烹调食谱、宴饮场景，无不精妙异常，令人叹服。如第41回通过凤姐之口描述了茄鲞做法："才下来的茄子把皮削了，只要净肉，切成碎钉子，用鸡油炸了，再用鸡脯子肉并香菌、新笋、蘑菇、五香腐干、各色干果子，俱切成钉子，用鸡汤煨干，将香油一收，外加糟油一拌，盛在瓷罐子里封严，要吃时拿出来，用炒的鸡瓜（即鸡丁）一拌就是"。如此奢侈繁复的吃法，让刘姥姥听后摇头吐舌，念起"我的佛祖"来。

悠久的历史、辽阔的幅员，造就了古代中国的丰富饮食，而丰富多样的饮食又使得中国人的生活体验丰富多彩，培养了中国人热爱生活的人生观和积极向上的进取心。这种进取的人生观又进一步激励着我们的先人投入更大的热情与智慧去创造新的美食美饮，最终使中国赢得了"食在中国"的世界声誉。

第一节 食文化

一、饮食种类与器皿的发展历程

中国有句古话："民以食为天。"作为世界文明古国之一，中国饮食的历史几乎与中国的文明史一样长。古代中国是一个以农业为主的社会，反映在饮食上即为以植物性食料为主，外加少量的肉食。中国饮食种类繁多，有的是本地培育出来的，有的从外地或外国传入。同时，不同的食物因烹调方法不同而味道不同，形成了异彩纷呈的饮食文化。

中国的饮食文化是建立在广泛的饮食实践基础上的，是人类生存和发展的重要反映，并与人类的物质生活和精神生活息息相关。早在原始社会时期，中国先民就已经在黄河流域和长江流域建立了比较稳定的经济形式，农作物品种主要有黍、麦、菽、稻等。当时所食动物，主要有野鹿、野猪、羚羊、狗、野兔、鼠、蜗牛等。人们不懂得人工取火时，茹毛饮血，不属于饮食文化，懂得人工取火后，进入了熟食时代。饮食器皿方面，原始社会时期先民用泥巴制成杯、碗、壶、缸等陶器，以用作日常的烹饪、取水、饮食、贮藏等生活用具，据半坡遗址发掘的陶器证明，当时的饮器有瓶、罐、瓮、壶、甑等；食器有盆、碗、钵、盘、盂等，这些陶器为后世制造金属的饮食器皿提供了范例。

夏、商、西周、春秋时期，饮食种类增多，"夫礼之初，始诸饮食"，饮食更多地注入了文化的内涵，当时的食物结构包括粮食、肉类、蔬菜、水果、饮料，粗具了后世饮食各大门类，这一时期出现家畜，主要有猪、狗、鸡、牛、羊等，当时食肉是贵族的特权，在饮食方法上，《礼记·内则》记载了"八珍"食谱，充分反映了烹调方法的改进和提高。餐饮器皿方面，夏、商、周时期的食用器皿仍以陶器为主，炊煮器有鼎、鬲等。盛食器有敦、豆等，酒器有爵、觥、壶等，另外还有专供贵族享用的漆器和玉石器、象牙器等，殷墟出土的有铜锅、铜铲和能切薄肉的铜刀，这些都是殷代已盛行炒菜的物证。火发明后，吃烫热的食物时，人们常用木棍来辅助，随着时间的推移，发展为今天的筷子。筷子，古代叫箸，在中国有悠久的历史，是中国人的一大发明，在饮食中使用筷子是中国饮食的一大特点，《礼记》中曾说："饭黍无以箸。"可见至少在殷商时代已经使用筷子进食；因"箸"与"住"同音（"住"即停止之意），古人十分忌讳，便反其意称为"快"，"快"又大多以竹制成，故大约在宋代以后称为"筷"，筷子由两根小细棒组成，具有挑、拨、夹、拌、扒等功能，使用方便，是一种独特的餐具，许多欧美人看到东方人使用筷子，叹为观止，赞之为一种艺术创造。

战国、秦、汉时期的主食为五谷或六谷，五谷指黍、稷、麦、稻、菽，六谷为五谷再加麻，肉类有马、牛、羊、豕、犬、鸡等，蔬菜主要有葵、藿、薤、韭菜、蒜等，瓜果主要有梅、杏、桃、枣、梨、木瓜等。油脂主要为动物油脂。游牧民族则以动物的肉为主食，当时人们除用稻麦做饭或炒成干粮外，还用稻麦磨粉制饼。西汉时的一个明显变化是，不仅贵族仕宦之家能够烹牛宰羊，一般中等人家也可以吃肉喝酒，一般平民主要吃葱、韭、芋头等蔬菜。东汉时蔬菜已达 20 多种，其中有 8 种是葱蒜类，又有生姜等调味品，说明当时的餐饮已注意到了烹饪的去腥调味，饮茶也开始流行。王褒的《僮约》中就有"武阳买茶"之句，是将茶作为饮料的最早文字记载，华佗曾说："苦茶久食益思。"说明当时对茶的作用已有较多的认识。饮食器皿方面，普通百姓仍使用陶器，贵族及富有者使用青铜器和漆器，漆器食具种类很多，有耳杯、盆、鼎、壶、盒、盘、勺等，其图案纹饰绚丽多彩。

魏晋南北朝时期是一个民族大融合的时代，民族融合促进了经济、文化的交流，促进了饮食文化的发展。据《史记》记载，汉代从西域传入我国的食物有葡萄、石榴、胡麻、胡桃、西瓜、胡瓜、菠菜、胡萝卜、茴香、芹菜、胡豆、扁豆、苜蓿、胡荽、胡葱等。南方的龙眼、荔枝、橄榄、甘蔗、茉莉花等也传到北方。魏晋时期，烹调法开始成为技艺。这一时期面、点、糕、饼等饼食增多，有面条、馄饨、元宵、油糕、包子、糕点、蒸饺等。

隋、唐、五代时期，食物种类繁多，饮食技法得到了很大的提高，隋朝官员编写的《食经》记载了许多珍贵名菜，五代后蜀国编写的《食典》有百卷之多，反映了当时的烹调技法。饼、饭、粥、糕等的种类进一步增多，主食以麦、粟、稻为主，间以多种杂粮。小麦面是最主要的食品，以饼类花样最多，当时已会制作馒头，多为祭祀所设。副食以葱、韭、姜、菠菜、竹笋、枣、梨、葡萄等为主。肉食也很常见，动物的下水、腑脏也开始被烹制成各种美味。调味佐料有盐、醋、酱、胡椒、蔗糖等。

唐代的食品制作大致与现在相同，饭、粥、馒头、饺子、包子、面条及各类汤食一应俱全。唐代士人初登科及官吏升迁，朋友前来祝贺，被祝贺者要办宴席款待，名曰烧尾宴，此宴有主食，有羹汤，有山珍海味，也有家畜飞禽，名称典雅，用料珍异，场面奢华，皇帝对于特别垂青的大臣在其升迁之际有时也举办烧尾宴。

宋、辽、夏、金、元时期，面食、米食、肉食种类进一步增多，烹饪技法更加成熟，讲究名、形、色、香、味俱全，各大城市都有一些酒店和食店，饮食文化品位达到相当高的程度。

明清时期，商品经济发达，城镇集市贸易兴盛，城市人口增多，市民文化丰富多彩，相关的市民饮食也得到长足发展，城市中的饭馆、酒楼、茶肆比以前更多，此外，受儒家思想的影响，饮食的礼仪色彩更加浓厚。

清代饮食中留给后人最深印象的，直到今天依然是我国饮食代表作的当数"满汉全席"。"满汉全席"是集满族与汉族菜点之精华而形成的历史上最著名的中华大宴，做法精细、程序复杂、菜品丰富，代表了清代饮食文化的最高水平。"满汉全席"也是中华民族大一统的集中展现和象征，其中的蒙古族食品、回族菜点、藏族水果使满汉全席成为五族共庆的盛宴。此外，宴面的豪华、餐具的讲究、礼节的烦琐、烹饪技巧的高超，都达到前所未有的地步。乾隆年间李斗所著《扬州书舫录》中记有一份满汉全席食单。满汉全席，分为六宴，均以清官著名大宴命名，宴席汇集满汉众多名馔，择取时鲜海味，搜寻山珍异兽，全席计有冷荤热肴一百九十六品，点心茶食一百二十四品，计肴馔三百二十品；合用全套粉彩万寿餐具，配以银器，富贵华丽，用餐环境古雅庄隆。席间专请名师奏古乐伴宴，沿典雅遗风，礼仪严谨庄重，承传统美德，令客人流连忘返。全席食毕，让人领略中华烹饪之博精、饮食文化之繁荣。

二、菜系文化

由于物产、气候、习俗和传统等方面的不同，不同地区的人们口味存在很大的差异，即人们常说的"南甜北咸、东辣西酸"。而不同的地区自然会产生适合当地人口味的肴馔，这种从各自地区形成的具有地域特点的口味和肴馔系列出发，以界定各地饮食的差别，称为菜系。

能称为菜系的各地肴馔，应该具有独特风格并能组成一个系列，有丰富多彩的名肴名馔，在原料选择、调料运用、烹调技艺等方面都形成了自己的特点，各种肴馔的制作内部又有一定的联系，构成了一个整体。因此，菜系的形成需要一定的条件。地区菜系是地方菜肴的升华，它需要该地区具有较发达的商业、交通与文化，特别是要有城市的繁荣。此外，菜系的形成还要拥有一定数量的技艺高超的名厨和一批高水平的消费者及有文化教养的美食家品评提倡。

在几千年的饮食发展中，中国形成了数量众多的菜系，其中历史渊源较深而最有影响和代表性的，也为社会所公认的有：鲁、粤、川、湘、闽、浙、苏、徽等菜系，即人们常说的中国"八大菜系"。

中国"八大菜系"的烹调技艺各具风韵，其菜肴之特色也各有千秋。鲁菜历史悠久，"食不厌精，脍不厌细"，文化气息浓厚；粤菜清淡鲜活，博采众家，影响深远；川菜采巴蜀丰富的物产，烹巴蜀之美味，"七滋八味"尽在其中；湘菜香甜酸辣，诸味俱全，风味浓郁；闽菜清鲜和醇，色香味形，无一不备；浙菜南料北烹，味贯南北，清鲜爽脆；苏菜"金齑玉脍"，技法精妙，玲珑剔透；徽菜古色古香，河鲜家禽，尽入其味。有人把"八大菜系"用拟人化的手法描绘为：苏、浙菜好比清秀素丽的江南美女；鲁、徽菜犹如古拙朴实的北方健汉；粤、闽菜宛如风流典雅的公子；川、湘菜就像内涵丰富、才艺满身的名士。

（一）鲁菜

山东菜简称鲁菜，为"八大菜系"之首，也是黄河流域烹饪文化的代表。宋以后鲁菜就成为"北食"的代表。明、清两代，鲁菜已成宫廷御膳主体，对京津东北各地的影响较大，现今鲁菜是由济南和胶东两地的地方菜演化而成的。鲁菜以清香、鲜嫩、味纯而著名，十分讲究清汤和奶汤的调制，清汤色清而鲜，奶汤色白而醇，选料精细，刀法细腻，注重实惠，花色多样，善用葱姜。

鲁菜的形成和发展与山东地区的文化历史、地理环境、经济条件和习俗关系密切。山东地处黄河下游，气候温和，胶东半岛突出于渤海和黄海之间，是我国古文化发祥地之一，境内山川纵横，河湖交错，沃野千里，物产丰富，交通便利，文化发达。其粮食产量居全国第三位，蔬菜种类繁多，品质优良，号称"世界三大菜园"之一，如胶州大白菜、章丘大葱、苍山大蒜、莱芜生姜都蜚声海内外。

山东菜可分为济南风味菜、胶东风味菜、孔府菜和其他地区风味菜，并以济南菜为典型，包括煎炒烹炸、烧烩蒸扒、煮氽熏拌、溜炝酱腌等50多种烹饪方法。

济南菜以清香、脆嫩、味厚而纯正著称，特别精于制汤，清浊分明，堪称一绝。济南菜擅长爆、烧、炸、炒，其著名品种有"糖醋黄河鲤鱼""九转大肠""汤爆双脆""烧海螺""烧蛎蝗""烤大虾""清汤燕窝"等。胶东风味亦称福山风味，包括烟台、青岛等胶东沿海地方风味菜，胶东菜精丁海味，善做海鲜，珍馐佳品，肴多海味，且少用佐料提味，口味以鲜为主，偏重清淡，其著名品种有"干蒸加吉鱼""油爆海螺"等。新中国成立后，新创的名菜品种有"奶汤核桃肉""白汁瓢鱼""麻粉肘子"等。

山东曲阜的孔府是孔子诞生及其后人居住的地方，汉代确立儒家和孔子在意识形态中的指导地位后，孔氏后裔世代受封。作为集名门望族、贵族地主和圣人之家于一体的孔府，既接待过皇帝、钦差大臣，又举办过各种民间家宴，各种宴席无所不包。由于皇帝、官宦以及贵族豪绅经常到府第参加祭祀，并带有厨师与孔府厨师合作，相互交流技艺，孔府厨师从而吸收了御膳、官府家厨的风味特色，使孔府菜达到了极其高超的境界。孔府宴集全国各地之精华，集色、香、味、形、名、料于一体，饮食精美、注重营养、风味独特，这无疑受孔老夫子"食不厌精，脍不厌细"祖训的影响，同时，孔府宴具有浓郁的文化气息，在菜名和器皿上都颇为讲究。

孔府宴讲究排场和华贵，并针对不同对象分不同等级。第一等是招待皇帝和钦差大臣的"满汉宴"，一席宴有404件造型各异的餐具，上196道名菜佳肴，如满族的全羊烧烤，汉族的驼蹄、熊掌、猴头、燕窝、鱼翅等。第二等是平时寿日、节日、婚丧、祭日和接待贵宾用的"鱼翅四大件"和"海参三大件"宴席。清朝孔家后裔被封为当朝一品官，号称文臣之首，故孔府菜中有不少主菜以"一品"命名，如"当朝一品锅""一品豆腐""一品海参"等。数百年来，孔府宴不断翻新，流传至今。

（二）粤菜

粤菜在西汉时就有记载，明清之际发展迅速，20世纪随着对外通商，吸取西餐的某些特长，粤菜也推向世界，仅美国纽约就有粤菜馆数千家：粤菜的原料较广，花色繁多，形态新颖，善于变化，讲究鲜、嫩、爽、滑，一般夏秋力求清淡，冬春偏重浓醇，调味有所谓五滋（香、松、臭、肥、浓）、六味（酸、甜、苦、咸、辣、鲜）之别，其烹调擅长煎、炸、烩、炖、煸等，菜肴色彩浓重，滑而不腻，著名的菜肴品种有"盐焗鸡""蚝油牛肉""烤乳猪""干煎虾碌""冬瓜盅"等。

粤菜由广州菜、潮州菜、东江菜三种地方风味组成。

广州菜是粤菜的主要组成部分，以味美色鲜、菜式丰盛而赢得"食在广州"的美誉。广州菜夏秋清淡、冬春香浓，即开刀、即烹，独具一格，吃起来新鲜火热。广州菜包括珠江三角洲和肇庆、韶关、湛江等地的名食在内，地域最广，用料庞杂，选料精细，技艺精良，善于变化，风味讲究，清而不淡，鲜而不俗，嫩而不生，油而不腻，深受大众的喜爱。

潮州菜在广东菜中占有重要的位置。潮州故属闽地，其语言和习俗与闽南相近。潮菜主要以海味、河鲜和畜禽为原料，擅烹以蔬果为食材的素菜，制作精细，加工多样，可分为炒、烹、炸、焗、炖、烧、烤、煸、卤、熏、扣、泡、滚、拌，刀工讲究，汤菜功夫尤深，其中以清炖、红烧、汤泡最具特色。

东江菜又称客家菜，用料以肉类为主，原汁原味，讲求酥、软、香、浓，注重火功，以炖、烤、煲、煸见称，尤以砂锅菜见长，做法上仍保留一些奇巧的烹饪技艺，具有古代中原的饮食遗风。

（三）川菜

四川菜简称川菜，历史悠久，风味独特，驰名中外。其发源地是古代的巴国和蜀国。据《华阳国志》记载，巴国"土植五谷，牲具六畜"，并出产鱼盐和茶蜜；蜀国则"山林泽鱼，园囿瓜果，四代节熟，靡不有焉"。当时巴国和蜀国的调味品已有卤水、岩盐、川椒、"阳朴之姜"。在战国时期墓地出土文物中，已有各种青铜器和陶器食具，川菜的萌芽可见一斑。川菜的形成大致在秦始皇统一到三国鼎立之间。

川菜在秦末汉初就初具规模，唐宋时发展迅速，明清已富有名气，现今川菜馆遍布世界。正宗川菜以四川成都、重庆两地的菜肴为代表，它重视选料，讲究规格，分色配菜主次分明，鲜艳协调，其特点是酸、甜、麻、辣香、油重、味浓，注重调味，离不开三椒（即辣椒、胡椒、花椒）和鲜姜，以辣、酸、麻脍炙人口，为其他地方菜所少有，形成川菜的独特风味，享有"一菜一味，百菜百味"的美誉，烹调方法擅长烤、烧、干煸、蒸。川菜善于综合用味，收汁较浓，在咸、甜、麻、辣、酸五味基础上，加上各种调料，相互配合，形成各种复合味，如家常味、咸鲜味、鱼香味、荔枝味、怪味等二三十种，代表菜肴的品种有"大煮干丝""宫保鸡丁""鱼香肉丝""毛肚火锅""黄焖鳗""夫妻肺片""怪味鸡块""麻婆豆腐"等。

随着生产的发展和经济的繁荣，川菜在原有的基础上，吸收南北菜肴之长及官、商家宴菜品的优点，形成了北菜川烹、南菜川味的特点，享有"食在中国，味在四川"的美誉。

（四）湘菜

湘菜即湖南菜。湖南称鱼米之乡，湘菜是以湘江流域、洞庭湖地区和湘西山区等地方菜发展而成的，早在汉朝就已经形成菜系，烹调技艺已有相当高的水平，湘江流域的菜以长沙、衡阳、湘潭为中心，是湘菜的主要代表。

湘菜特点是用料广泛，油重色浓，多以辣椒、熏腊为原料，刀法奇异、形态逼真，口味注重香鲜、酸辣、软嫩。烹调方法擅长腊、熏、煨、蒸、炖、炸、炒。湖南菜的最大特色一是辣，二是腊，其著名菜肴品种有"腊味合蒸""东安仔鸡""麻辣仔鸡""红煨鱼翅""汤泡肚""冰糖湘莲""金钱鱼""油爆肚尖""生熏大黄鱼"等。湘菜以腴滑肥润为主，多将辣椒当主菜食用，不仅有北方的咸，也有南方的甜，更有本地特色之辣与酸，香、嫩、清、脆是其特色，所用材料以新鲜、价廉物美为原则。

湘菜特别讲究原料的入味，技法多样，有烧、炒、蒸、熏等方法，尤以"蒸"菜见长，且刀功精妙，形味兼美，菜肴千姿百态，变化无穷，湘菜的配料有豆豉、茶油、辣油、辣酱、花椒、茴香、桂皮等。

（五）闽菜

福建菜俗称闽菜，起源于福建省闽侯县，是以福州、泉州、厦门等地的菜肴为代表发展起来的。闽菜以福州菜为代表，素以制作细巧、色调美观、调味清鲜著称。由于福建地处东南沿海，盛产多种海鲜，如海鳗、蛏子、鱿鱼、黄鱼、海参等，所以闽菜多以海鲜为原料烹制各式菜肴，别具风味，著名菜肴品种有"佛跳墙""醉糟鸡""酸辣烂鱿鱼""烧片糟鸡""太极明虾""荔枝肉"等。

史事拾微

佛跳墙

佛跳墙，又名福寿全，是福建福州的当地名菜，属闽菜系。

在福州民间佛跳墙这道菜有三种传说。

其一，清朝同治末年，福州一位官员设家宴请福建布政司同僚，其绍兴籍夫人亲自下厨做了一道菜，名叫"福寿全"，内有鸡、鸭、肉和几种海产，一并放在盛绍兴酒的酒坛内煨制而成。同僚吃后赞不绝口，遂命衙厨仿制。衙厨登门求教，并在用料上加以改良，多用海鲜，少用肉类，使菜越发鲜香可口。因福州话"福寿全"与"佛跳墙"的发音相似，久而久之，"福寿全"就被"佛跳墙"取代并名扬四海。

其二，福建风俗，新媳妇出嫁后的第三天，要亲自下厨露一手茶饭手艺，侍奉公婆，以博取赏识。传说一位富家女，自幼娇生惯养，不习厨事，出嫁前夕愁苦不已。她母亲便把家里的山珍海味都拿出来做成各式菜肴，一一用荷叶包好，告诉她如何烹煮。谁知到了出嫁后的第三天，这位小姐竟把烧制方法忘光了，情急之间她就把所有的菜一股脑儿倒进一个酒坛子里，盖上荷叶，摆在灶里头。第二天浓香飘出，合家连赞好菜，这就是"十八个菜一锅煮"的"佛跳墙"的来头了。

其三，相传有一群乞丐每天提着陶钵瓦罐四处讨饭，晚上聚集在寺庙外的墙边把讨来的各种残羹剩菜倒在一起烧煮，热气腾腾，香味四溢。某日，有个和尚闻到了，禁不住香味引诱，跳墙而出，大快朵颐，并有诗为证："坛启荤香飘十里，佛闻弃禅跳墙来。"

闽菜选料精细，刀工严谨，讲究火候、调汤、佐料，以味取胜。其烹饪技艺，采用细致入微的片、切、剞等刀法，使不同质地的原料，达到入味透彻的效果，故闽菜的刀工有"剞花如荔，切丝如发，片薄如纸"的美誉。如凉拌菜肴"萝卜蜇"，将薄薄的海蜇皮，每张分别切成2～3片，复切成极细的丝，再与同样粗细的萝卜丝合并烹制，凉后拌上调料上桌。闽菜也有煎、炸、炝（如煮）、烤、炖、拌、醉、卤、扒、糟、煨、扣、溜、炒、熏、焖、扛、腌、炝等技艺，其中最具特色的是糟，有扛糟、炝糟、爆糟、炸糟之分。

闽菜以海鲜类为主，有咸、甜、酸、辣各类口味，咸的调味品有虾酱、虾油、豉油等；酸的有白醋等；甜的有红糖、冰糖等；辣的有胡椒、芥末等；香的有五香粉、八角、桂皮等。福建菜对清汤的调制特别讲究，一般都以油鸡、火腿、蹄髈为用料，方法是先用小温火将油鸡、火腿、蹄髈等熬出汤汁，并过滤；另将生鸡骨斩碎，加水和盐调和，放入汤内，继续用小温火边烧边搅匀（又称吊汤），然后再过滤一次，便成为莹洁鲜美的清汤，用来调制菜肴，对色、香、味均有帮助。

（六）浙菜

浙江菜简称浙菜，为浙江地方风味菜系，是以杭州、宁波、绍兴、温州等地的菜肴为代表发展而成的。归纳起来，浙菜有如下几大特征：一是用料广博，配伍严谨，主料注重时令和品种，配料、调料的选择旨在突出主料、增益鲜香、去除腥腻。二是刀工精细，形状别致。三是火候调味，最重适度。四是清鲜嫩爽，滋、味兼得。五是浙菜三支地方菜系，风韵各具——杭州素有"天堂"之称，杭州菜制作精细，清秀隽美，擅长爆、炒、烩、炸等烹调技法，具清鲜、爽嫩、精致、醇和等特点；宁波地方厨师尤善制海鲜，技法以炖、烤、蒸著称，口味鲜咸适度，菜品讲究鲜嫩爽滑，注重本味，用鱼干制品烹调菜肴更有独到之处；绍兴菜品香酥绵糯，汤浓味醇，富有水乡古城之淳朴风格。

浙江盛产鱼虾，又是著名的风景旅游胜地，湖山清秀，淡雅宜人，故其菜如景，不少名菜来自民间，制作精细，变化较多。宋以来京师人南下开饭店，用北方的烹调方法将南方丰富的原料做得美味可口，"南料北烹"成为浙菜系一大特色，如汴京名菜"糖醋黄河鲤鱼"到临安后，以鱼为原料，烹成浙江名菜"西湖醋鱼"。

浙菜发展到现代，精品迭出，日臻完善，自成一统，烹调技法擅长于炒、炸、烩、溜、蒸、烧，重原汁原味，有"佳肴美点三千种"之盛誉。久负盛名的菜肴有"西湖醋鱼""生爆鳝片""东坡肉""龙井虾仁""干炸响铃""叫化童鸡""清汤鱼圆""干菜焖肉""大汤黄鱼""爆墨鱼卷""锦绣鱼丝"等。浙江点心中的团子、糕、羹、面点品种多，口味佳。

（七）苏菜

江苏菜简称苏菜，起始于南北朝时期，唐宋以后与浙菜竞秀，成为"南食"两大台柱之一。江苏是名厨荟萃的地方，我国第一位典籍留名的职业厨师和第一座以厨师姓氏命名的城市均在这里：彭祖制作野鸡羹供帝尧食用，被封为大彭国，亦即今天的徐州，故名彭城。夏禹时代的淮夷贡鱼——淮白鱼直至明清均系贡品。商汤时期的太湖佳蔬韭菜花已登大雅之堂。春秋时齐国的易牙曾在徐州传艺，由他创制的"鱼腹藏羊肉"千古流传，是为"鲜"字之本。

江苏的历代名厨造就了苏菜风格的传统佳肴，而古有"帝王洲"之称的南京、"天堂"美誉的苏州及被史家叹为"富甲天下"的扬州,则是名厨美馔的摇篮,江苏菜系正是以这三方风味为主汇合而成的,以苏州和扬州菜为代表。

苏菜特点是浓中带淡,鲜香酥烂,原汁原汤浓而不腻,口味平和,咸中带甜,烹调技艺以擅长于炖、焖、烧、煨、炒而著称。烹调时用料严谨,注重配色,讲究造型,四季有别。苏州菜口味偏甜,配色和谐;扬州菜清淡适口,主料突出,刀工精细,醇厚入味;南京、镇江菜口味和醇,玲珑细巧,尤以鸭制的菜肴负有盛名,著名的菜肴品种有"清汤火方""鸭包鱼翅""松鼠鳜鱼""西瓜鸡""盐水鸭""天目湖砂锅鱼头""金蹼仙裙"等。江苏点心富有特色,如秦淮小吃、苏州糕团、汤包,都很有名。

(八)徽菜

徽菜是徽州菜的简称,是安徽的主要代表菜,它主要由皖南、沿江和沿淮三方菜式组成,其中以皖南菜为代表。皖南菜源于古徽州府,即今世界闻名的旅游胜地黄山脚下歙县一带;沿江菜系指合肥、芜湖、安庆一带的地方菜;而沿淮菜则由蚌埠、宿州、阜阳等地方风味构成。三支徽菜各有千秋,丰富多彩,但归纳起来,主要有四个方面的基本特征:一是就地取材,以鲜制胜。徽地盛产山珍河鲜家禽,就地取材使菜肴地方特色突出并保证鲜活。二是善用火候,火功独到。根据不同原料的质地特点、成品菜的风味要求,分别采用大火、中火、小火烹调。三是精于烧炖,浓淡相宜。除爆、炒、熘、炸、烩、煮、烤、焙等技法各有千秋外,尤以烧、炖及熏、蒸菜品而闻名。四是注重天然,以食养身。徽菜继承了祖国医食同源的传统,讲究食补,这是徽菜的一大特色。

皖南的徽州菜是徽菜系的主要代表,起源于黄山麓下的歙县,即古代的徽州。后因新安江畔的屯溪小镇成为"祁红""屯绿"等名茶和徽墨、歙砚等土特产品的集散中心,饮食业发达,徽菜的重点逐渐转移到屯溪,在这里得到进一步发展。徽菜在烹调技艺上擅长烧、炖、蒸,而爆、炒菜较少,重油、重色、重火工。著名的菜肴品种有"符离集烧鸡""火腿炖甲鱼""腌鲜鳜鱼""火腿炖鞭笋""雪冬烧山鸡""奶汁肥王鱼""毛峰熏鲥鱼""无为熏鸭""方腊鱼""皖南葛根豆腐"等。

三、酒与艺术

中国的艺术作品中经常有酒的影子,因为中国的艺术家们离不开酒。因醉酒而获得艺术创作的最佳状态,这是古老中国的艺术家们解脱束缚、获得艺术创造力的重要手段。

"志气旷达、以宇宙为狭"的魏晋名士、第一"醉鬼"刘伶在《酒德颂》中有言,"有大人先生,以天地为一朝,万期为须臾。日月有扃牖,八荒为庭衢";"幕天席地,纵意所如";"兀然而醉,豁尔而醒。静听不闻雷霆之声,熟视不睹泰山之形。不觉寒暑之切肌,利欲之感情。俯观万物,扰扰焉如江汉之载浮萍"。这种"至人"境界就是中国酒神精神的典型体现。

酒醉而成传世诗作,这样的例子在中国诗史中俯拾即是。例如,"李白斗酒诗百篇,长安市上酒家眠,天子呼来不上船,自称臣是酒中仙。"(杜甫《饮中八仙歌》)"醉里从为客,诗成觉有神。"(杜甫《独酌成诗》)"俯仰各有态,得酒诗自成。"(苏轼《和陶渊明〈饮酒〉》)"一杯未尽诗已成,涌诗向天天亦惊。"(杨万里《重九后二月登万花川谷月下传觞》)南宋诗人张元年说:"雨后飞花知底数,醉来赢得自由身。"

不仅为诗如是，在绘画和书法中，酒的精灵更是活泼万端。画家中，郑板桥的画不能轻易得到，于是求者拿出美酒款待，在郑板桥的醉意中求画者即可如愿。郑板桥也知道求画者的把戏，但他耐不住美酒的诱惑，只好写诗自嘲："看月不妨人去尽，对月只恨酒来迟。笑他缣素求书辈，又要先生烂醉时。"

"吴带当风"的画圣吴道子，作画前必酣饮大醉方可动笔，醉后为画，挥毫立就。"元四家"中的黄公望也是"酒不醉，不能画"。"书圣"王羲之醉时挥毫而作《兰亭序》，"遒媚劲健，绝代所无"，而至酒醒时"更书数十本，终不能及之"。李白写醉僧怀素："吾师醉后依胡床，须臾扫尽数千张。飘飞骤雨惊飒飒，落花飞雪何茫茫。"怀素酒醉泼墨，方留下神鬼皆惊的《自叙帖》。草圣张旭"每大醉，呼叫狂走，乃下笔"，于是有了"挥毫落纸如云烟"的《古诗四帖》。

在中国传统戏曲中，饮酒和吃饭是同义词。戏曲舞台上，吃饭的器皿不是饭碗、菜盘，而是用酒壶、酒杯来代替。请客吃饭，不说请用饭，而是说"酒宴摆下"。不管多么隆重盛大的场面，例如《鸿门宴》，在舞台上表示丰盛筵席的道具，也只有几个酒壶和酒杯。

酒还在中国传统音乐中担当重要角色，宋词的词牌（也就是乐曲）与酒有关者甚多。例如，醉太平（醉思凡）、酒蓬莱、醉中真（即浣溪沙）、频载酒、醉厌厌（即南歌子）、醉梦迷（即采桑子）、醉花春（即谒金门，又名不怕醉、东风吹酒面）、醉泉子、倾杯乐、醉桃源（即阮郎归）、醉偎香（即朝中措）、醉梅花（即鹧鸪天）、酒落魄（即一制珠，又名醉落拓）、题醉袖（即踏莎行）、醉琼枝（即定风波）、酹江月（即念奴娇）、貂裘换酒（即贺新郎）等。

酒本身就是一种艺术，同时它又催生出了中国其他很多艺术。由此可见，酒对中国艺术的贡献不可谓不大。

经典诵读

定风波·莫听穿林打叶声

【宋】苏轼

莫听穿林打叶声，何妨吟啸且徐行。
竹杖芒鞋轻胜马，谁怕？一蓑烟雨任平生。
料峭春风吹酒醒，微冷，山头斜照却相迎。
回首向来萧瑟处，归去，也无风雨也无晴。

四、酒与人生

常言道：无酒不欢。可见酒在我们每个人的一生中都或多或少占据着一席之地。

酒从诞生之日始，就几乎渗透到了社会生活的各个角落。婚礼的代名词就是喜酒，始终贯穿在结婚仪式的整个过程。"会亲酒"是订婚时要摆的酒席，喝了"会亲酒"就表示男女双方的婚事已定，此后男女双方不得悔婚。婚后第二天，新婚夫妇回女方家探望，女方家要摆"回门酒"以示欢迎。"交杯酒"是新婚之夜，新人洞房前所喝，喝此酒时，夫妻双方举盏交互，头、杯、口相接，取"你中有我，我中有你"之意。新人喝完此酒，今后就恩恩爱爱、相敬如宾。

历史上，儒家学说被奉为治国安邦的正统，中国的饮酒习俗同样也受儒家思想影响，讲究酒德。"酒德"两字最早见于《尚书》和《诗经》，其意指饮酒者要有德行。《尚书·酒诰》中集中阐述了儒家所倡导的酒德，例如，"饮惟祀"（只有在祭祀时才能饮酒）；"无彝酒"（不要经常饮酒，平常少饮酒，以节约粮食，只有在有病时才宜饮酒）；"执群饮"（禁止聚众饮酒）；"禁沉湎"（禁止饮酒过度）。

饮酒作为食文化的重要构成部分，在古代形成了一套礼俗。例如，主人和宾客一起饮酒时，要相互跪拜；晚辈在长辈面前饮酒，叫侍饮，通常要先行跪拜礼，然后坐入次席；长辈命晚辈饮酒，晚辈才可举杯；长辈酒杯中的酒尚未饮完，晚辈不能先饮尽。在酒宴上，主人要向客人敬酒（叫"酬"），客人要回敬主人（叫"酢"），敬酒时还要说上几句敬酒辞。客人之间相互也可敬酒（叫"旅酬"），有时还要依次向人敬酒（叫"行酒"）。敬酒时，敬酒的人和被敬酒的人都要起立。普通敬酒以三杯为度。

第二节　茶文化

一、中国饮茶历史

中国是茶的故乡，也是茶文化的发源地，《神农本草经》有记载："神农尝百草，日遇七十二毒，得荼（茶）而解。"是说茶为神农氏所发现，始为药用，后由药用至食用至饮用，最终茶成为中华民族的"举国之饮"。茶的发现和利用已有 4700 多年历史。西周时期就有人工栽培的茶园，秦汉时期形成了饮茶风俗和茶叶市场，隋唐时期全民普遍饮茶，茶业昌盛，甚至茶宴、茶会，提倡客来敬茶。宋元时期茶区继续扩大，种茶、制茶、点茶技艺精进。明清时期饮茶方法从点茶发展成泡茶，茶具越来越讲究，客来敬茶、以茶待客风气更为普及，曲艺进入茶馆，茶叶贸易发展较快（图 11-1）。

图 11-1　饮茶

中华民族在茶的培育、品饮、应用以及茶文化的形成和发展上，为人类文明留下了绚丽光辉的一页，世界各国的茶叶种植、加工、饮用方法、茶礼、茶俗等都直接或间接地从中国传播出去，中国被称为"茶的故乡"。中华茶文化始终伴随着我们的日常生活，丰富着我们的精神世界，给我们以身体和心灵的滋养，它时时在我们的眼前闪烁，在我们身边传播，也将由我们世代传承。

（一）饮茶方式

据史料记载，古今饮茶方式不同，我国饮茶方法先后经过烹茶、点茶、泡茶以及当代饮法等几个阶段。

1. 唐代烹茶

唐代饮茶以烹、煎为主，将茶饼碾碎成末后，经烹或煎再饮。据陆羽《茶经》记载，唐时文人饮茶采用啜茶法：

（1）备茶。采茶制饼，取少许干茶饼放在无烟炭火上炙烤，冷后入茶碾碾成粉，过筛备用。

（2）煮茶。取壶烧水，水稍沸时入食盐等调味，再取适量茶粉入锅、搅匀稍煮，舀入茶碗，温降至适口时品饮。这种饮茶法是中国饮茶史上"清饮法"的雏形。

唐代民间饮茶则是"调饮法"，即将茶叶与其他食材、调料一起煮饮。陆羽《茶经》记载：把茶饼捣碎"贮于瓶缶之中，以汤沃焉，谓之痷（通'腌'）茶，或用葱、姜、枣、橘皮、茱萸、薄荷之属，煮之百沸"，后饮用。"清饮"和"调饮"两种饮茶方法都一直保留发展，沿用至今。

2. 宋代点茶

经由蔡襄和宋徽宗等人的提倡，宋人饮茶趋向精致。饮茶方式由唐代的煎茶法演变成点茶法。即将茶叶研成细末，放在茶碗里，注入少量沸水调成糊状，然后再注入沸水，同时用茶筅快速搅动，使茶末上浮，形成粥面，饮用时要连茶粉带水一起喝下。点茶法追求茶的真香、真味，不掺任何杂质，并且十分注重点茶过程中的动作优美协调。宋代对清饮法进行了两点改进：一是茶末由锅煮改为碗泡，名曰"点茶""分茶"；二是茶中不再添加咸昧或香料。

3. 明代散茶冲泡

明太祖朱元璋下旨"罢造龙团……散芽以进……"，促成了茶叶生产的简约化，也使茶饮方式发生了改变。因贡茶由饼茶改为散茶，绝大部分地区在茶叶生产时不再将茶叶压制成饼，而是直接生产散茶叶，这就是现代炒青、烘青、晒青等工艺制作的茶叶的前身。散茶冲泡时，取茶叶少许投入茶壶、开水冲泡片刻，只喝茶水，茶渣弃之。这种方法省略了宋代点茶法的诸多步骤，也促使绿茶、乌龙茶、全发酵红茶开始普及。而这种散茶冲泡的饮茶方式也成为今天我们饮茶的主要方式。

（二）历代茶文化

茶文化包括茶道、茶德、茶联、茶书、茶具、茶画、茶学、茶故事等。茶文化在形成和发展中，融入了儒家思想、道家和释家哲学，成为优秀传统文化的组成部分和独具特色的一种文化模式。

1. 唐代饮茶蔚然成风

唐朝是我国历史上的全盛时期，国家统一，经济发达，人民生活富足，这使人们追求更高层次的精神享受成为可能，饮茶之风日盛，推动和促进了茶文化的产生和发展。

此时，陆羽成书《茶经》，这是世界饮茶史上第一部系统论述茶的著作，全书七千多字，分三卷十节，从茶叶生产的源流、历史、现状、生产技术，到饮茶技艺、品茶方法和茶道原理等进行了归纳和总结，是划时代的茶学专著，也是精辟的农学著作。它把茶饮的方法程序化，并辅以美学思想，从而形成优美的意境和韵律，将饮茶上升到了艺术的高度。普通茶事升格为一种美妙的文化艺能，推动了中国茶文化的发展。

2. 宋代点茶法影响邻国

宋代制茶工艺有了新的突破，饼茶盛行，专供进贡的茶饼称为龙团、凤饼。饼茶饮茶方式由唐代的煎茶法演变成点茶法。点茶、分茶等向我们呈现了宋人饮茶的繁缛和精致。

分茶又称茶百戏，是宋代流行的一种泡茶游戏，始于宋初，帝王与庶民都玩。游戏时，将茶末放入茶盏，注入沸水，用茶筅击拂茶汤，能变幻成图形或字迹。茶汤被击打后泛出汤花形成图形的时间很短，这需要很高超的技艺。为了便于观察白色的汤花形成的图案，产于福建建窑的黑釉茶盏应运而生，为斗茶和分茶的形成与繁荣注入了无限的活力。

点茶和分茶，使饮茶过程极具娱乐性，加上进贡的饼茶、黑色的茶盏和宋徽宗以及一大批文人、僧人的推崇，中国茶文化又走向一个新的高度。后经日本僧人荣西和尚带到日本，衍生发展了今天的日本茶道文化。

宋代，饮茶之风在从宫廷到下层平民的社会的各个阶层普及，茶成为人们日常生活中不可或缺的物品，饮茶的风俗也深入民间生活的各个方面。宋朝文人的地位得到了空前提升，重文轻武的风气达到极致，同时，宋朝的史学、文学事业发达，诗、词、散文都有伟大成就，优秀文人辈出。在这样的背景下，宋代茶文化也做到了极致。

知识链接

茶百戏，又称汤戏、茶戏或分茶，是宋代流行的一种高雅茶艺，即将煮好的茶注入茶碗中的技巧。茶百戏，不是寻常的品茗喝茶，其中透出一种淡雅的文人气息，宋人把茶百戏与琴、棋、书并列，是文人雅士及士大夫们喜爱与崇尚的一种文化活动。南宋诗人陆游在《临安春雨初霁》诗中咏茶百戏："矮纸斜行闲作草，晴窗细乳戏分茶。"把"戏分茶"与"闲作草"并提，可见"茶百戏"绝非一般的玩耍。

茶百戏是通过"注"或"搅"，使茶汤汤花瞬间显示出瑰丽多变的景象，或若山水云雾，或犹花鸟鱼虫，或如水墨图画，给斗茶者美的享受。由于茶百戏操作难度大，流行范围比较窄，一般只流传于宫廷和士大夫阶层，普通百姓掌握这种技艺的少之又少（图11-2）。

图11-2 茶百戏

临安春雨初霁

【南宋】陆游

世味年来薄似纱，谁令骑马客京华。

小楼一夜听春雨，深巷明朝卖杏花。

矮纸斜行闲作草，晴窗细乳戏分茶。

素衣莫起风尘叹，犹及清明可到家。

3. 明代散茶冲泡延续至今

明朝初期，明太祖朱元璋的一道圣旨，使进贡的茶叶由饼茶改散茶，使得制茶工艺也随之变革，绿茶、乌龙茶及红茶在明朝末年相继创制成功，饮茶方式也因茶形、茶性的改变而改变，也使明代成为我国现代茶艺和现代茶道的萌芽期。

明太祖朱元璋第十七子朱权，醉心茶道，撰写了约两千字《茶谱》，首创了用开水直接冲茶饮用的瀹饮法。同时他还强调品茗之"境"，认为品茗的"环境"应是"或会于泉石之间，或处于松竹之下，或对皓月清风，或坐明窗静牖"；品茗的"心境"应"举白眼而望青天，汲清泉而烹活火"；品茗的"意境"应是"备味清甘而香，久而回味，能爽神之茶""用清白可爱之器，燃有焰之活火，煎无妄沸之汤"。只有这样，才能在品茗时"探虚玄而参造化，清心神而出尘表"，达到超然物外的品茗境界和饮茶明志的品茗目的。

他对陆羽提倡的"二十四器"进行了精简，只保留少数必需茶具并加以改造；对于品茗的程序也大量精简，又增加了品茗前设案焚香，表示能通灵天地，融入超凡的理想。

朱权的茶艺表现为闲适、怡真、自然。他的茶道思想崇尚自然，注重意境。他在品茗时追求山之清幽、泉之清泠、茶之清淡、心之清闲、器之清洁、侣之清高，这"六清"，在品茗时内心与自然融为一体，形成一种内在的和谐美，使人在平静淡泊中去体悟"茶味人生"的玄妙，并获得回味无穷的美感。正因为这样，《茶谱》中追求的美学思想被后代茶人薪火相传。

4. 清代茶文化承前启后

清代茶文化较之前代，得到了长足的发展，茶叶的栽培和制作技术不断提高，茶叶种类繁多，品饮方法也得到创新，新的饮茶器具不断涌现。传统的六大茶类如绿茶、红茶、乌龙茶、白茶、黄茶、黑茶已全部形成，茶叶的内销及外销都达到历史最高水平，各地茶馆林立，民间喝茶更加普遍，茶真正走向世俗化。

清代饮茶习俗与明代无异，因此茶具基本上也是明代的延续和发展。景德镇除了生产传统的青花、素三彩、釉里红、斗彩等瓷器外，还开创了粉彩、珐琅彩等新品种，至乾隆时期，新创了能集各种工艺于一体的陶瓷，并能生产仿木纹釉、仿石纹、仿青铜彩、仿绿松石釉的瓷器，把中国陶瓷工艺推向历史的新高峰。

清代紫砂茶具也迎来了新的创作高峰。制作工艺大大提高，泥料细腻，制作规整，出现了陈鸣远等许多名家。嘉庆、道光年间以后，文人雅士以紫砂为载体，发挥其诗、书、画、印之才情，为后人留下了不少精美绝伦的紫砂艺术品，使紫砂茶具的人文内涵大大提高。

盖碗是清代茶具的又一大特色，它由盖、碗、托三部分组成，象征着"天、地、人"三才，反映了中国人器用之道的哲学观。清代茶具的多样化还体现在茶托形状的变化上，茶托最早出现在两晋南北朝时期，从出土的青瓷盏托可见，南朝时越窑就已有茶托的生产，清代的茶托品种丰富，花样繁多，有的因制成船形，称为茶船，另外还有十字形、花瓣形、如意形等。

茶有健身之效，又富情趣，可陶冶情操。历代文人雅士创作了很多茶诗。

经典诵读

茶 诗
（五代）郑邀

嫩芽香且灵，吾谓草中英。夜臼和烟捣，寒炉对雪烹。

惟忧碧粉散，常见绿花生。最是堪珍重，能令睡思清。

一字至七字诗·茶
（唐）元稹

茶，

香叶，嫩芽，

慕诗客，爱僧家。

碾雕白玉，罗织红纱。

铫前黄蕊色，碗转曲尘花。

夜后邀陪明月，晨前命对朝霞。

洗尽古今人不倦，将至醉后岂堪夸。

采 茶 词
（明）高启

雷过溪山碧云暖，幽丛半吐枪旗短。

银钗女儿相应歌，筐中摘得谁最多？

归来清香犹在手，高品先将呈太守。

竹炉新焙未得尝，笼盛贩与湖南商。

山家不解种禾黍，衣食年年在春雨。

二、中国茶道

（一）茶道理解

茶道，即在茶事活动中融入哲理、伦理、道德，通过品茗来修身养性、品味人生，达到精神上的享受。

中国人在唐以前就将茶饮作为一种修身养性之道。至唐、宋时期，人们对饮茶的环境、礼节、操

第十一章 中国传统饮食

作方式等都有讲究，形成了一些约定俗成的规矩和仪式，茶宴也有宫廷茶宴、寺院茶宴、文人茶宴之分，对茶饮在修身养性中的作用有了相当深刻的认识。宋徽宗赵佶对茶很有研究，他认为茶的芬芳气味，能使人闲和宁静、趣味无穷："至若茶之为物，擅瓯闽之秀气，钟山川之灵禀，祛襟涤滞，致清导和，则非庸人孺子可得知矣。中澹闲洁，韵高致静……"

历史上，很多茶人往往同时也是杰出的文学家、艺术家、哲人，他们既有很高的文化修养、艺术造诣，又懂茶理，可见中国人早已在茶的烹饮过程中贯彻了艺术思想和美学观点。因此，中国茶道应该被全面地理解为与茶有关的技艺、器物、韵味与精神获得。

1. 以茶修行

修行是茶道的根本，是茶道的宗旨，茶人通过茶事活动怡情悦性、陶冶情操、修心悟道。中国茶道的修行为"身心双修"，修身，在于祛病健体、延年益寿；修心在于修道立德、怡情悦性、明心见性。中国茶道的理想就是养生、怡情、修心、证道。证道是修道的结果，是茶道的理想，是茶人的终极追求，是人生的最高境界。茶道的宗旨、目的在于修行，环境亦好，礼法亦好，茶艺亦好，都是为着一个目的——每个参加者自身素质和境界的提高，塑造完美的人格。

2. 感悟人生

通过修习茶道，感悟茶味人生，能帮助我们愉悦心灵，快乐生活。

第一，像品茶一样心无杂念，放下一切，用心去品味生活，从生活的苦涩中品出生活的甘美与芬芳。

第二，真正领悟茶的世界是万物和谐、相互依赖、共生共荣的世界。泡一壶好茶，需要茶、水、器、方法、人情、环境等元素的和谐与适度。这给予我们许多启示和启发。如果我们能由此学会自律、适度、和谐相生等道理，我们的生活一定会更容易感觉到幸福、快乐。

茶道是一种以茶为媒的生活礼仪，也被认为是修身养性的一种方式，它通过沏茶、赏茶、饮茶，增进友谊，美心修德，学习礼法。喝茶能静心、静神，有助于陶冶情操、去除杂念，这与提倡"清静、恬淡"的东方哲学思想很合拍，也符合佛道儒的"内省修行"思想。茶道精神是茶文化的核心，是茶文化的灵魂。

（二）茶道与茶艺的关系

"茶道"一词早在唐代就已出现，但其内涵并无明确的界定，有时指煮茶、饮茶之道，有时又指饮茶过程中所领悟之道。中国茶道传入日本后，经过几个世纪的发展，日本茶道已成为具有深远的哲理和丰富的艺术表现力的一大综合文化体系。为与此区分，中国台湾茶文化界使用了"茶艺"一词。随着茶文化活动蓬勃开展，特别是对中国茶文化研究的需要，对其二者进行区分十分必要，同时也有利于茶文化事业健康地向前发展。

1992年，茶文化学者王玲教授在她的《中国茶文化》明确地界定："茶艺与茶道精神，是中国茶文化的核心。艺——制茶、烹茶、品茶之术；道——艺茶过程中所贯彻的精神。""茶艺，有名有形，是茶文化的外在表现形式；茶道是精神、道理、规律、本源与本质，它是无形的，但可以通过心灵去体会。茶艺与茶道结合，艺中有道，道中有艺，是物质与精神高度统一的结果。"

茶艺是茶道的基础和载体，是茶道的必要条件。茶艺可以独立于茶道而存在。茶道以茶艺为载体，依存于茶艺。茶艺重点在"艺"，重在习茶之艺术，以获得审美享受；茶道的重点在"道"，旨在通过茶艺修心养性、参悟大道。

茶艺可以独立于茶道而存在，通过茶艺展示给人以美的感受；而茶道讲究的是人的内在修为的精进，不是表演给别人看的，可表演的是茶艺而不是茶道。

三、中国茶文化的意义

茶文化与一般的饮食有很大的区别，它除了满足人们的生理需要之外，更重要的是能满足人们的心理需求。茶道精神是在茶艺操作过程中体现的，是人们在品茶活动中的一种高品位的精神追求。除了文化的传承，茶对提升我们日常生活品位、构建和谐人际关系、加强身心修养具有深远的意义。

（一）增进人际关系和谐

柴米油盐酱醋茶，琴棋书画诗酒茶。茶是中国人生活中的不可或缺，茶是中国人古往今来的待客之道，有诗云："寒夜客来茶当酒。"以茶代酒款待客人古已有之。以茶敬客，可以化解矛盾，增进团结，增进人际关系和谐；以茶待客，不仅能融洽关系，而且也能提升品位，无形中也提高了交往的质量和意义。

（二）促进家庭和睦

家庭是社会的细胞，是每个人生活中温馨的港湾。在繁忙的工作和学习之余，回到家中，一杯茶，可以缓解一天的身心疲惫。

或握杯独饮，享受宁静，品味人生，调节身心；或家人团聚，围桌共饮，享受亲情，解除烦恼。一杯清茶，能够调和家庭气氛，增进家庭成员情感交流，丰富家庭生活内容。

（三）有益身心健康

几千年的饮用经验及现代科学证明，茶是最好的保健饮料。饮茶能振奋精神，开阔思路，消除身心疲劳，保持旺盛的活力。茶文化是应对人生挑战的益友，面对激烈的竞争、纷繁的人际关系，以及诸多依附在人们身上的压力，与茶为伴，能够使我们的精神和身心进一步放松，自如应对人生新挑战。

（四）修心养性提高品位

古人常把茶品、人品相提并论。茶，初泡为苦，继而转甘，后则淡然，细品如人生。

人们通过与茶接触，了解茶性、研习茶艺、品茶评茶，不觉间进入忘我的境界，从而远离尘嚣，远离污染，给身心带来愉悦。茶洁净淡泊，朴素自然；茶自守无欲，净静相依。在享受茶之美的过程中，借助茶的灵性，我们得以感悟生活，调适自我，慎独自重，自我超越，保持良好的精神状态。

以茶雅志，可陶冶个人情操，提高个人道德品质和文化素质修养；以茶行道，可净化社会风气。茶文化以德为中心，重视人的群体价值，倡导无私奉献，反对见利忘义和唯利是图；茶文化讲究和谐，注重人与人之间的关系维护，提倡尊敬他人，重视修心养性；茶文化有利于帮助人们解决精神困惑，维护良好心态，有利于创建精神文明、促进社会进步。

《红楼梦》与茶

《红楼梦》是我国四大古典名著之一。据著名红学家周汝昌先生的考证，《红楼梦》全书中，写到茶道的地方多达 279 处，吟咏茶道的诗词楹联 23 处，与"茶"相关的字词出现频率高达 1520 余次。

在这部经典巨著中，茶成了反映人物生活状况、性格特征的重要载体，比如黛玉初进贾府晚餐时的用茶、栊翠庵品茶、凤姐打趣黛玉吃茶等情节，把茶与人物塑造、情节建构等汇于一体，通过茶写尽人世间的"悲欢离合"。书中多次提到的龙井茶、六安茶、普洱茶、女儿茶、枫露茶等名茶，不仅反映出各种茶的功用与价值，还杜撰出"千红一窟（哭）茶"，寓示着《红楼梦》的悲剧结局。

情景导入

第三节　古代饮食思想评述

中国传统思想在饮食中有着深刻地反映和体现，饮食文化在长期的发展中与传统思想相互作用，相互影响，相得益彰，从而形成了具有中国特色的饮食思想。从古到今，各个时期各个地区的特色饮食都有着丰富的哲学道理和历史含义，例如，古人崇尚自然，强调天人合一，因此对于一些本来形状就很美、颜色很好看、味道很好吃的天然食品，做法上就要遵循自然之理，尽量保持自然状态，使其"原汁原味"不改变特性。烹饪理论认为"一物有一物之味，不可混而同之""使一物各献一性，一碗各呈一味"。中国古代哲学思想中的阴阳五行、相辅相成的理念，反映在饮食中，庖厨对于一些有腥、膻等异味的食品，在加工制作中要求利用阴阳辩证之理，加以不同的佐料，用以不同的烹调器皿，施以炖、煎、炒、炸、爆、煮等技术处理，从而达到去异味、保持其营养的目的。

在一餐之中，要做到主食、副食相调，凉菜热菜搭配，生、熟食品相间，软硬、干稀、甜咸、荤素、数量多少、盘碗大小都阴阳协调，在高度的对立统一中展现其丰富多彩，具体到一年四季的饮食之中，则更要讲究上和天时，下和地利，中和人体阴阳调和之需。具体而言，古代饮食思想主要表现在以下几个方面。

一、饮食与礼仪相结合

《礼记·礼运篇》中说："夫礼之初，始诸饮食。"可见它是儒家文化的核心思想——礼的本源。这大约就是先民视为美食美酒的盛事，用自己最得意的生活方式祭祀鬼神，表示对祖先和神灵的崇拜和祈祷，如此便开始了礼仪的行为。随着饮食与礼仪的结合，烹饪的饭锅也从食器演变为礼器——鼎，变得神圣不可侵犯，能在鼎上操作的自不同凡响，所以调和鼎鼐这一纯属烹饪的术语，在古代亦可作为宰相治国理政的代称。《吕氏春秋》记载，被后世奉为烹饪之圣的商朝宰相伊尹，也采用烹饪技巧对天子议政。老子在《道德经》中，更是留下了"治大国若烹小鲜"的名句，可见饮食在古人心目中地位之高。

饮食与礼仪结合，揭示了文化现象是从人类生存的最基本的物质生活中发生的，这是中华民族顺应自然生态的创造。饮食是人生的一宗大事，《礼记·仲尼燕居》曰"礼也者，理也"，即社会秩序。饮食活动的礼仪，指的是饮食规范和礼节，古代饮食礼仪主要表现在祭祀方面。周代的《周礼》《仪礼·少牢馈食礼》《礼记·玉藻》等章节中，反映了客食之礼、待客之礼、待食之礼、桑食之礼、宴饮之礼、进食之礼等。古代从皇帝到官吏，年节与庆典活动各有规格，座次有序，礼节繁多。饮食的伦理化还表现在中国菜名的别开生面上，菜名大致有两种类型：一种是写实性的，如青菜豆腐，榨菜炒肉丝，一看就明白它的原料；另一种是写意性的，这最能展现伦理想象的空间，因而在中国发展到极致，如菜肴中常有八宝的名称，如八宝饭、八宝鸭、八宝肘子等。

二、美食与美器相结合

古人对美食与美器的视觉享受也非常讲究，力主美食与美器的和谐统一。中华菜肴注重色彩效果，一盘赏心悦目的菜肴就像一幅美术作品一样，具有极强的感染力，能勾起人的食欲，烹调时食物原料的选择、调料的加色、烹调的火候等都需十分注意，力求搭配合理。南宋诗人陆游有许多关于食物色泽的佳句，《村居初夏》诗云："梅青巧配吴盐白，笋美偏宜蜀豉香。"《对酒》诗云："黄甲如盘大，红丁似蜜甜。"菜肴的形状也很有讲究，主要体现在刀工上，可将原料切成块、段、条、丝、片、丁、粒、末、泥等形状，再配以精心的雕塑、点染、刻画、搭配，便成为一道精美的饮食，古人谈到食物味美往往用"甘脆"形容，"甘"指味美，"脆"指爽利易断的食物给食用者带来的咀嚼快感。

古人讲究美食的同时，对美器也有要求，对食器的质地、制造、使用，各种宴席的规格、座次、食具的安排，均有明确而严格的规定，从而出现森严的等级性和伦理规范。陶器、铜器、金银器、玉器等花样、色泽不断翻新，增强了美食的效果。古人在彩陶上绘有简单的几何图形，可见饮食被赋予的意义已不再是简单的解除饥饿。瓷器耐高温，光洁度好，是一种比较理想的食器，有很高的实用价值和欣赏价值，一些铜器的食器更是富丽堂皇。商代就有玉器，当时作为礼器使用，到了战国时期，玉制石器渐渐增多，透出一种高贵的气质。中国古代的饮食器具不只以上的几种质料，还有漆器、玻璃器等，这些造型不一、色彩丰富的精美食器，增添了饮食时的精神享受，是饮食文化的重要内容，清代文学家袁枚在《随园食单》一书中指出，在食器的搭配上，"宜碗者碗，宜盘者盘，宜大者大，宜小者小，参错其间，方觉生色"。这种总结既科学又具有辩证色彩。

三、品饮与环境相结合

良好的环境气氛，可以增强人的食欲，达到更佳的饮食效果，欢聚的宴会、离别的宴席、高升庆贺的宴会等，需要一定的环境气氛作烘托，正所谓"醉翁之意不在酒，在乎山水之间也"，在一些场合，环境的气氛超过了饮食的美味，创造适宜的饮食气氛，可使美食锦上添花。小桥流水、芳草萋萋的自然环境，体现饮食时的自然之美；高雅的陈设、精巧的餐具，体现排场之奢华，适宜的环境调节了饮食时的气氛，体现了餐饮主人的身份、地位及修养。

餐饮不仅讲究环境，还将艺术形式引入餐饮活动，弹奏音乐、观赏舞蹈为饮食助兴，宫廷中有专门的乐队、完整的建制来为饮食服务，乐舞把饮食文化推向了一个更高的境地。雅谈、游戏、书画、吟诗等，充分体现了具有文化特色的精神享受活动，使饮食在文化层面达到了更高的境界，古代的文人雅士，以聚餐的方式，陶冶性情、抒发胸怀，把物质生活与饱含文化意识的艺术实践活动相结合，创造了内涵丰富的饮食文化。

四、饮食与保健相结合

古人认为，医食同源，饮食与医药有着相辅相成、辩证统一的关系，孔子很早就提出了"七不食"的饮食标准——"食馇而谒（饭变味），鱼馁而肉败（鱼烂肉腐）不食；色恶（食物变色）不食；臭恶（变味）不食；失饪（烹调不善）不食；不时（不熟或不到吃饭时间）不食；割不正（刀工不好）不食；不得其酱（调料使用不当）不食"，十分强调食品的新鲜。春秋时期，扁鹊认为，一个好的医生，首先要弄清疾病产生的根源，以食治之，如果食疗不愈，再以药治之。扁鹊之后，食疗理论又有了很大的发展。成书于战国时期的《黄帝内经》系统阐述了平衡膳食理论，正式确立医食同源的思想，"五谷为养，五果为助，五畜为益，五菜为坤（配）"，强调各种营养的合理搭配，保持肌体能量平衡。《灵枢·五味论》中也提道："五味入口也，各有所走，各有所病，酸走筋，多食之令人癃（手足不灵）；咸走血，多食之令人渴；辛走气，多食之令人洞心；苦走骨，多食之令人变呕；甘走肉，多食之令人悗心。"上述五味论，要旨在于教人在饮食上把握"恰当"二字，也就是说，五味进食不及会造成营养缺乏，太过也会导致疾病，唯平衡适宜方能益于健康。唐朝孙思邈著的《千金方》和《千金翼方》都有专门论述食疗的篇章，对古代食疗学的发展产生了重要的影响。唐朝时"药膳"又有了一定的发展，开始了复方制剂的研制，以药入食，达到防病、保健、治疗和康复的目的。元代医学家忽思慧进一步从健康原则考虑，指出："五味调和，饮食口嗜，皆不可多也。多者生疾，少者为益。""多食盐，骨气劳短，肺气折。"所以盐不可多吃。又说"肝病禁食辛"，就有更重要的意义。直到今天，很多人仍然遵循这种饮食规范。此外在食物搭配和宜忌方面都有很多论述，如果配餐不当，性味不合，就会损害健康。

饮食活动在人类历史发展进程中起到了特别重要的作用，人们饮食的根本目的在于使人气足、精充、神旺、健康长寿，围绕着这个目的，逐渐形成了中国式的传统饮食养生理论。自有烹饪以来，饮食与养生就紧密地联系起来，饮食养生理论是伴随中国烹饪的产生而产生的，随着烹饪的发展而发展，并逐步丰富与深化。饮食与养生也是对立统一的辩证关系，饮食的目的在于达到养生的需求，养生最主要的依赖在于饮食，二者相互作用、相辅相成。中国烹饪饮食的变化和发展也始终是在哲学思想、养生思想指导下进行的，如儒家的崇尚礼乐，饮食时宜；道家的崇尚自然，饮食养生；阴阳家和医家的阴阳五行，四气五味；释家的禁欲修行，倡导素食等，这些有关饮食的哲理，对中国烹饪的影响是很深的，也形成了独具中国特色的饮食文化。

推荐欣赏

推荐欣赏《舌尖上的中国》（一、二、三季）节目。

苏轼与茶

苏轼，字子瞻，号东坡居士，"唐宋八大家"之一。苏轼忧国忧民，寄情茶道。他把茶比为"佳人""仙草""志向"，视茶为自己的好友。连夜办公要喝茶，写词咏诗要喝茶，睡前梦醒也要喝茶。他通过品茶来体悟人生，并努力从中寻求心灵的解脱。

苏轼非常讲究饮茶，有"饮茶三绝"之说，即茶美、水美、壶美。他烹茶有自己独特的方法，认为"活水还须活火烹"。在《试院煎茶》一诗中，他对烹茶用水的温度作了形象的描述，以沸水的气泡形态和声音来判断水的沸腾程度。俗话说："水为茶之母，壶是茶之父"，苏东坡对烹茶用具也很讲究，认为"铜腥铁涩不宜泉"，最好用石烧水。他深知茶的功用，曾在《仇池笔记》中的《论茶》一则中介绍，茶可除烦去腻，用茶漱口，能使牙齿坚密。苏轼一生嗜茶，咏茶诗词有70余篇。

据说，苏轼在宜兴时，亲自设计了一种提梁式紫砂壶。烹茶审味，怡然自得，题有"松风竹炉，提壶相呼"的诗句。后人为了纪念他，把这种壶式命名为"东坡壶"。

日积月累

一、填空题

1. 中国"八大菜系"有_____、_____、_____、_____、_____、_____、_____、_____。

2. _____的孔府是孔子诞生及其后人居住的地方。

3. "志气旷达、以宇宙为狭"，号称第一"醉鬼"的魏晋名士是_____。

4. "看月不妨人去尽，对月只恨酒来迟。笑他缣素求书辈，又要先生烂醉时。"这首自嘲诗是清代诗人_____所作。

5. 《尚书·酒诰》中集中阐述了儒家所倡导的酒德，"饮惟祀"指的是_____；"无彝酒"指的是_____；"执群饮"指的是_____；"禁沉湎"指的是_____。

6. 《神农本草经》记载："神农尝百草，日遇七十二毒，得茶而解之。"茶即_____的古字。

7. 品茶要注重茶的色、香、味、_____、_____。

8. 茶艺，是指_____；茶道，是指_____。

9. 在中国古老的典籍《中庸》上说"人莫不饮食也，_____"，可见，中国人自古就重视饮食的滋味。

10. 饮食与_____结合，揭示了文化现象是从人类生存的最基本的物质生活中发生的，这是中华民族顺应自然生态的创造。

二、单项选择题

1．粤菜系由广州菜、（　　）、东江菜三种地方风味组成。

A．汕头菜　　　　　　B．东莞菜　　　　　　C．珠海菜　　　　　　D．潮州菜

2．江苏的历代名厨造就了苏菜风格的传统佳肴，而古有"帝王洲"之称的南京、"天堂"美誉的苏州及被史家叹为"富甲天下"的（　　），则是名厨美馔的摇篮。

A．北京　　　　　　　B．深圳　　　　　　　C．扬州　　　　　　　D．安徽

3．"一杯未尽诗已成，涌诗向天天亦惊"，是宋代诗人（　　）的诗句。

A．杜甫　　　　　　　B．杨万里　　　　　　C．李白　　　　　　　D．白居易

4．饮酒作为食文化的重要构成部分，在古代形成了一套礼俗。敬酒时，敬酒的人和被敬酒的人都要起立。普通敬酒以（　　）杯为度。

A．一　　　　　　　　B．二　　　　　　　　C．三　　　　　　　　D．四

5．世界上最早发现茶、利用茶、种植茶，并且最早实现茶叶商品化生产的国家是（　　）。

A．中国　　　　　　　B．波斯　　　　　　　C．印度　　　　　　　D．斯里兰卡

6．《茶经》从茶之溯源、制茶工具、采制、评鉴、煮茶器皿、煮茶、饮用、茶史茶事等各种不同的专业角度著书立说，该书的作者是（　　）。

A．郑板桥　　　　　　B．孔子　　　　　　　C．陆羽　　　　　　　D．徐霞客

7．我国饮茶方法先后经过烹茶、（　　）、泡茶以及当代饮法等几个阶段。

A．点茶　　　　　　　B．焖茶　　　　　　　C．煮茶　　　　　　　D．煎茶

8．唐朝孙思邈著的（　　）和《千金翼方》都有专门论述食疗的篇章，对古代食疗学的发展产生了重要的影响。

A．《百草方》　　　　　B．《千金方》　　　　　C．《麻沸散》　　　　　D．《黄帝内经》

 思考与体验

活动一：

名称：舌尖上的美食。

主题：展示家乡传统美食文化及品种，展示家乡饮食风俗习惯及文化。

内容：调查家乡传统美食文化及品种，阐释中国传统饮食文化对家乡传统美食文化的影响。

要求：将成果制作成PPT或视频，向同学展演及讲解。

活动二：

名称：校园茶艺体验。

主题：学茶、习礼、品人生。

内容：了解茶艺基本常识、学习茶艺礼仪、体验茶冲泡技艺。

要求：全班同学分成六个小组，每组负责绿、白、黄、青、红、黑六大茶类中的一种，完成茶艺全过程，各小组互相品、评，并做好体验记录和总结。

一、任务描述

为了更加深入地了解中国传统饮食文化的发展历程，理解不同饮食文化品位和使用价值，全班同学分组开展"看图说史"活动。每个小组通过书籍或者网络收集关于中国传统饮食的相关资料，结合资料选择一些具有代表性的图片或视频做成PPT。通过PPT讲解中国传统饮食的历史和文化。（讲解时间最好不要超过10分钟。）

二、任务实施

（1）全班同学分成若干组，每组5～6人，并选出一名小组组长。

（2）小组组长分配成员完成收集资料、选择代表性图片或视频、制作PPT、讲解汇报等任务。具体执行过程可填写在下方空白处。

（3）将本次活动中遇到的问题、得到的经验等填写在下方空白处。

各组员根据本章的学习情况及活动情况，完成下面的任务评价。

姓名：_____ 　　　 组号：_____ 　　　 指导教师：_____

评价项目	评价内容	分值／分	教师评分／分
知识（40%）	了解中国传统饮食文化的发展历史及基本内涵。	10	
	了解中国食文化	10	
	了解中国酒文化	10	
	了解中国茶文化	10	
技能（40%）	PPT 版面精美、简洁	10	
	内容选取合理、全面	20	
	讲解流畅，有条理	10	
素养（20%）	具有团队精神	5	
	准备充分，积极、认真参加活动	5	
	认真学习，按时完成学习、活动任务	5	
	具备独立分析问题、解决问题的能力	5	
自我评价			
教师评价			

第十二章　中国传统建筑

情景导入

故宫九千九百九十九间半的传说

相传，当初修建紫禁城的时候，明朝的永乐皇帝朱棣打算把宫殿的总间数定为一万间，可是就在他传下圣旨后的第五天晚上，他突然做了一个梦，梦见玉皇大帝把他召到天宫的凌霄殿。只见那玉皇大帝满脸怒气，永乐皇帝不知道是怎么回事，一问才知道是因为自己要建的这紫禁城的宫殿数一万间与他天宫一万间的数并肩了。于是他说道："玉帝请息怒，小臣多有冒犯，我这凡间的宫殿数哪能超过您这天宫的呀！"

玉皇大帝听他这么一说，有了笑脸，说道："这就对了，我赐你一块'天石'，以镇宫院，你再请七十二地煞、一百只禽兽去保护你这凡间的皇城，这样才能风调雨顺，国泰民安！你可记住？"朱棣连忙谢恩，当他抬起头来再看那玉帝时，已了无踪影，原来是个梦。

永乐皇帝醒后连忙传旨，召刘伯温进宫，把那梦从头至尾说了一遍。刘伯温听了也是一愣："那玉皇大帝可是惹不得的，还是顺从了他吧！他天宫是一万间，咱就建它九千九百九十九间半。既不驳他玉帝老儿的面子，又不失皇家的壮观气派和天子的尊严！"

不到四年的时间，紫禁城就建成了，刘伯温请永乐皇帝亲自察看。永乐皇帝在宫里转了大半天，心里十分高兴。这紫禁城建得别提有多气派了，雕梁画栋，金碧辉煌，那午门高大雄伟，那奉天殿（清朝时改名为太和殿）宽敞气派，和玉帝的凌霄殿相比，还真差不了多少。朱棣忽然想起了玉帝赐的那块镇宫院的"天石"和要请的七十二地煞、一百只禽兽，便问刘伯温都放在什么地方。

"万岁您别忙，臣带您一一看过。"刘伯温说着便把他带到华盖殿（清朝时改名为中和殿）后面的御路上，指着一块长方形的巨大石雕说："这就是玉帝赐的那块镇宫院的'天石'，名为'云龙阶石'，上有九条巨龙，腾跃于流云之间，它是这宫中最大的石雕，有上万斤重！""好！好！"接着永乐皇帝问，"那七十二地煞呢？""这您就看不见了，臣把它们派到这宫中下面的七十二条地沟里去了，以防地下的小鬼儿闹事，坏了这宫里的风水！""派得好！""您再看那宫殿垂脊上的琉璃饰物，它们是蛟龙、凤凰、狮子、天马、狎鱼、斗牛、獬豸、狻猊。有天上飞的、地上跑的、水里游的，既有祈雨的，又有避邪的。""不用说，这就是请的百兽了？刘爱卿所办之事，件件应了玉帝老儿说的，朕要重赏你呀！"朱棣最后问道："这宫里的殿堂是不是九千九百九十九间半？""正是！""那半间在何处？""在后廷西边儿的一间配房里。""好！好！朕看那玉帝老儿还有什么话说。"

那刘伯温说出"九千九百九十九间半"，心里就是一哆嗦，其实这宫里的殿堂数并非真的是九千九百九十九间半。原来他到各地采购木料、石料时，看到老百姓的日子越过越苦，可皇帝却大兴土木，于是有意把设计好的图纸改了，这样一来就少建了几百间，实际建成的是八千多间。他想："这紫禁城大了去了，这殿堂到底有多少，谁数得过来呀，我说是多少就是多少了。"于是就向朱棣报了九千九百九十九间半，朱棣信以为真，还重赏了他许多金银。

从此"紫禁城有房屋九千九百九十九间半"的说法就传开了，实际那数字并不确切，只是传说而已。目前故宫里殿、宫、堂、楼、斋、轩、阁总的间数是八千七百零七间。那传说中的半间房又在哪里呢？当您参观游览故宫，走到景运门外箭亭向南望的时候，会看到院墙围着的一座两层的绿色琉璃瓦建筑，那便是清代存放四库全书的文渊阁。就在那阁楼上的西边，有一独特之处，它和一般的楼阁不同，两柱之间不是一丈多的间隔，而是仅有五尺左右的距离，紫禁城的半间就在这里。

人类生存发展的四大物质要素是衣、食、住、行。人类文化中的器物文化就是围绕这四大物质要素产生和发展起来的。由于地理环境对人类生活的深刻影响，居住在不同区域的民族对这四大物质要素的要求是很不相同的。这就形成了不同特点的器物文化。一般来说，建筑首先是为了满足人们住的需要而出现的，随着社会生活的日益复杂和变化，才出现了用于其他活动的建筑。所以，我们说，建筑基本上属于住的物质文化的范畴。它的设计和建造，很能体现一个民族的历史特点、审美意识和文化传统。中国古代建筑以它独特的结构体系、优美的艺术造型、丰富的艺术装饰闻名于世，在世界建筑史和文化艺术史中写下了光辉的一页，受到了各国建筑师、艺术家和广大人民群众的高度赞赏。

中国传统建筑从先秦到 19 世纪中叶以前的建筑，是一个独立形成的建筑体系。中国现在保存下来的古代建筑非常丰富，它们本身就可以构成一部实物建筑史。悠久的历史、雄伟的工程、精湛的艺术、独特的风格，大都可以从遗存的古建筑实物中得到反映。这些建筑实物主要有宫殿、坛庙、陵墓、园林、民居、府第、文庙学宫、佛寺、石窟寺、塔、**中国传统建筑** 宫观、清真寺、城垣、桥梁、堤坝、古观象台、楼台亭阁、华表、牌坊、门阙等，它们都有各自的建筑特点和发展的历史。本章重点介绍宫殿、陵墓、园林、传统民居四种中国古建筑类型。

第一节　宫殿

一、中国宫殿建造概述

宫殿是随着封建中央集权制度的建立而成为帝王居住和施政的专用场所的。在此之前，宫、室、殿、堂都是指居住的房屋，只是居住的位置和大小有所不同而已。"宫室"是房屋的通称，《周易·系辞上》云："上古穴居而野处，后世圣人易之以宫室。"《战国策·秦策》云，苏秦"路过洛阳，父母闻之，清宫除道，张乐设饮，郊迎三十里"。可见宫室都是普通人住的房屋，并没有等级区别。古时房屋分前后两部分，前边叫"堂"，后边叫"室"，所以成语说"登堂入室"。"殿"与"堂"同义，多指高大的正房。秦汉以后，宫殿成为帝王专用房屋的名称，后来也用作宗教建筑名称。

春秋战国时期，各诸侯国在争霸的同时，对宫室的营建也不遗余力，并以此相夸耀。所谓"高台榭、美宫室"成了一时之风气。这一时期的齐临淄、赵邯郸、燕下都等多处宫殿遗址，现在仍然历历可寻。

秦始皇统一六国后，大修宫殿，"关中计宫三百，关外四百余"，更建造了历史上规模宏大的阿房宫，"始皇以为咸阳人多，先王之宫廷小，……乃营作朝宫渭南上林苑中。先作前殿阿房，东西五百步，南北五十丈，上可以坐万人，下可以建五丈旗。周驰为阁道，自殿下直抵南山。表南山之巅以为阙"（《史记·秦始皇本纪》）。由于前殿之宏伟，加之始皇之帝业，以后凡帝王之居皆称之为宫殿。"宫"指一组宫殿之全部，"殿"则是指宫中的重要建筑。此后，汉长安之长乐宫、未央宫、建章宫，洛阳之北宫、南宫，殿阁楼台，离宫别馆，组成了规模宏大的帝王宫苑。汉以后，隋之仁寿宫，唐之大明宫、兴庆宫，北宋东京大内，辽、金、元之燕都宫殿，无不日益豪华壮丽。然而这些帝王宫殿，都在改朝换代的战火中，付之一炬。纵或未在王朝更替中毁坏，也未能保存下来。因为帝王宫殿乃王朝政权之象征，不毁去前朝宫殿不足以显示新王朝之威势。所以当元朝统治者自大都败逃之后，大都宫殿虽还完整无损，但明朝并不保存它。朱元璋特地派了工部侍郎萧洵前来北京拆毁元代宫殿。萧洵来到大都之后，看到完整的宫殿时，十分欣赏，但又不能不把它拆毁。于是他专门写了一本《故宫遗录》（图12-1）来记录其盛况，成了今天研究元代宫殿的重要资料。

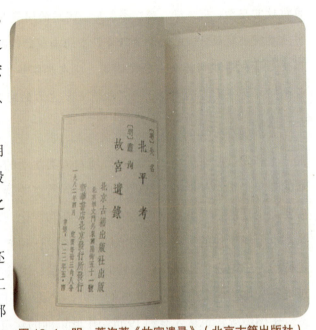

图 12-1　明·萧洵著《故宫遗录》（北京古籍出版社）

二、明清皇宫

现在比较完整地保存下来的帝王宫殿，只有北京的明清故宫（图12-2）和沈阳的清故宫。北京的明清故宫非常幸运地被保存下来了，其原因是当清统治者攻下北京时，见到巍峨的宫殿十分壮丽，起初也有拆毁之念，但经过慎重考虑之后，感到毁之可惜，非数十年工夫和大量的财力重建不起来，于是想出了一个妙法，即把原来建筑物上的匾额取下来换上一个新的。例如把原来的皇城头道门大明门换成了大清门，把原来的

图 12-2　北京明清故宫（现北京故宫博物院）

承天门改成了天安门，把原来的奉天、华盖、谨身三大殿改成了太和、中和、保和三大殿。一座明王朝的皇宫顷刻之间变成了清王朝的皇宫，免去了历代的焚烧拆毁。沈阳故宫，它原是清朝统治者入关前使用的宫殿。由于它是清王朝"发祥"之地，移都北京之后，统治者仍然注重对它的保护，并且还增修了不少殿阁楼台等建筑。

北京明清故宫原称紫禁城，四周有高大的城墙和宽深的护城河，自明永乐十八年（1420年）建成后，至今已有近600年的历史。故宫经历了明清两代24个皇帝的统治和居住，直到1924年末代皇帝溥仪出宫，才结束了作为帝王禁城的历史，并于1925年成立了故宫博物院。故宫占地面积72万多平方米，殿宇廊屋9000余间，建筑面积约15万平方米。故宫建筑布局继承了古代帝王宫廷前朝后寝的传统格局，分为"前朝"和"内廷"两部分。前朝以太和、中和、保和三大殿为中心，东西分列文华、武英两殿，是皇帝日常朝会和举行庆典的地方。内廷以乾清宫、交泰殿、坤宁宫为中心，两旁分列东、西六宫，其后又有御花园，为皇帝处理日常政务和后妃、皇子们居住、游乐、礼佛敬神之处。在中轴线两侧的慈宁宫、寿安宫、皇极殿、养性殿等，是专为皇太后、太上皇等养老的宫殿。整个紫禁城的建筑，金碧辉煌，灿烂绚丽。

推荐欣赏

1. 央视综合频道纪录片《故宫》（12集）。
2. 北京电视台《上新了·故宫》（第一季、第二季）。

沈阳故宫，原称盛京宫阙，始建于后金天命十年（1625年），崇德元年（1636年）基本建成（图12-3）。清顺治元年（1644年），世祖在此称帝。清统治者入关后，这里称作奉天行宫，乾隆、嘉庆时又增建了部分建筑。沈阳故宫占地6万多平方米，有房屋300余间。这里的建筑布局分为中、东、西三个部分。中路称作大内

图12-3 沈阳故宫

宫殿，仍继承了前朝后寝的格局，前面崇政殿为主体，是皇太极处理军政要务、接待使臣宾客之所。东路是沈阳故宫中独具风格的部分，其布局与中原传统的层层院落方式迥然异趣。西路则是乾隆时期所修建，主要建筑有文溯阁、仰熙斋、嘉荫堂和戏台，是专为收藏《四库全书》和供清帝们来盛京（沈阳）时读书看戏之所。沈阳故宫建筑，不仅在建筑布局上有其特点，而且在彩画、雕刻等方面都有浓厚的东北地方风格，反映了中国多民族建筑文化的特点。

三、布达拉宫

中国现存宫殿中，还有一座极为特殊的宫殿，就是西藏的布达拉宫（图12-4）。它既是一座喇嘛庙，

又是一座具有政权作用的宫殿，是中国古代西藏地区政教合一的产物。布达拉宫位于拉萨市的中心玛布日山上，是世界上海拔最高，集宫殿、城堡和寺院于一体的宏伟建筑，也是西藏最庞大、最完整的古代宫堡建筑群和藏族建筑艺术的精华。相传在7世纪，吐蕃赞普（即王之意）松赞干布为了迎娶唐朝的文成公主，在这里创建了宫室。现在山顶上的法王洞内，尚有松赞干布和文成公主等人的塑像。现存其他建筑大都是在17

图 12-4　西藏布达拉宫

世纪中叶达赖五世受清王朝册封后重新修建的。布达拉宫主楼13层，高110米，东西长360米，内有宫殿、佛堂、习经室、灵塔殿、庭院等建筑。全部建筑依山势层层向上兴造，分为红宫和白宫两部分，以其外部红白二色为别。红宫居中，为历代达赖喇嘛的灵塔殿。白宫居侧，为佛堂、经室、寝宫等建筑。整个建筑群楼高峙，殿宇嵯峨，气势雄伟，加之顶部镀金铜殿高低错落，金光灿灼，十分绚丽壮观。

推荐欣赏

央视纪录片《布达拉宫》（5集），2012年。

第二节　陵墓

从文献记载和考古发掘来看，中国周代以前还没有坟墓，古书称为"不封不树"。殷商时期，只有祭祀死者的地面建筑，也没有封土作为葬地的标志。自周代，始有封土出现，且按照死者的爵位来决定封土的大小。在中国历史上，几千年来一直盛行着厚葬的制度，那时人们相信人死后要到另一个世界去，仍然可以享受与人间同样的富贵荣华。因此修建了工程浩大的坟墓，把大量的财富带到地下去。尤其是奴隶主和封建帝王的陵墓工程更为宏大，耗费人力、物力之巨，难以胜计。他们的陵墓建筑之精美，宝藏之丰富，不亚于地上宫殿，因此，被称为地下宫殿。例如陕西临潼的秦始皇陵，不仅地面建筑规模宏大，壮丽豪华，地宫内的建筑和陪葬品也十分壮观、丰富。仅从已经发掘的部分兵马俑坑的规模，可以想象当时地上地下陵墓工程之浩大。

一、从墓而不坟到高封巨冢

早期的墓葬在地面上并没有留下什么特殊的标志。《礼记·檀弓》记载："古也墓而不坟。"《周易·系辞下》说："古之葬者，厚衣之以薪，藏之中野，不封不树。"这里所说的树、封，指的是在地面树立标志和堆起封土坟头。从考古发掘的情况来看，也证明了这一点。在原始社会的墓葬中，从未发现有封土坟头的遗迹。

根据历史文献记载和考古资料研究，封土坟头和地面建筑（祭堂等）的出现，大约自奴隶社会中期，也就是殷、周之间开始。这可能与奴隶主需要经常向祖先鬼神祈祷、祭祀有关。《礼记》上有孔子寻找他父母之墓的故事，说明了封土坟头和树植标记的重要性。孔子是个重礼的人，他认为祭祀祖先是必要的礼节，于是便在父亲的墓上堆土垒坟，并植树作为标志，以便经常前来祭祀悼念。墓上封土垒坟树标的形式可能在孔子以前就有了，这故事借孔子之名说明了坟冢的起源。从今天保存的帝王陵墓来看，封土的发展过程主要有三种形式。

一是"方上"，就是在地宫之上用土层层夯筑，使之成为一个上小下大的尖锥体，而锥体的上部好像截去尖顶成一方顶，故名之为方上。陕西的秦始皇陵和汉代诸陵大都是这种封土形式（图12-5）。

图12-5　陕西的秦始皇陵全貌

二是依山为陵，就是利用山丘作为陵墓，把地宫掘进山里去，如西安附近的唐太宗昭陵（图12-6）、唐高宗和武则天的乾陵（图12-7）都是这种形式。

图12-6　唐太宗昭陵　　　　　　　图12-7　唐高宗和武则天的乾陵

三是宝城宝顶的形式，就是用砖石砌筑成圆形或长圆形的城墙，里面垒土封顶，使之更加明显突出。这种陵从南京的五代南唐二陵、成都前蜀永陵已有开端，到明十三陵、清东西陵都采用了这种形式（图12-8）。

二、陵园、神道和地宫

陵墓建筑除了封土坟头之外，一般分为地面建筑（祭堂）、墓道和墓穴三部分。它们按照墓主人的地位和财富情况，或简或繁，而帝王陵寝则三者均备而且工程宏伟壮丽。陵地有占地数里，甚至数十、百里的，如明十三陵、清东陵、西陵的范围就很可观。

图12-8　清同治皇帝与皇后的王陵——惠陵

陵园建筑以祭祀的大殿为主，称作棱恩殿或隆恩殿。在它的前后四周有各种门和配殿，形成了一个地面宫殿建筑群，规模十分庞大。如唐高宗与武则天的乾陵，地面建筑就有房378间之多。

神道即墓道。一般的墓道很短，只是表示通向墓前的道路。帝王陵的神道（也称御路）则规模很大，两旁有石人石兽等雕刻。这种石雕称为"石像生"，其好像生前的仪仗队一般。明十三陵长陵的神道长达14华里，有石像生18对，有文臣、武将、麒麟、狮、象、马、骆驼等（图12-9）。

图12-9　明十三陵长陵的神道

地宫是埋葬死者的地方，是帝王陵的主要部分，又称为幽宫、玄宫等。早期的墓葬很简单，挖一个土坑盖上几块木板，也没有殉葬物品。随着财富的集中，统治者得以花费大量财力、物力和技术力量建造地下宫殿，并有大量器物殉葬。地宫的发展有几种形式，最早是土穴墓室，后来发展为木板墓室。到了春秋战国和西汉时期便盛行木椁墓室，成为数层棺木外套木椁的大型木椁玄宫。这时期出现了十分考究的"黄肠题凑"（图12-10），其结构是"以柏木黄心致累棺外，故曰黄肠。木头皆内向，

图12-10　"黄肠题凑"结构

故曰题凑"。这种形式，过去只见于史书记载，直到 20 世纪 70 年代后，在北京大葆台、河北石家庄、湖南长沙等地相继发现了保存有黄肠题凑的西汉诸侯王王室墓之后，才得到了实物证据。由于木材容易被盗被焚和腐朽，东汉时便逐渐扬弃了木椁玄宫，代之以砖石玄宫。一直到明清时期，凡是帝王陵墓大都是用砖石砌筑地宫的。

由于厚葬制度，历代帝王及富豪官宦人家不知把多少财富埋入地下，这对当时的社会经济实在是一大损失。但同时却为我们今天留下了许多珍贵的文物宝藏。帝王陵和贵族大墓都是绝好的文物仓库和地下博物馆。由于中华民族历史悠久，而且对丧葬十分重视，以至帝王陵寝、公卿大墓、富豪巨冢处处皆是，几乎遍布绿野。这些建筑之宏大精美，文物宝藏之丰富，达到了十分惊人的程度，可以说是一笔巨大的物质与文化财富。

第三节　园林

一、中国园林的悠久历史

壮丽的宫殿、雄伟的长城和曲折多变的园林，是中国建筑艺术文化中的三大瑰宝，并一起构成了中国古代建筑的主调。其中，宫殿体现崇拜与信仰，长城体现意志和力量，园林体现趣味和感情，这些建筑蕴藏着丰富的精神内涵。

可以说，中国古代园林是中国文化宝库中的主体画卷。它以自己独特的艺术风格和意趣，以自己丰富的历史内涵和追求，在世界园林史上独树一帜，受到许多国内外建筑师、园艺师、美术家和旅游者的赞赏。根据历史文献推断，远在 5000 多年前，人们就已经开始利用自然的山泽、水泉、林木、花草、鸟兽、鱼虫等进行初期的造园活动。相传在帝尧的时候，就设有称作"虞人"的官职来掌管山泽、苑囿、田猎之事。舜的时候曾封伯益为"虞官"，专管草木、鸟兽之事，这是一种专职的园林之官。当然这时候由于生产力不发达，人们主要还是利用自然的条件，人工造园的成分不多，但是作为造园这一活动已经开始了。在公元前 11 世纪的周朝，周文王营建了一个方圆 35 公里的囿，里面有灵台、灵沼、灵囿等著名建筑物和珍禽异兽、奇花异草，可称得上是一个大型的建筑和动植物综合园林。

进入封建社会以后，帝王和达官显宦、富贾豪绅们无不花费巨资营建园林，并且与皇宫、府第相结合，规模之大，动辄数十、数百里。如秦始皇的上林苑，宫殿、园池、台榭蔓延 300 里。汉武帝把秦的上林苑扩大充实，在苑中建离宫 70 余所，名花异草、珍禽异兽莫不具备。汉武帝又经营了规模更为宏大的甘泉苑，周围 540 里，苑内宫殿楼台百余处。他还在建章宫内开辟了太液池，在池中布置海上三神山——蓬莱、方丈、瀛洲，开创了此种三神山的造园手法，一直延续了 2000 多年。到了汉代后期，不仅帝王、诸侯、卿相显贵们造园，富户豪绅也争相经营园林。三国两晋南北朝时期，东吴建业（今南京）在大道之旁种植青槐，河流绿水，浓荫铺地，流水潺潺。南北朝时有不少佛寺是由帝王、贵族舍宫舍宅而成的，皇家园林和宅园也舍入了寺中，促进了佛寺的园林化。大同的北魏云冈石窟，一开始就把庙宇修成为园林的形式，有"山堂水殿、烟寺相望"的景色。

隋唐时期，不仅帝王宫苑大为发展，更重要的是私家园林的崛起，并出现了许多由诗人画家所经营的园林，被称为"诗画、山庄园林"。如唐代著名诗人兼画家王维所经营的"辋川别业"和诗人白居易所营"庐山草堂"就是他们以诗画意境所设计的园林。宋、辽、金、元时期，园林艺术的突出成就是叠石堆山艺术的兴起，尤以宋徽宗的寿山艮岳最为著名。金、元时的琼华岛（今北京北海公园）等，也是在宫苑中堆叠山石，把叠山艺术推到了新的水平。

明清时期是中国古代造园艺术的又一高峰，也是古典造园艺术的一个大总结。这时期出现了明代计成《园冶》、文震亨《长物志》、清代李渔《一家言》等专书和专论。与此同时还出现了米万钟、

计成、张琏、张然等造园叠石名家和工匠。明清时期的另一大成就是集景式园林的发展和对外来因素的吸收，如北京的圆明园（图12-11）、清漪园，承德避暑山庄等，都力争把全国各地的名园胜景、著名建筑仿建于园内。圆明园中的西洋楼再现了西洋园林建筑，为中国园林

图 12-11　圆明园西洋楼大水法遗址

增添了新的内容。现在全国所保存的皇家宫苑、私家园林大多是这一时期的遗物。

二、造园理论与技法

中国古代园林的巨大成就和特殊风格源于独特的造园理论与技法，这些技法有如下特点。

第一，古代园林体现了中国传统文化，古代文学和艺术的高水平直接影响到造园理论的发展，使园林的布局与造景达到了很高的境界。

第二，中国古代园林布局以曲折变化、层次幽深为主要特色，这有别于整齐对称的欧洲形式。

第三，模仿自然，接近自然，在经营建造时，要达到"虽由人作，宛自天开"的艺术效果。

第四，小中见大。在很小的地盘上，用分隔、转换等手法达到感觉上的广大和深远的效果。

第五，移天缩地，集景奇观。从秦汉时期的仿海上神山发展到明清时期的集景园林，使园林景观的丰富达到了高峰。

第六，借景。这是中国造园艺术中的一项特有技法，《园冶》一书中把它称为"巧于因借"。它的成功之点是把园外之景借入园内扩展了某一园林的景区，利用园内外的景点环境，丰富景色内容，使园林艺术达到了高超的境界。

第七，动植物的配合。中国古代园林除了建筑、山石之外，也十分注重花草树木、鸟兽鱼虫的配合。许多园林的鸟兽都放养于自然山林之中，保存其野生的特点。园中的花草树木，均按四时配合种植，并注意其野生趣味。

"中国——园林之母"

英国著名博物学家 E.H. 威尔逊深入我国西部考察,前后 4 次,历时 12 年。他采集的植物标本有 6.5 万余份,还发现了许多新种,为西方国家引去了 1500 余种原产我国西部的园林花卉植物。

1899 年,威尔逊来华收集珙桐树树苗(图 12-12)。在鄂西山区他收集到大量的种子和插苗,并将其成功地引到英国和其他西方国家栽培。现在,不少珙桐已长成参天大树了。

这种漂亮的鸽子树为欧美普遍青睐,是世界著名的观赏树木。

威尔逊从自己的采集经历中切身体会到了中国园林花卉对世界园林艺术乃至环境改善作出了巨大的贡献。为此,他以游记形式写成《中国——园林之母》一书。该书详细记述了我国西部丰富的植物资源和壮丽的景色等,内容十分丰富,是 20 世纪对国际园艺学和植物学影响

图 12-12　珙桐树

深远的著作,"中国是园林之母"的论断得到了人们的认同。威尔逊精辟论述了我国园林植物在国外的重要性。

三、丰富的古代园林遗物

在漫长的历史岁月中,中国不少古代园林杰作不幸毁于自然和人为的破坏。但是至今仍有大量的遗物保存了下来,其中以明清时期为多,它们分布于全国各地。按这些古园的地位和功能及造园艺术的特点,大致可分为以下几种。

(一)宫苑

宫苑即皇家园林。它们大多与帝王的宫殿相结合,如北京的北海(图 12-13)、中南海、颐和园、静宜园、静明园,承德的避暑山庄及故宫中的御花园、乾隆花园等。它们都是集中了大量的财力、物力和能工巧匠精心营建的,是古代园林中极为重要的一部分。

图 12-13　北京的皇家园林——北海

第十二章　中国传统建筑

（二）宅园

宅园属于某一大型住宅、府第的园林。有些大型的宅园，把住宅居处建于园中，被称为"园居"。宅园分布于全国各地，数量很多，其中有不少艺术价值很高的作品，如北京明代米万钟所营漫园、勺园、湛园，清代李渔的半亩园等。江浙这种园林尤多，如苏州拙政园（图12-14）、留园、网师园、怡园，扬州个园、何园，南京瞻园，山东曲阜铁山园等。

图 12-14　苏州拙政园

（三）寺观园林

寺观园林在中国古代园林中也占有不少的数量。寺观不仅本身有园林，而且它的楼台殿阁、宝塔也成为大型园林风景中的重要部分，"南朝四百八十寺，多少楼台烟雨中"，组成了一幅优美的昔日金陵风景图画。现存的寺观园林很多，如北京碧云寺、潭柘寺，承德殊像寺、须弥福寿之庙等，都有精美的园林。苏州戒幢寺西园、扬州大明寺西园、杭州灵隐寺、成都文殊院等也堪称佳作。

（四）坛庙祠馆园林

古代京城和各州、府、县都建有坛庙和祠堂、会馆，在这些建筑物中也多附有园林，如北京的社稷坛（今中山公园）、天坛、地坛、日坛、月坛、孔庙，四川成都的杜工部祠（草堂）、眉山三苏祠等。

📖 知识链接

　　天坛，为明、清两代帝王祭祀皇天、祈五谷丰登之场所。据史料记载，有正式祭祀天地的活动，可追溯到公元前两千年，尚处于奴隶制社会的夏朝。中国古代帝王自称"天子"，他们对天地非常崇敬。天坛是明永乐十八年（1420年）仿南京形制建天地坛，合祭皇天后土，当时是在大祀殿行祭典。嘉靖九年（1530年）在大祀殿南建圜丘祭天，在北城安定门外另建方泽坛祭地，从此天地分祭。嘉靖十三年（1534年）圜丘改名天坛，方泽改名地坛。天坛的主要建筑有圜丘、皇穹宇、祈年殿（图12-15）、皇乾殿、祈年门、回音壁等。天坛有坛墙两重，形成内外坛，坛墙南方北圆，象征天圆地方。1998年，

图 12-15　天坛祈年殿

天坛被联合国教科文组织确认为"世界文化遗产"。

（五）名山胜景园林

在中国广大地区，蕴藏着许多珍贵奇特的水泉、山石、名花异木，经千百年来无数的造园艺术家、诗人、画家相继经营，成为公共游览和集会之地的园林，如北京的樱桃沟、陶然亭，浙江绍兴的兰亭，安徽滁州的醉翁亭、丰乐亭，昆明的大观楼，成都的望江楼，宣宾的流杯池，济南的趵突泉（图12-16）等。

图12-16　山东济南的趵突泉

（六）大型湖山园林

这种园林属于开敞式的，往往与城市或村镇融为一体，由许多组风景点、寺观、楼台亭阁、堤、桥等所组成。虽然事先并未有全面的布局，历代的经营者在前人营建的基础上，相宜布置，逐渐形成了一个完善的布局。如杭州西湖、扬州瘦西湖、济南大明湖、北京西山、安徽黄山、四川峨眉山、广西桂林漓江（图12-17）、桂平西山，五岳泰山、华山、嵩山、衡山、恒山等，都是经过上千年不断经营、逐步完善的大型湖山园林。

图12-17　广西桂林漓江

推荐欣赏

纪录片《园林》（8集），央视纪录频道，2015年。该片以纪录片的方式，把汉、魏、晋、唐、宋、明、清、当下为每集节点，从历史的跨度探究，解读呈现中国千百年来独特的园林文化，从精神上探寻一个重要的文化命题：园林里的中国与美学人文价值、生活方式、审美情趣。

经典诵读

题独孤少府园林

（唐）陆畅

四面青山是四邻，烟霞成伴草成茵。
年年洞口桃花发，不记曾经迷几人。

题大观园

（清）曹雪芹

衔山抱水建来精，多少工夫筑始成。

天上人间诸景备，芳园应锡大观名。

沈园二首

（南宋）陆游

其一

城上斜阳画角哀，沈园非复旧池台。

伤心桥下春波绿，曾是惊鸿照影来。

其二

梦断香消四十年，沈园柳老不吹绵。

此身行作稽山土，犹吊遗踪一泫然。

第四节　传统民居

　　住宅是所有建筑物中出现最早、使用最多的建筑类型，因而也是最基本的一种类型。民居、宅第也成为中国古代建筑中数量最大的一种类型。由于中国疆域辽阔，自然环境相差很大，建筑材料的多样，以及多民族共居所形成的风俗习惯的差异，使得民居住宅的形式、结构、装饰艺术、色调等都有所不同，各具特色。现在各地留存的古代民居，大都是明清时代的建筑，以其形式和种类繁多，为世界各国学者所瞩目。传统民居主要形式有以下几种。

一、四合院民居

　　北方四合院以北京四合院为代表（图12-18）。它的布局不但体现了封建宗法制度对住宅的影响，同时也反映了北方住宅对尺度与空间的安排已达到比较高的水平。它的建筑特点是对外隔绝，形成一个封闭性的小天地；对内严格区别尊卑，构成小与大、内与外的几进庭院；在布局上讲究中正对称、正南正北。大门的方位一般南向，位于整个住宅的东南。地位高的人家，大门采用屋宇式（有门屋），地位低的人家采用墙垣式（无门屋）。大门外设照壁，入门迎面设影壁，影壁前置石台花盆。入门折西，则为前院，院子很浅，房屋倒座，

图12-18　北京三进四合院平面效果图

用作门房、客房，还有隅角杂物小院。前院与里院，以门隔开，外人不得进入。门设于中轴线上，常用"垂花门"形式，即四角檐柱不落地，悬于半空，如花下垂。里院由正房和两侧耳图垂花门房、东

西厢房构成长方形庭院，是院主人一家生活起居的天地，其中正房由长辈居住，厢房由晚辈居住。院中栽花种树，养鱼养鸟，构成人与自然融洽相处的氛围。正房以北有时另辟小院，布置厨房、仓库及仆役住室，称为"后罩房"。整个建筑除贵族府第可以用琉璃瓦、彩画、朱红大门外，一般四合院都用青灰色砖瓦，色调朴素淡雅，跟皇家建筑形成鲜明对照。

简单的四合院仅里外两个院落，大的四合院是纵横院落，形成纵深几进、两侧跨院的格局。不论院落有多少进，正房和垂花门都在中轴线上，而且垂花门都位于最后一进的入口处，即院主人居住的院落的入口处。北京的胡同南北距离有限，只能容纳四五进的四合院，因此大型住宅往往要另择地段，以便布置园林。北京现存的许多王府建筑就是如此。

目前，引人注目的民居是山西晋商的院落住宅，集中于晋中一带，如祁县的"乔家大院"（图12-19）、"渠家大院"、太谷县的"曹家大院"、平遥的"日升昌大院"、灵石的"王家大院"和榆次的"常家大院"等，是由许多大小四合院组成的大型院落，以其规模宏大、建筑精美、风格独特，蕴含着深厚的文化意蕴，在中国传统建筑中显现出夺目的光彩。

图12-19　山西祁县的"乔家大院"

北京现存的一些清代王府建筑，诸如前海西街的"恭王府"、朝阳门内路北的"孚王府"，大都采取四合院的形式，其房屋布局有一定的规制，成为研究北京大型四合院的实物。

二、蒙古包

蒙古包主要是蒙古族在蒙古草原上的住宅（图12-20），其形状似拱包，所以被称为蒙古包。

在新疆的哈萨克族牧民及甘肃、青海等省区的牧民，常采用这种居住形式。蒙古包最大的优点是便于拆卸搬迁，是一种非常方便的活动房屋，所以很适合草原牧民的需要。蒙古包的结构是以木条编扎为骨架，外面包以羊毛毡，所以又被称为毡包。一般的毡包高约2～3米，圆形，直径4～6米不等。在包的顶部装有圆形的天窗，以供通风和采光之用。有些半牧半农地区的农牧民所建造的半固定式住宅，外面也用毡包裹，较之墙壁更为方便。

图12-20　蒙古包

三、窑洞

窑洞是在西北、华北等黄土地带常见的民居住宅形式（图12-21）。它们的建造方式是在黄土崖壁上挖出拱洞，在洞口安设门窗，结构比较简单。因为窑洞均在原生土上挖出，所以被称为生土建筑。窑洞挖掘的形式主要有两种，一种是沿土崖挖掘的，单层或多层成排。另一种是在黄土平地上向下挖出大坑，然后在大坑的四壁挖掘窑洞，犹如一个地下的村落。这种窑洞式住宅还保留了早期穴居的形式。其优点是建造技术简单，节省建筑材料，保温较好，冬暖夏凉，所以一直被沿用了下来。

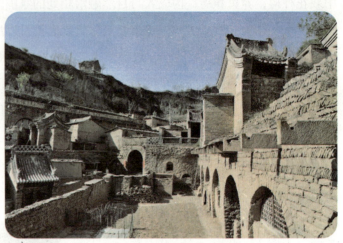

图 12-21　陕北的窑洞

四、碉房

在西藏、青海、甘肃及四川等省区的藏族，大多采用这种形式的住宅（图12-22）。因它由巨大的石块砌墙，门窗较小，外观坚固厚实，俗称碉房。其内部以密梁构成楼层和屋顶，高二三层不等，而以三层为多。底层为牲畜房及草料房，二层为卧室、厨房、储藏室等，三层则为经堂、晒台、厕所等。此种房屋保温性强，外观朴实。

图 12-22　西藏的碉房

五、干栏式住宅

在广西、云南、贵州、海南等南方地区，因气候炎热，雨水较多，空气潮湿，为了通风防潮及避虫蛇之害，很多地方采用了下部架空的干栏式住宅（图12-23），俗称吊脚楼。其下部空敞部分往往作为牲畜和堆积杂物之所，上层前为廊及晒台，后为堂屋与卧室。两层之间有楼梯上下。此种住宅的结构大多为木构，不仅梁柱，连墙壁也以木板装制。有的高达三层，十分壮观。在广西、云南傣族的住宅中，以竹为楼，也作干栏式，不仅梁柱以竹构架，连墙壁也以竹编而成，俗称竹楼，显得轻巧美观。

六、井干式住宅

这种住宅用木材层层叠构为四壁，形如井状，故称作"井干式"（图 12-24），仅见于云南和东北一些森林地区。它的形式比较简单，仅一间或两开间，偶有二层者。

图 12-23　干栏式住宅

图 12-24　井干式结构住宅

七、土坯房

在新疆吐鲁番、喀什、和田等地区，有许多土坯外墙、木架、密肋结构的房屋。前廊列拱，开朗明快（图 12-25）。因气候干燥炎热，一般不开窗，而用天窗采光。在拱廊、墙面、壁龛、火炉、天花等处的砖木部分，常有精美的雕刻、绘画装饰。

图 12-25　新疆吐鲁番的土坯房

八、土楼

在广东、福建，还有大型的高层圆楼、方楼形式的集居围房（图 12-26），俗称"土楼"、水上住宅等，都是由于历史上的种种原因和民族生活习惯所形成的，充分反映中国多民族国家丰富多彩的生活方式。

图 12-26　福建永定的土楼

第五节　中国传统建筑特点

中国传统建筑风格的形成经过了一个漫长的历史过程，是数千年来中华民族经过实践逐渐形成的特色文化之一，也是中国各个时期的劳动人民创造和智慧的积累。从一般意义上来说，中国传统建筑主要具有梁柱式的弹性结构体系、优美的艺术造型、整齐而又灵活的平面布局、绚丽而又淡雅的色彩、丰富的雕塑装饰、建筑与环境的配合与协调等特点。具体介绍如下。

一、梁柱式的弹性结构体系

中国古代的建筑结构，自穴居和巢居发展为地面上的房屋建筑以来，逐渐创造了木构梁柱式、砖石叠涩或拱券式结构等结构体。在长期实践的过程中，梁柱式结构以其各方面的优越性，成为中国古代建筑结构的主流。梁柱式结构是以木材为主，由立柱、横梁及顺檩等主要构件组成。各构件之间的结点用榫卯相结合，构成了富有弹性的框架。这种榫卯结合的形式，在浙江余姚河姆渡原始社会建筑遗址中已有发现，表明它在距今7000多年前就已经形成了。在后来的长期发展过程中，又创造了"斗拱"这种独特的结构形式，成为中国古建筑结构的一种重要特征。斗拱由形状像量谷物用的斗和升子相似的构件与好像弯弓一样的拱形构件所组成，所以称之为斗拱。斗拱的位置在柱子与梁和其他构件的交结处，它不仅有加大加长结点的接触面、增强抗剪能力的作用，而且还有装饰作用。凡是古代重要的建筑如宫殿、坛庙、寺观及"大式"的楼台亭阁等，都使用了斗拱（图12-27）。由于木材建造的梁柱式结构是一个富有弹性的框架，这就使它还具有一个突出的优点，即抗震性能强。它可以把巨大的震动能量消解在弹性很强的结点上。这对于多地震的中国来说，是极为有利的。因此，有许多建于地震重灾区的木构建筑，上千年来至今仍然保存完好。如高达67米多的山西应县辽代木塔，为世界上现存最高的木塔（图12-28），还有天津蓟县辽代独乐寺观音阁高达23米，这两处木构已经近千年或已超过千年。后者曾经历了附近发生的八级以上的大地震，1976年又受到唐山大地震的冲击，还安然无恙，充分显示了这一结构体系的抗震性能的优越性。

图12-27　古建筑上的"斗拱"

图12-28　山西应县辽代木塔

二、优美的艺术造型

中国古代建筑以它优美柔和的轮廓和变化多样的形式而引人注意，令人赞赏。中国古代建筑的艺术造型外观一般可以分为台基、屋身和屋顶三个部分。台基是建筑物的下部基础，承托着全部上层建筑的重量。高大的台基不仅使上部建筑华丽壮观，而且也有防潮去湿的作用。屋身是建筑物的主体部分，以柱子、墙壁构成各种形式的室内空间，供各种用途的需要。屋顶是房屋的顶盖，起到防备雨雪及各种下坠物品侵害和遮阳蔽日、防寒保暖的功用。屋顶在艺术造型上有着非常显著的特色。在屋顶之上精心布置了许多装饰，特别是在一些华丽雄伟的建筑物屋顶上，装饰着人物、飞禽、走兽和各种形式的图案花纹。在重要的建筑物上，还以屋顶的形式来区分建筑的等级。台基、屋身和屋顶三部分共同构成了中国古建筑的艺术形象。它们的造型不仅庄严雄伟，而且优美柔和。中国古代建筑的屋顶形式丰富多彩，有方形、长方形、三角形、六角形、八角形、十二角形、圆形、半圆形、日形、月形、桃形、扇形、梅花形、圆形、菱形相套等（图 12-29）。

图 12-29　中国古代建筑的主要屋顶形式

三、整齐而又灵活的平面布局

在中国古代建筑中，基本上有两种平面布局的方式，一种是庄严雄伟，整齐对称；一种是曲折变化，灵活多样。帝王的京都皇宫、坛庙、陵寝，官府的衙署厅堂、王府、宅第，宗教的寺院、宫观及祠堂、会馆等，大都是采取庄严雄伟、整齐对称的平面布局方式（见图12-30）。其特点是有一条明显的中轴线，在中轴线上布置主要的建筑物，在中轴线的两旁布置陪衬的建筑物，主次分明，左右对称。上述这些建筑，不论建筑物的多少、建筑群的大小，一般都采用此种布局手法。从一门一殿到两进、三进以至九重宫阙，庞大帝京都是这样的规律。这种庄严雄伟、整齐对称、以陪衬为主的方式完全满足了统治者和神佛教义对于礼

图12-30　秦始皇公元前212年始营造阿房宫（复原图）

敬崇高、庄严肃穆的需要，所以几千年来一直相传沿袭，并且逐步加以完善。另一种布局方式则与之相反，不求整齐划一，不用左右对称，因地制宜，相宜布置。风景园林、民居房舍及山村水镇等，大都采用这种形式。其布局的方法是按照山川形势、地理环境和自然的条件等灵活布局。这种布局原则，由于适应了中国不同地区的自然环境和多民族不同文化特点、风俗习惯的需要，几千年来一直采用着，并有科学的理论基础。中国式的园林便是灵活布局、曲折变化的实例。山城、水乡的城市、村镇布局也根据自然形势、河流水网的情况，因地制宜布局，出现了许多既实用又美观的古城镇规划和建筑风貌。

四、绚丽而又淡雅的色彩

中国古代建筑的色彩非常丰富，有的色调鲜明、对比强烈，有的色调和谐、纯朴淡雅。工匠根据不同需要和风俗习尚而选择施用。宫殿、坛庙、寺观等建筑物多使用对比强烈、色调鲜明的色彩：红墙黄瓦衬托着绿树蓝天，再加上檐下的金碧彩画，使整个古建筑显得分外绚丽。在表现中国古建筑艺术的特征中，琉璃瓦和彩画是很重要的两个方面。琉璃瓦的色泽明快、颜色丰富，一般以黄、绿、蓝三色使用较多，并以黄色为最高贵，只用在皇宫、社稷、坛庙等主要建筑上。在王府和寺观，一般是不能使用全黄琉璃瓦顶的。清朝雍正时，皇帝特准孔庙可以使用全黄琉璃瓦，以表示对儒学的独尊（图12-31）。彩画是中国古建筑中重要的艺术部分。今天看见的北京天安门城楼、故宫三大殿及天坛、颐和园、雍和宫等重要建筑的室内外，特别是在屋檐之下的金碧红绿彩画，使这些阴影部分的构件增强了色彩对比，同时使黄绿各色屋顶与下部朱红柱子门窗之间有一个转换与过渡，使建筑更显辉煌绚丽（图12-32）。朴素淡雅的色调在中国古建筑中也占有很重要的地位。如江南的民居和一些园林、寺观，以洁白的粉墙、青灰瓦顶掩映在丛林翠竹、青山绿水之间，显得清新秀丽（图12-33）。北方山区民居的土墙、青瓦或石板瓦也都使人有恬静安适之感。甚至有一些皇家建筑也在着意追求这种朴素淡雅的山林趣味，清康熙、乾隆时期的承德避暑山庄就是一个突出的例子。

图 12-31　黄琉璃瓦　　　　　　　　　　　图 12-32　北京故宫太和殿的和玺彩画（局部）

图 12-33　安徽等地的"徽州民居"

五、丰富的雕塑装饰

中国古建筑上的雕塑艺术在两三千年来的发展过程中踵事增华，并且吸收了许多外来成分，丰富了自己的内容。其中尤以吸收佛教艺术为多，如莲花瓣组成的须弥座，在建筑物的台基、柱础、龛座以至室内装饰等处都被广泛利用，几乎成了建筑雕饰中不可缺少的内容。古建筑的雕塑一般分为两类，一类是在建筑物身上的，或雕刻在柱子、梁枋之上，或塑制在屋顶、梁头、柱子之上（图 12-34）。题材有人物、神佛故事、飞禽、走兽、花鸟、鱼虫等，龙凤题材更被广泛采用。另一类是在建筑物里面或两旁或前后的雕塑，它们大多是脱离建筑物而存在的，是建筑的保藏物或附属物。建筑内的雕塑多为佛寺院、道宫观内的佛、道教内容。

图 12-34　中国古建筑上的"画栋雕梁"

六、建筑与环境的配合与协调

建筑与建筑之间的配合协调、建筑组群与另一建筑组群之间的配合协调，是中国古建筑艺术中十分重要的特征之一，也是中国古建筑艺术的巨大成就之一。中国古代建筑中讲究阴阳五行的"堪舆"之学，也就是看风水之学，其中虽然夹杂了不少封建迷信的东西，但剔去其糟粕，仍有不少可供借鉴之处。特别是其中的地形、风向、水文、地质等内容，还是有参考价值的。中国古代建筑设计师和工匠们，在进行规划设计和施工的时候，都十分注意周围的环境，对周围的山川形势、地理特点、气候条件、林木植被等，都要认真进行调查研究，务使建筑的布局、形式、色调、体量等与周围的环境相适应。例如，《管子》论述选择都城条件时就强调，非于大山之下，必于广川之上，高勿近阜而水用足，低勿近涝而沟防省，因天材、就地利等。至于山区城镇、城堡、村庄、寺观、园林、民居等，也都是随着山形地势起伏转折，高低错落，相宜部署。江河湖海岸边的建筑物必然随着港湾河汊的地形高下予以安排。历代陵墓尤其重视地形环境。"借景"就是造园技法中巧妙运用环境的一种表现手法。明朝计成的《园冶》一书中专门有"借景"一章。

推荐欣赏

央视纪录片《中国古建筑》（8集），2012年。

日积月累

连线练习

长城	宫殿建筑
故宫	园林建筑
承德避暑山庄	防御建筑
少林寺	礼制建筑
雷峰塔	民居建筑
天坛	桥塔建筑
北京四合院	寺庙建筑

 思考与体验

1. 比较一下中国园林建筑与西方园林建筑的不同。

2. 分析北京四合院布局是怎样体现儒家思想的。

3. 探寻家乡的古建筑

（1）主题：探寻家乡的古建筑，感受历史里的旧时光。

（2）要求：寻访自己家乡的古建筑、古遗存，了解、记录属于它们的老故事。

（3）总结：分小组进行口头观感交流或制作PPT进行展示，交流结束后，整理相关资料，完成作业上交。

一、任务描述

为了更加深入地了解中国传统建筑的发展历程，理解中国传统建筑的特点，全班同学分组开展"看图说史"活动。每个小组通过书籍或者网络收集关于中国传统建筑的相关资料，结合资料选择一些具有代表性的图片或视频做成 PPT。通过 PPT 讲解中国传统建筑的发展过程，并分析不同类型的建筑特点。（讲解时间最好不要超过 10 分钟。）

二、任务实施

（1）全班同学分成若干组，每组 5～6 人，并选出一名小组组长。

（2）小组组长分配成员完成收集资料、选择代表性图片或视频、制作 PPT、讲解汇报等任务。具体执行过程可填写在下方空白处。

（3）将本次活动中遇到的问题、得到的经验等填写在下方空白处。

任务评价

各组员根据本章的学习情况及活动情况，完成下面的任务评价。

姓名：_____　　组号：_____　　指导教师：_____

评价项目	评价内容	分值／分	教师评分／分
知识（40%）	了解中国传统建筑的发展历程及主要类型	10	
	了解宫殿、陵墓、园林和传统民居的历史和文化	10	
	了解不同类型的建筑代表	10	
	理解中国传统建筑的特点	10	
技能（40%）	PPT 版面精美、简洁	10	
	内容选取合理、全面	20	
	讲解流畅，有条理	10	
素养（20%）	具有团队精神	5	
	准备充分，积极、认真参加活动	5	
	认真学习，按时完成学习、活动任务	5	
	具备独立分析问题、解决问题的能力	5	
自我评价			
教师评价			

第十三章　中华优秀传统文化的传承与发展

学习目标

1. 了解全球化与中国传统文化的差异。
2. 理解中华优秀传统文化的价值。
3. 掌握中华优秀传统文化所坚持的传承原则。
4. 理解中华传统文化的"开新"。

思政目标

中华优秀传统文化对当今我国的经济、政治、文化、社会有着重要的借鉴作用和时代价值。引导学生对优秀传统文化的传承和发展，承担时代使命，积极应对时代挑战。

情景导入

观看 2008 年北京奥运会和 2022 年冬奥会开幕式，每一个节目，都在向我们呈现古老中国传统文化瑰宝绚烂的，同时也完美体现了当代中国科技、文化蓬勃发展的生命力，成功地向世人展示了中华民族优秀的物质文化和精神文化，使当代大学生更加明确学习传统文化的意义，肩负起文化传承的责任，增强文化自信心和爱国情感。

通常来说，经济学家在社会发展过程的理论中往往是排斥"文化因素"的，这很大一部分是因为文化因素难以被进行定量研究——我们既无法将之数据化，也无法精确地衡量某一种文化在特定社会的经济发展中，究竟是如何起作用的，并且这种作用往往与特定社会的心理、体制、政治、道德等因素有着非常复杂的交错影响。

但是不可否认的是，文化因素对于社会的发展有着促进与制约的力量，即使是相近的国家发展模式，也会有着截然不同的作用与价值，甚至一些学者说道："不同社会里的人，不论是城里人还是乡下人，都能够有同情心，慈善心，甚至是爱心。他们有时还能以惊人的毅力驾驭他们所处的环境所提出的挑战。可是他们在处理自己彼此间的关系以及与别的社会和自然环境的关系中，所保持的一些信念、价值观和社会体制，也可能是源自于毫无意义的残酷、无谓的虐待以及十足的愚蠢。"

本章首先要谈及的是在全球化浪潮的冲击下，坚持中国传统文化的价值及其意义在哪里；其次，我们对于中国传统文化的认同有何必要性；最后，介绍中国传统文化在历史中所展现出来的那种崇尚革新、生生不息的特质，以期读者在读完本书后，能产生进一步的思考。

第一节　全球化与中国传统文化

文化对于社会发展的作用是毋庸置疑的：大约公元前三千年，人类开始了定居的生活，但是只有一半的人选择了农耕生活；在近似相同的地理条件下，有的地区产生了极为璀璨的文明，而有的地区即使在现代也依然保持着一贯的生活方式。我们很难以文化以外的因素去解释这个问题。但是在诠释文化的作用时，我们又很难把文化的影响力单独提出来，文化往往与特定社会的心理、体制、政治、道德等因素有着非常复杂的交错影响。所以通常人们在谈及文化对于社会的作用时，往往诉诸部分的或者普遍性的概念，如：勤奋、节俭、认真等。但仔细观察我们就会发现，这些通常的文化属性，往往并不直接与经济进步、社会发展相关。勤奋是必要的，但不意味着勤奋就能够带来好的发展，不适当的政策与措施往往使得结果与人们的意图南辕北辙，这在历史上屡见不鲜；节俭是开创时的好观念，但是，一个消费社会中，这又是扩大内需的头号"敌人"。认真的态度与变通的手法天生对立，我们很难说在经济繁荣的过程中，究竟哪种方式会更加有意义些。

实际上，哪怕是同样的文化属性，在一国发展的不同时期，也可能会有着完全不同的意义与价值。因此，文化与社会发展之间，并不存在着简单的对应关系。如果想要找到文化本身的价值所在，我们应当进行更加深入的探讨。从许多方面来说，一种国际性的经济文化的核心内容正在出现，它跨越各种传统文化的界限，将为越来越多的人所共有。对社会发展起作用的一批信念、态度和价值观将成为共同性的，而显然不利于社会发展的文化因素将会在全球经济的压力之下，以及全球经济带来的机会的变革之下，逐渐消失。

在经济繁荣方面，文化的重要作用将依然存在，并且这很可能是一种更加正面的作用。各个社会仍会有一些独特的需要、技能、价值观和工作模式，这些将构成经济文化各个不同的方面，而且有利于生产率的文化特色，例如，哥斯达黎加对生态的热心，美国对于简约、方便的迷恋，日本对于游戏和动漫的爱好，会成为他人难以模仿的竞争优势的重要源泉，造成国际专业化的新格局。因为各国人民会日益发挥他们的文化给予他们的独特优势，生产相关的产品和提供相关的服务。

可见，虽然围绕着生产率范式的全球趋同与日俱进，但文化上的差别肯定仍将存在，文化上的差别不会使人们受隔绝而陷入经济劣势，相反，它们将促进重要的专业化优势，从而增进全球经济繁荣。在全球经济中，许许多多的东西都不难从任何地方获取，在这种情况下，能提供独特产品和服务的文化差别应当是更加重要的。

而就中国来说，文化传统或许有着更为深层次的意义。正如习近平总书记指出的："中华民族生生不息绵延发展、饱受挫折又不断浴火重生，都离不开中华文化的有力支撑。中华文化独一无二的理念、智慧、气度、神韵，增添了中国人民和中华民族内心深处的自信和自豪。"

第二节　中华优秀传统文化的继承

在一个国家中，人们之间真正的分野不在于他们所处的地区和职业，而在于对于社会和个人的发展，他们所秉持的是什么样的世界观、价值观与人生观念。人们在做出属于自己的决定时，所秉持的基本心理模式才是开创变革的真正力量。那么，发展中国家的人们是不是需要改变他们的文化遗产，才能更有意义地参与全球经济？一个国家或地区是否有可能既保留自己的历史和特性完整无损，并且尊重自己的文化，同时又具有全球竞争力？

毫无疑问，随着时代的发展，文化本身肯定会发生变化，在我们为了发展进行扬弃的过程中，我们更应当将着眼点聚焦于那些促进产生变革的信念体系及我们的内在价值体系之中，看出哪些是限制、阻碍社会发展的因素，并加以分析与理解，以促进我们文化的更新与超越。

一、传统文化的价值

中国传统文化不仅是构成民族精神的载体，也是民族生存、发展的根基，更是几千年来屡经重大灾难而维护民族始终不解体的坚强纽带。中国传统思想文化中的优秀成分，对推动中国社会发展进步、促进中国社会利益和社会关系平衡，都曾发挥过十分重要的作用。而对于这些传统的轻易否定，是有害无益的。正如波普所说："在我们必须看作是最重要的那些传统中，包括我们称之为社会的'道德构架'（对应于制度的'法律构架'）的那种传统。这包括社会的传统的正义感和公正感，或社会已达到的道德敏感度。这种道德构架成为一种基础，从而在必要的地方能在对立的利益之间达致公正或平等的妥协。当然，道德构架本身并非一成不变，只不过变化得相当缓慢。没有比毁掉这样的传统构架更危险的事了。它的毁灭最终会导致犬儒主义和虚无主义，即对一切人类价值漠不关心，并使之瓦解。"

中国优秀的传统文化对于当代人类面临的难题有着重要的启示价值。中国社会近五千年的发展，对于政治、社会、人生的诸多判断，以及思想资源的原创性与独特性，在当前全球化的进程中是不可或缺的宝贵财富。"当今世界，人类文明无论在物质还是精神方面都取得了巨大进步，特别是物质的极大丰富是古代世界完全不能想象的。同时，当代人类也面临着许多突出的难题，比如，贫富差距持续扩大，物欲追求奢华无度，个人主义恶性膨胀，社会诚信不断消减，伦理道德每况愈下，人与自然关系日趋紧张等。要解决这些难题，不仅需要运用人类今天发现和发展的智慧和力量，而且需要运用人类历史上积累和储存的智慧和力量。"

二、继承中华优秀传统文化所坚持的原则

（一）尊重各国各民族文明，维护世界文明多样性

不同文明都有着自身独特的传统及优秀的文化，在独特性上来讲，并不存在高低之分。而文化的交流与互动也是各个民族自身发展的重要渠道之一，单纯认为有一个"特殊"的高等文明"模板"，引入之后便可进入自由的世界无疑是一种历史的狭隘观点。

（二）科学地对待和尊重文化传统

一个国家优秀的传统文化是支撑这个国家和民族继续前进的不竭动力，对于自身历史与文化的否定必然带来对于未来的扭曲。只有在"继承中发展，在发展中继承"，一个优秀的民族才能真正自立于世界。但这并不代表着我们对于传统文化要照单全收，我们要科学地对待自身的文化传统，理性地对待其他国家的优秀成果，有鉴别、有吸收，才能真正使自身民族的文化长久不衰。正如习近平总书记所指出的："传统文化在其形成和发展过程中，不可避免地会受到当时人们的认识水平、时代条件、社会制度的局限性的制约和影响，因而也不可避免地会存在陈旧过时或已成为糟粕性的东西。这就要求人们在学习、研究、应用传统文化时坚持古为今用、推陈出新，结合新的实践和时代要求进行正确

取舍，而不能一股脑儿都拿到今天来照套照用。要坚持古为今用、以古鉴今，坚持有鉴别的对待、有扬弃的继承，而不能搞厚古薄今、以古非今，努力实现传统文化的创造性转化、创新性发展，使之与现实文化相融相通，共同服务以文化人的时代任务。"

第三节　传统文化的"开新"

在通常的认知中，儒家文化往往被看作偏向保守甚至是有些顽固的学问，是一种维持家国天下的"超稳定结构"。因此，在对于古代传统文化的态度上，凡是"严守师说"者，往往会被认为是传统文化的坚持者，而那些"不依章句，妄生穿凿，以遵师为非义，意说为得理"的方式，总是遭到批判。

知识链接

"孔子既作《春秋》以明三统，又作《易》以言变通，黑白子丑相反而皆可行，进退消息变通而后可久，所以法后王而为圣师也。不穷经义而酌古今，考势变而通中外，是刻舟求剑之愚，非开辟乾坤之治也。"

——康有为

但是，如果对中国传统文化的发展史已有一定的了解，那么，我们就会发现，从汉代的"师法家法"始，到清代学人"复汉宋家法"为止，"不依经注"方式往往却是主流。也正是因为那些"离经叛道"者的存在，才使得中国传统文化有着数千年的辉煌发展。因此，对于中国传统文化采取"开新"的取向，是一种积极进取的开放态度。

一、"开新"的传统

以传统文化对于国外"新知识"的态度来看，根据鱼宏亮先生的说法，"古代有东西南北郊之学，用来制学校的位置，并不指学术，如：'祀乎明堂，所以教诸侯之孝也。食三老五更于大学，所以教诸侯之弟也。祀先贤于西学，所以教诸侯之德也。耕藉，所以教诸侯之养也。朝觐，所以教诸侯之臣也。五者天下之大教也。西学者，西郊之学，春朝秋觐，礼行于人，人得于彼……'但随着佛教的传入，有学者用'西学'指涉外来之学……明中叶以后，入华耶稣会士所传科学、宗教被称为西学或者'西庠之学'"。对于如此"西学"，我国古代的经学家们并非是一味地排斥，他们在尊崇古经的基础上，总是保持着积极的态度去吸收各种"新鲜"的文化，并不一味地"泥古不化"，如后人印象中所以为的坚持"天不变，道亦不变"，而是保持着一种积极的态度去进行吸收、转化，图 13-1 所示为清代刻本《礼记易读》。

经学虽说是整个中国传统文化的核心之一，但在每一个具体的时期，却很少成为最为"显耀"的部分。甚至在整个中国历史中，也很难找出一个不掺杂任何"外道"，并完全以正统经学为核心的"纯经学时代"。这并非坏事，而也恰恰因为经学家们这样的一种态度，才使得中国的经学思想，垂数千年历史，而薪火不绝。

以对于经典的解释方法来看，古代的学者通常是"博采众家之长"，而并没有太多的"门户之见"。例如，作为后世理解《论语》文本的权威"释义"之一的《论语义疏》中，皇侃便应用了不少属于"西学"的内容，如该书中释"季路问事鬼神"一节：

"季路问事鬼神者，外教无三世之义，见乎此句也。周孔之教，唯说现在，不明过去、未来。而子路此问事鬼神，政言鬼神在幽冥之中。其法云何也？此是问过去也。云'子曰云云'者，孔子言人事易，汝尚未能，则何敢问幽冥之中乎？故云'焉能事鬼'。云曰'敢问死者'此又问当来之事也。言问今日以后死事复云何也？云曰'未知生焉知死者'，亦不苔之也。言汝尚未知即见生之事难明，又焉能豫问知死没也？顾欢曰：夫从生可以善死，尽人可以应神。虽幽显路殊，而诚恒一，苟未能此，问之无益，何处问彼耶？"

皇侃虽为经学大家，但态度并不保守，文中直接将儒家称呼为"外教"，而所依据的理论，也完全是佛家语。面对如此"开放的"解经态度，我们很难说古人"守旧"。

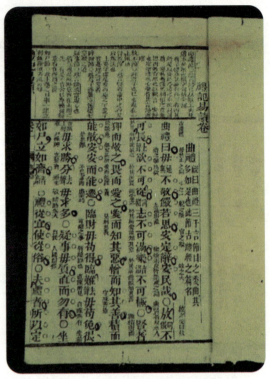

图 13-1　清代刻本《礼记易读》

以对于经学本身的"更新"来看。古人更是借用了很多在当时最为"先进"的思想，从而使得我们的学术发展从未停滞。

有宋一代，儒家学子像魏晋时期的哲学家那样，不仅将佛、老的思想当作一种对于儒学的补充，更当作可以在思想性、哲学性上与儒家学说等量齐观，甚至在某些方面还有所超越的真正哲学。而此时，在相信圣贤之学有一天"终必复振"的儒家弟子那里，已经吸收了佛、老之学的很多优秀之处，自周濂溪直到朱子，终成就了一门新的哲学——理学。

二、"开新"的态度

儒家学者从未认为经典之学会一直成为"万世法"，而是各种学说"叠为盛衰"的局面。这种实事求是的态度，才是儒家学者真正应该坚持的，而不是对于新的思想要么宣称为"古已有之"，要么摒弃为"异端邪说"。

在这里，我们可以引用顾炎武先生的话，"《五经》得于秦火之余，其中固不能无错误。学者不幸，而生乎二千余载之后，信古而阙疑，乃其分也"。然"夫天子失官，学在四裔，使果有残编断简，可以神经文而助圣道，固君子之所求之，而惟恐不得者也"。中国传统文化的发展，历来便是但以学术之发展为目的，而非以崇圣尊经为目的。

当然，有子曰："本立而道生"，如果对于经典本意尚未通读，单单一味地"现代化""新潮化"，所带来的结果势必要更加危险。胶柱鼓瑟，泥古不化，是守旧、顽固、落后……但这仍是学术，仍稍有益于人。而不懂装懂，拿着现代的一些学说去任意更改，做"自己的想法"，则是伪学术、伪科学。

但凡当今有何新思想，不管是否恰当，若能有文辞语句的相互牵连，便立刻立一"新说""异说"，以求夸名炫世，这样的态度，实不足取。正如陈寅恪先生所言，"今日之墨学者，任何古书古字，绝无依据，亦可随其一时偶然兴会，而为之改移，几若善博者能呼卢成卢，喝雉成雉之比。此近日中国号称整理国故之普通状况，诚可为长叹息者也"。

因此，对于现在正在求学的同学来说，想要在未来的日子里复兴传统国学，其首要的任务便是将我们对于传统思想、传统文本的基础夯实牢固，再辅以现代化的研究方法与技术，以期在未来能为整个华夏文明的发展添加进去新的动力。

否则，便一如顾炎武先生所云："……幸其出于前人，虽不读书而犹遵守本文，不敢辄改。苟如近世之人，据臆改之，则文益晦，义益舛，而传之后日虽有善读者，亦茫然无可寻求矣。然则今之坊刻不择其人，而委之雠勘，岂不为大害乎！"

三、"开新"的精神

任何一个国家的发展均是物质文明和精神文明均衡发展之后的结果。单独一个方面的建设并不足以支撑民族的发展与进步。在传统中国人的思想观念里，大同社会便是我们的精神追求，不同于乌托邦的理念，我们相信一种物质生活充分满足的社会必然同样是拥有着自强不息的道德精神的社会。因此，"天行健，君子以自强不息"的精神是要随着中国经济社会不断发展而同样得以彰显的，也只有这样，中华文明才能顺应时代发展而焕发出更加蓬勃的生命力。

因此，实现国家繁荣、中华民族伟大复兴的理想必然要"推动中华文明创造性转化和创新性发展，激活其生命力，把跨越时空、超越国度、富有永恒魅力、具有当代价值的文化精神弘扬起来……让中华文明同世界各国人民一道创造的丰富多彩的文明，为人类提供正确的精神指引和强大的精神动力"。

对于我们青年来说，弘扬传统文化意味着要以一种创新的精神与开放的态度去认识自己的国家、自己的民族与自己的文化，既不循规蹈矩、因循守旧，也不轻易毁弃传统，将中国五千余年的历史积淀逐步融入自己的精神生活之中。这既是中华民族最深沉的民族禀赋，也是我们的先贤所给予后代的最宝贵的赠礼。

正如习近平总书记所说，"生活从不眷顾因循守旧、满足现状者，从不等待不思进取、坐享其成者，而是将更多机遇留给善于和勇于创新的人们。青年是社会上最富活力、最具创造性的群体，理应走在创新创造前列。广大青年要有敢为人先的锐气，勇于解放思想、与时俱进，敢于上下求索、开拓进取，树立在继承前人的基础上超越前人的雄心壮志，'以青春之我，创建青春之国家，青春之民族'。要有逢山开路、遇河架桥的意志，为了创新创造而百折不挠、勇往直前。要有探索真知、求真务实的态度，在立足本职的创新创造中不断积累经验、取得成果"。

日积月累

纪录片《圆明园》由北京科学教育电影制片厂历时四年、投资 2000 多万元拍摄出品，它运用三维特技，再现了昔日皇家园林"万园之园"的盛景。影片从意大利传教士郎士宁切入，描述了清朝皇家园林从初建到大规模扩建成旷世园林，再到英法联军对这座人间仙境的破坏、焚烧的历史。请同学们利用课后时间观看，并撰写 500 字的观后感。

思考与体验

1. 你认为传统文化的"现代化"与"西方化"是一件事还是两件事，为什么？

2. 就个人而言，你认为在生活中弘扬传统文化的难点是什么？

3. 有的人认为，在经济全球化、市场经济体制在全球范围内扩张的当下，产生了强势文化与弱势文化，市场的开放性、竞争性必然影响强势文化向弱势文化流动，全球化会使一些弱势的民族文化逐渐淡出世界舞台，湮灭一些缺乏生命力、创造力、价值性的民族文化标识。你认为随着世界各国文化的发展，未来的是多元文化并存的世界可能性大，还是产生由一种强势文化主导，湮灭他种文化的世界的可能性大？理由是什么？

实践任务

一、任务描述

为了更加深入地了解中国传统文化的传承与发展，全班同学分组开展"看图说史"活动。每个小组通过书籍或者网络收集关于中国传统文化传承与发展相关资料，结合资料选择一些具有代表性的图片或视频作为时间轴节点做成 PPT。通过 PPT 讲解中国传统文化的发展过程。（讲解时间最好不要超过 10 分钟。）

二、任务实施

（1）全班同学分成若干组，每组 5～6 人，并选出一名小组组长。

（2）小组组长分配成员完成收集资料、选择代表性图片或视频、制作 PPT、讲解汇报等任务。具体执行过程可填写在下方空白处。

（3）将本次活动中遇到的问题、得到的经验等填写在下方空白处。

任务评价

各组员根据本章的学习情况及活动情况，完成下面的任务评价。

姓名：_____　　组号：_____　　指导教师：_____

评价项目	评价内容	分值／分	教师评分／分
知识（40%）	了解全球化与中国传统文化的差异	8	
	理解中国优秀传统文化的价值	8	
	掌握中国优秀传统文化所坚持的承原则	8	
	理解中国传统文化的"开新"	8	
技能（40%）	PPT 版面精美、简洁	10	
	内容选取合理、全面	20	
	讲解流畅，有条理	10	
素养（20%）	具有团队精神	5	
	准备充分，积极、认真参加活动	5	
	认真学习，按时完成学习、活动任务	5	
	具备独立分析问题、解决问题的能力	5	
自我评价			
教师评价			

参考文献

[1] 战歆，周红湘，贾雨潇 . 中国传统文化 [M]. 北京：中国人民大学出版社，2021.

[2] 贺颖，张晓明 . 中华优秀传统文化 [M]. 长春：吉林大学出版社，2021.

[3] 黄爱春，劣雅丽 . 中华优秀传统文化 [M]. 长沙：中南大学出版社，2021.

[4] 聂俊岭，张波，张世荃 . 中华优秀传统文化 [M]. 北京：中译出版社，2020.

[5] 黄毅，梁洁 . 中国文化要论 [M]. 北京：清华大学出版社，2020.

[6] 雷武遾 . 感悟中华优秀传统文化 [M]. 北京：北京师范大学出版社，2020.

[7] 骆文伟 . 中国传统文化概论 [M]. 北京：清华大学出版社，2019.

[8] 尤根地，张寿奎，王永成 . 中华优秀传统文化 [M]. 北京：中国人民大学出版社，2019.

[9] 陈引驰，王希明 . 传统文化与人生 [M]. 上海：华东师范大学出版社，2019.

[10] 医中药中国行组委会 . 走进中医——领略中医药文化的无穷魅力 [M]. 北京：中国中医药出版社，2018.

[11] 王艳玲 . 中国传统文化 [M]. 北京：高等教育出版社，2018.

[12] 过常宝 . 中华优秀传统文化读本 [M]. 北京：北京师范大学出版社，2017.

[13] 胡恒庆 . 中国传统文化 [M]. 北京：中国人民大学出版社，2017.

[14] 叶碧，魏俊杰，刘小成 . 中国优秀传统文化概论 [M]. 杭州：浙江大学出版社，2017.

[15] 程裕祯 . 中国文化要略（第四版）[M]. 北京：外语教学与研究出版社，2017.

[16] 李山 . 解读诗经 [M]. 北京：国家图书馆出版社，2017.

[17] 彭崇胜 . 中医药与中华传统文化 [M]. 上海：上海交通大学出版社，2017.

[18] 袁行霈 . 中国文学概论 [M]. 北京，高等教育出版社，2017.